우상의 황혼

"이 번역은 2014년 서울대학교 철학사상연구소 수불기금의 지원을 받아 수행된 연구임"

대우고전총서
Daewoo Classical Library

039

우상의 황혼

Götzen-Dämmerung oder Wie man mit dem
Hammer philosophiert

프리드리히 니체 | 박찬국 옮김

아카넷

일러두기

이 번역에서 ( ) 안의 주는 니체에 의한 것이며 [ ] 안의 주는 독자들의 이해를 돕기 위해서 역자가 삽입한 것이다.

차례

....

암울하면서도 막중한 일[1]을 하는 와중에도 시종일관 명랑한 기분을 유지하는 것은 결코 대수롭지 않은 일이 아니다. 그런데 명랑한 기분보다 더 필요한 것이 있을까? 호기로운 정신에 차서 일하지 않는다면 어떤 일도 제대로 이루어낼 수 없다. 힘이 과잉으로 넘치는 상태만이 힘이 존재한다는 사실에 대한 증거가 될 수 있다. ― **모든 가치의 재평가.** 너무나 암담하고 엄청난 과제이기에 그것을 제기하는 사람에게 그림자를 드리우는 의문부호. ― 그러한 운명적 과제는 그것을 떠맡는 자로 하여금 매순간 밝은 햇빛 속으로 뛰어들게 하면서 지나치게 무거운 진지함을 떨쳐버리도록 강요한다. 이를 위해서는 모든 수단이 정당하며,

---

1) '암울하면서도 막중한 일'이란 플라톤적인 이데아나 그리스도교적인 인격신과 같은 초감성적인 가치를 사람들이 더 이상 믿지 않게 된 근대의 상황에서 모든 가치를 재평가하는 일을 가리킨다. 근대 이전에 사람들은 무엇이 선이고 악인지는 이데아나 신에 의해 이미 영원히 정해져 있다고 보았다. 요컨대 근대 이전의 가치척도는 이데아나 신과 같은 초감성적인 존재였다. 이에 반해 니체는 힘에의 의지만이 유일한 가치척도라고 보면서, 힘에의 의지를 강건하게 만드는 것은 선이고 그렇지 않은 것은 악으로 모든 가치를 재평가하고 있다.

모든 '경우(Fall)'가 하나의 행운(Glücksfall)이다. 무엇보다도 **전쟁**이 그렇다. 전쟁은 항상 지나치게 내면화되고 지나친 깊이를 갖게 된 모든 정신의 위대한 지혜로부터 비롯되었다. 왜냐하면 치유하는 힘은 상처 속에도 있기 때문이다. 호기심이 강한 식자들을 위해 출처를 밝히지는 않겠지만, 다음의 격언은 오랫동안 나의 좌우명이 되어왔다.

상처에 의해 정신이 성장하고 힘이 솟는다.
Increscunt animi, virescit volnere virtus.[2]

경우에 따라서는 나에게 훨씬 더 바람직한 또 하나의 회복 방식은 **우상들의 비밀을 캐보는 것**이다. … 세상에는 실재하는 사물들보다 더 많은 우상이 있다. 이러한 세상에게 **'나의 눈과 귀'**는 사악한 것으로 나타날 것이다. … 여기서 **쇠망치**를 가지고 물음을 제기하면서 창자가 부풀어올라 있다는 것을 알려주는 저 유명하지만 공허한 소리[3]를 대답으로 듣게 되는 것, 그것은 자기의 귀 뒤에 또 다른 귀를 가진 사람,[4] 즉 나처럼 노련한 심리학자이자 하멜른의 피리장이(Rattenfänger)[5] 같은 사람에게는

---

2) 2세기에 살았던 로마의 수필가 Aulus Gellinus의 *Noctes Atticae*(아티카의 밤) XVIII, 11, 4에 나오는 문구.
3) 여기서 니체는 우상의 정체를 파악하는 것을 의사가 청진기로 환자의 뱃속 상태를 진단하는 것에 비유하고 있다. 우상의 정체를 진단해보니 가스가 가득 차 부풀어오른 내장처럼 속이 텅 빈 허깨비에 지나지 않는다는 것이다.
4) 은폐되어 있고 언표되고 있지 않지만 보다 높은 것을 이해할 수 있는 귀를 가리킨다.
5) 독일 하멜른이라는 마을에서 전설로 내려오는 피리 부는 사나이를 가리킨다. 이 피

얼마나 황홀한 일인가. 내 앞에서는 조용히 있고 싶어 하는 존재야말로 소리를 내지 않고서는 배기지 못한다.

이 책 역시 — 제목이 알려주듯이 — 무엇보다도 하나의 휴식, 태양의 흑점이며 한 심리학자가 게으름으로 탈선한 결과 생겨난 것이다. 어쩌면 또 하나의 새로운 전쟁일지도 모르겠다. 그런데 과연 새로운 우상들의 비밀을 캘 수 있을까? … 이 작은 책은 중대한 **선전포고**다. 비밀이 캐어져야 할 대상들은 이번에는 한 시대의 우상들이 아닌 **영원한 우상**들이다.[6] 여기서는 그것들에 소리굽쇠를 갖다대듯 쇠망치를 갖다댈 것이다.[7] — 이 우상들보다 오래되고 확신에 차 있고 교만한 우상은 존재하지 않는다. … 또한 그것들보다 더 속이 비어 있는 우상도 없다. … 그럼에도 그것들은 **가장 많이 신봉된 우상**이었다. 특히 그것이 우상으로서의 성격을 가장 현저하게 갖고 있는 경우에 그것들은 결코 우상이라고

리 부는 사나이는 쥐 떼에게 시달리던 동네 사람들로부터 부탁을 받고, 피리를 불어서 쥐 떼를 꾀어내어 강물에 빠뜨려 죽게 했다. 그러나 약속된 보수를 받지 못하자 그는 다시 피리를 불어 마을의 모든 어린이들을 데리고 어디론가 사라졌다고 한다. 보통 유혹자라는 의미로 쓰이고 니체의 텍스트에서도 그렇게 쓰이는 경우가 많지만, 여기서는 니체가 자신을 '우상이라는 쥐들을 잡아 없애는 자'에 비유하고 있다고도 볼 수 있다.

6) 여기서 한 시대의 우상이란 예를 들면 바그너의 음악과 같은 것을 가리킨다. 이에 반해서 영원한 우상은 그리스도교의 신이나 플라톤의 이데아와 같이 이른바 초감성적이고 영원한 존재를 가리킨다. 즉 서양의 역사 전체를 규정해온 우상이라고 할 수 있다.

7) 소리굽쇠로 사물을 두들길 때 나는 소리로 사람들은 어떤 사물의 속이 비어 있는지 아닌지를 알 수 있다. 니체는 사람들이 숭배해온 우상들을 쇠망치로 두들겨봄으로써 그것들이 속이 텅 빈 허깨비라는 사실을 드러내겠다는 것이다.

불리지 않는다.

토리노, 1888년 9월 30일.
『모든 가치의 재평가』 제1권이 완성된 날.[8]

프리드리히 니체

────────────

8) 말년에 니체는 4권으로 구성된 『모든 가치의 재평가』라는 책으로 자신의 사상을 집
대성하려고 했다. 이 책의 첫째 권이 『안티크리스트』다. 그가 구상했던 네 권의 제목
은 다음과 같다.

1. 안티크리스트: 그리스도교 비판을 위한 시도(Der Antichrist: Versuch einer
   Kritik des Christentums)
2. 자유로운 정신, 허무주의적 운동으로서의 철학에 대한 비판(Der freie Geist,
   Kritik der Philosophie als einer nihilistischen Bewegung)
3. 비도덕주의자, 무지의 가장 유해한 양식인 도덕에 대한 비판(Der Immoralist,
   Kritik der verhängnisvollsten Art von Unwissenheit, der Moral)
4. 디오니소스, 영원회귀의 철학(Dionysos, Philosophie der ewigen Wiederkunft)

이 네 권의 책 중에서 첫째 권만이 완성되었지만, 1888년 11월 말에 니체는 이 첫
째 권에서 이미 자신이 계획했던 '모든 가치에 대한 재평가'가 수행되었다고 보았
다. 이에 따라 이 첫째 권에는 '안티크리스트: 모든 가치의 재평가(Der Antichrist:
Umwertung aller Werthe)'라는 제목과 부제가 붙여졌다. 그러나 니체는 나중에 제
목과 부제를 '안티크리스트: 그리스도교에 대한 저주(Der Antichrist: Fluch auf das
Christentum)'로 바꾸었다. 니체는 『안티크리스트』의 맨 마지막에 '그리스도교 탄압법'
을 덧붙이며 이 탄압법이 "제1년의 첫째 날, 구원의 날에(잘못된 시간 계산법으로는
1888년 9월 30일에) 선포되었다"라고 말하고 있다(『안티크리스트』, 박찬국 옮김, 아카
넷, 2013, 165쪽 이하 참조). 이러한 사실을 고려해볼 때 니체가 '1888년 9월 30일'을
모든 가치가 본격적으로 재평가되며 새로운 시대가 시작된 날로 여겼다고 할 수 있을
것 같다. 『우상의 황혼』 서문의 말미에 1888년 9월 30일라고 적혀 있기 때문에 이 서
문이 이날 작성된 것처럼 보이지만 사실은 그 전에 쓰였다.

잠언과 화살

1

게으름[9]에서 모든 심리학은 출발한다. 뭐라고? 그렇다면 심리학이 하나의 악덕이란 말인가?

2

우리 가운데 가장 용감한 사람도 자기가 진정으로 알고 있는 것을 행할 수 있는 용기를 지닌 경우는 드물다……[10]

3

"혼자 살기 위해서는 짐승이 되거나 신이 되어야 한다"라고 아리스토텔

---

9) 게으름이라고 번역했지만 한가함 또는 여가로도 번역할 수 있을 것이다. "게으름에서 모든 심리학은 출발한다"라는 말은 '여가는 철학의 시작'이라는 아리스토텔레스의 말을 떠올리게 한다. 니체는 『우상의 황혼』에서 자신을 심리학자로 자처하며, 이데아나 인격신과 같은 우상들의 기원을 심리학적으로 분석하여 그것들의 허구성을 폭로하려고 한다. '심리학이 게으름에서 출발하기 때문에 악덕이란 말인가'라는 말로 니체는, '쉬지 않고 일하는 것'을 덕으로 보면서 노동의 노예가 되어 있는 근대인들을 조소하고 있다.

10) 이 말은 일반적인 경우를 가리킨다고 할 수 있지만, '우상의 파괴'라는 이 책의 목표로 미루어볼 때, '자신이 믿고 있는 것이 우상에 불과하다는 것을 알면서도 그것을 공식적으로 부인하기는 어렵다'는 사실을 가리킨다고도 할 수 있다. 니체는 『안티크리스트』에서 당시 독일의 황제였던 빌헬름 2세나 비스마르크와 같은 사람들이 실질적으로는 그리스도교를 믿지 않으면서도 그리스도교인으로 자처하는 것에 대해 신랄하게 비판하고 있다. 『안티크리스트』 39절, 박찬국 옮김, 아카넷.

레스는 말한다.[11] 아리스토텔레스는 세 번째 경우를 빠뜨렸다. 즉 혼자 살기 위해서는 짐승인 동시에 신이 되어야 한다. 즉 철학자가 되어야 한다.[12]

4

"모든 진리는 단순하다." — 이것은 이중적으로 하나의 거짓말이 아닐까?[13]

5

내가 영원히 알고 싶지 않은 많은 것이 있다. — 지혜는 인식에도 한

---

11) 인용문의 출처는 아리스토텔레스의 『정치학(*Politik*)』 I, 2, 1253a 27~29이다. 아리스토텔레스의 원문은 아래와 같다. "그러나 공동체에서 살 수 없거나 자족하면서 공동체를 필요로 하지 않는 사람은 국가의 구성원이 아니라 짐승이거나 신이다." 좀머(Andreas Urs Sommer)는 니체가 이 말을 아리스토텔레스의 원전에서 발견한 것이 아니라 Alfred Fouillée의 *La science sociale contemporaine*(1880, 390쪽)에서 발견했을 것이라고 추측하고 있다. Andreas Urs Sommer, *Nietzsche-Kommentar, Der Fall Wagner, Götzen-Dämmerung*, Walter de Gruyter, 2012, 226쪽 참조.

12) 여기서 짐승은 문명에 의해 왜곡되지 않은 자연적 본능과 충동의 상태를 가리키며 신은 이러한 자연적 본능과 충동을 최고의 경지로 승화한 상태를 가리킨다고 할 수 있다.

13) 니체는 『유고』에서 이렇게 말하고 있다. "단순한 모든 것은 한낱 공상적인 것이며 '참'이 아니다. 실제로 참된 것은 일자(Eins)가 아니며 일자로 환원될 수 없다."(NL 1888, KSA 13, 15[118], 478, 28–479, 2) 이 잠언은 전통 철학에서 세계의 근원을 신과 같은 단순한 일자나 원자와 같은 단순한 실체에서 찾는 것, 또는 데카르트 식으로 다른 모든 진리들이 연역될 수 있는 가장 단순하면서도 명증적인 진리가 있다는 견해를 비판하고 있는 것이라고 여겨진다.

계를 긋는다.[14]

6

사람들이 자신의 부자연스런 상태로부터, 즉 자신의 정신성으로부터 자신을 회복할 수 있는 가장 좋은 방법은 자신의 거친 자연 상태로 되돌아가는 것이다.[15]

7

둘 중 어느 것일까? 인간이 신이 범한 실수의 산물에 불과한 것일까 아니면 신이 인간이 범한 실수의 산물에 불과한 것일까?[16]

---

14) 예를 들어 니체는 『반시대적 고찰』, 「역사학의 공과」에서 "생기를 주지 못하는 가르침, 행동력을 시들게 하는 지식, 값비싼 인식 과잉과 사치로서의 역사학"에 대해 언급한다. 그러면서 그는 근대 역사학이 과거의 사소한 사실들에까지 파고드는 방식으로 과거에 빠져서 미래를 위한 가르침을 주지 못하고 있는 것을 비판하고 있다.

15) 여기서 부자연스런 상태, 즉 정신성의 상태란 '자연스런 욕망과 충동을 부정하는 도덕이 지배하는 상태'를 가리킨다고 할 수 있다.

16) '신이 인간이 범한 실수의 산물에 불과하다'라는 말은 포이어바흐가 주장하는 것처럼 인간의 투사물에 불과한 신이 인간을 지배하는 존재로 나타나는 것을 가리킨다고 할 수 있다. 포이어바흐에 따르면, 인간은 지혜나 사랑과 같은 자신의 잠재적 능력을 자신에 속하는 것으로 생각하지 않고 공상적인 존재인 신에게 투사하여 신에게만 속하는 것으로 보게 된다. 그리고 이와 함께 자신은 무지하고 악한 존재라고 생각하는 잘못을 범하고 있다. '인간이 신이 범한 실수의 산물에 불과하다'라는 말에 대해서는 아래에 인용하는 『안티크리스트』 48절을 참고하기 바란다.
"전적으로 '정신'이고, 전적으로 사제이며, 전적으로 완전성인 그 옛 신이 정원을 한가롭게 거닐고 있다. 그는 지금 권태롭다. 신들 역시 권태에 대해서는 무력하다. 무엇을 할까? 그는 사람을 만들어낸다. — 사람은 재미가 있다. …… 그런데 보라, 사

삶의 사관학교로부터 — 나를 죽이지 않는 것은 나를 더욱 강하게 만

람도 역시 권태로워한다. 신은 어떤 낙원에서도 볼 수 있는 그 딱 한 가지 불행에 대해 한없는 동정심을 품는다. 당장 신은 다른 동물들을 만들어낸다. 그것이 그의 **최초의 대실수**다. 사람은 다른 동물들을 재미있어 하지 않았던 것이다. — 사람은 동물을 지배했다. 사람은 자신이 '동물'이기를 원치 않았다. — 결국 신은 여자를 만들었다. 과연 이번에는 권태가 끝났다. — 그런데 그와 함께 다른 것도 끝나버렸다! 여자는 신의 **두 번째** 실수였다. — '여자는 본질적으로 뱀이며 이브(Heve)라는 것' — 사제라면 누구나 그 사실을 알고 있다. '세상의 모든 악은 여자로부터 나온다'는 것 — 사제라면 누구나 그 사실도 알고 있다. '**따라서, 과학도** 역시 여자로부터 이 세상에 나온다.' …… 오로지 여자를 통해서 남자는 인식의 나무를 맛보는 법을 배우게 되었던 것이다. — 무슨 일이 일어났던가? 옛 신은 엄청난 두려움에 사로잡혔다. 인간 자체가 신의 가장 큰 실수였다. 신은 스스로 자신의 라이벌을 만들고 말았다. 과학은 [인간을] 신과 대등한 존재로 만든다. — 인간이 과학적이 되면 사제들과 신들은 몰락하고 만다! — [신이 내세우게 되는] **도덕규범**: 과학은 그 자체로 금지된 것이다. — 금지된 것은 오직 과학뿐이다. 과학은 최초의 죄이며 모든 죄의 싹이고 원죄다. **오로지 이것만이 도덕이다.** — '**인식하지 말라**' — 나머지 것들은 그것으로부터 따라 나온다. — 신은 엄청난 두려움을 가지고 있었지만 그렇다고 그 영리함을 상실한 것은 아니었다. 어떻게 과학으로부터 자신을 보호할 수 있을까? — 그것이 오랫동안 신의 주요한 고민거리가 되었다. 해답은 '인간을 낙원에서 추방하라!'는 것이었다. 행복하고 한가로우면 인간은 생각하게 된다. — 생각이란 모두 나쁜 생각이기 마련이다. …… 인간이 생각하지 **못하게** 해야 한다. — 그리하여 '그의 사제적 본성'은 고난·죽음, 임신이라는 치명적 위험, 각종 불행, 노화, 노고, 그리고 특히 **병**을 만들어냈다. — 이것들은 바로 과학과 싸우기 위한 수단이었다! 고난을 겪으면 사람들은 생각할 시간이 없게 되는 것이다. …… 그런데 그럼에도 불구하고! 기가 찰 일이다! 인식의 탑이 솟구쳐 올라 하늘을 습격하고 신들의 황혼[몰락]을 가져오려고 하고 있다. — 어떻게 하면 좋은가? — 옛 신은 **전쟁**을 만들어내고 민족들을 갈라놓으며 사람들로 하

든다.[17]

9

그대 자신을 도우라.[18] 그러면 모든 사람이 그대를 도울 것이다. 이웃 사랑의 원리.

10

자신의 행동에 대해 비겁하지 말자! 행동을 하고 나서 그 행동을 부끄럽게 생각하지 말자! 양심의 가책은 고상하지 않은 것이다.[19]

여금 서로 죽이게 한다. (사제들은 항상 전쟁을 필요로 해 왔다. ……) 전쟁이야말로 과학을 가장 크게 교란하는 것이다! ― 그런데 믿을 수 없는 일이 일어나고 있다! 인식, 즉 사제로부터의 해방은 전쟁에도 불구하고 증대되어가는 것이 아닌가. ― 그래서 옛 신은 최후의 결심을 하게 된다. '인간은 과학적이 되었다. ― 어쩔 수 없다. 물론 멸망시킬 수밖에 없다!' ……"(『안티크리스트』, 박찬국 옮김, 아카넷, 2013.)

17) 『차라투스트라는 이렇게 말했다』 III, 「방랑자」에서 니체는 이렇게 말하고 있다. "우리를 강인하게 만드는 것을 찬양하라!" (KSA 4, 194, 20.)

18) "그대 자신을 도우라"라는 말로 니체는 '자신보다 다른 사람들을 돕는 것'을 선으로 보는 전통적 도덕을 비판하고 있다고 여겨진다. 니체는 자기 자신을 사랑하고 자신 안에 이미 넘치는 덕을 가지고 있는 사람만이 남에게도 증여할 수 있다고 말한다. 『차라투스트라는 이렇게 말했다』 I, 「증여하는 덕에 대하여」 2를 참조할 것.

19) 니체는 『인간적인 너무나 인간적인 II』, 「방랑자와 그의 그림자」 323절에서 이렇게 말하고 있다.
"후회 ― 결코 후회에게 자리를 내주어서는 안 된다. 오히려 후회는 하나의 어리석음에 또 다른 어리석음을 더하는 것이라고 즉시 자신에게 말해야 한다. 만약 해로운 일을 했다면 좋은 일을 하리라고 생각하라. 그리고 자신의 행위로 인해 처벌을 받게 될 경우에는 그것으로 자신이 이미 좋은 일을 하는 것이라고 생각하고 그 벌을 견뎌야 하리라. 즉 그는 타인들에게 그와 똑같은 우행을 하지 않도록 경고하고 있기 때문

11

나귀가 비극적으로 존재할 수 있는가? 짊어질 수도 팽개쳐버릴 수도 없는 짐에 눌려 몰락한다는 것 ⋯ 철학자의 경우.

12

만일 살아야 할 나름의 이유를 갖고 있다면 우리는 삶의 어떠한 **방식**도 받아들일 수 있다. — 인간이 추구하는 것은 행복[20]이 아니다. 오직 영국인들만이 그럴 뿐이다.[21]

13

남자가 여자를 창조했다. — 그런데 무엇으로? 자신의 신의, 즉 자신

이다. 형벌을 받는 모든 범죄자들은 자신을 인류의 은인으로 여겨도 좋다." (KSA 2, 695.)

우리는 과거의 의미가 완전히 결정된 것으로 생각하면서 과거의 행위에 대해 끊임없이 자책하고 후회할 수 있다. 이 경우 우리는 자기 자신을 자신이 범한 특정한 행위와 동일시한다. 그러나 우리는 그러한 행위 이상의 존재다. 니체는 『차라투스트라는 이렇게 말했다』에서 자신이 가지고 있는 이러한 풍요로운 가능성을 망각한 채 자신을 과거의 그릇된 행위와 동일시하면서 자학하는 데 몰두하는 사람들을 '창백한 범죄자들'이라고 부른다. 또한 니체는 과거의 잘못에 시달리지 않고 현재와 미래를 위해 과거에서 잊을 것은 과감하게 잊어버리고 수용할 것은 수용하는 사람을 강한 자라고 부른다.

20) 여기서 행복은 안락한 상태나 쾌감을 가리킨다. 니체는 우리 인간은 이런 종류의 행복이 아니라 살아야 할 이유와 의미를 찾고 있다고 말하는 것이다.

21) 여기서 니체는 '최대 다수의 최대 행복'을 주창한 벤담과 같은 공리주의자를 염두에 두고 있다.

의 '이상'의 갈비뼈로…….

14

무엇을 찾고 있다고? 너 자신을 열 배로 백 배로 늘리고 싶다고? 추종자를 찾고 있다고? — 차라리 무(無)를 찾으라![22]

15

사후(死後)의 인간들은 — 예를 들어 나는 — 시대에 영합하는 자들만큼 이해받지는 못한다. 그러나 사람들은 사후의 인간들의 말에 더 잘 귀를 기울인다. 보다 엄밀하게 말하자면, 우리는 결코 이해받지 못한다. 따라서 우리의 권위는…….[23]

16

여자들끼리 — "진리라고요? 오오, 당신은 진리를 모르는군요! 진리는

───────────

22) 차라리 무를 찾으라는 말은 추종자를 절대로 두지 말라는 의미다.
23) 니체는 『안티크리스트』 서문에서도 이렇게 말하고 있다.
　"이 책은 극소수의 사람들만을 위한 책이지만, 이들 중 아무도 아직 이 세상에 태어나지 않았을지도 모른다. 그들은 나의 『차라투스트라는 이렇게 말했다』를 이해하는 사람들일 것이다. 내가 어찌 오늘날 세상에서 이미 환영받고 이해되고 있는 저술가들과 나 자신을 혼동할 수 있겠는가? — 실로 내일 이후에 오는 날만이 나의 시대다. 어떤 사람들은 사후(死後)에 태어나는 것이다." (『안티크리스트』, 박찬국 옮김, 아카넷, 2013, 9쪽.)

우리의 정숙함에 대한 능욕이 아닌가요?"[24]

17

내가 사랑하는 예술가는 욕구하는 것이 소박한 예술가다. 그가 진정으로 원하는 것은 단 두 가지, 즉 자신이 먹을 **빵**과 자신의 예술이다. — **빵과 키르케를**(panem et Circe)……. [25]

18

자신의 의지를 사물에 투입할 줄 모르는 사람도 적어도 **의미**라도 투입한다. [26] 즉 그는 사물에 이미 하나의 의지가 깃들어 있다고 믿는 것이다('신앙'의 원리).

19

뭐라고? 그대들은 덕과 고양된 가슴을 택하면서도 동시에 안전한 자들이 누리는 이익을 곁눈질하는가? 그러나 덕을 가지려면 '이익'을 **포기**

---

24) 여자들의 정숙함이란 실은 거짓으로 꾸며낸 것, 즉 가장(假裝)이라는 의미인 듯하다.
25) panem et Circe는 빵과 서커스(panem et circenses)라는 말을 바꿔 쓴 것이다. 빵과 서커스는 독재자들이 대중의 불만을 달래기 위해서 제공하는 음식과 오락을 가리킨다. 키르케는 호메로스의 『오디세이아』에 나오는 마녀로, 자신의 노래로 뱃사람들을 유혹하여 물에 빠져 죽게 했다.
26) '자신의 의지를 사물에 투입할 줄 아는 사람'은 세계에 자신의 의지를 각인하는, 강한 의지를 지닌 사람을 가리킨다. 이러한 강한 의지를 갖지 못한 사람들은 '사물들 속에서 선한 신적인 의지가 작용하고 있다'고 믿으면서 마음의 위로를 얻는다는 말이다.

해야 한다. (반 유대주의자의 문에 걸어두라.)[27]

20

완전한 여성은 작은 죄를 저지르는 것처럼 문학을 한다. 시험 삼아, 일시적으로, 누가 보는지를 살펴보면서, 그리고 누군가가 봐주기를 바라며…….

21

가짜 덕들을 부정해야만 하는 상황에 철저하게 처한다는 것, 오히려 밧줄 위의 곡예사처럼 떨어지든가 서 있든가 ― 아니면 그것으로부터 벗어나야 하는 상황에 철저하게 처한다는 것…….

22

"악한 인간들은 노래를 부르지 않는다."[28] ― 그런데 러시아인들이 노래를 부르는 것은 어찌 된 일인가?

23

'독일 정신'이란 말은 18년 전 이래로 일종의 형용모순이다.[29]

---

27) 이 잠언에서 '반(反) 유대주의자의 문에 걸어두라'라는 말은 '반유대주의자들이 덕의 이름으로 유대인들을 비판하지만 사실은 유대인들의 부(富)와 사업적 재능을 부러워하고 있다'는 사실을 시사하고 있다.

28) "악한 인간들은 노래를 부르지 않는다"는 Johann Gottfried Seume의 시 「Die Gesänge」(1804)에 나오는 격언이다.

29) 여기서 '18년 전'이란 독일제국이 세워진 때인 1871년을 가리킨다. 독일제국이 세워져

24

기원을 찾는 것과 함께 사람들은 게가 된다. 역사가는 뒤쪽을 바라보고 마침내는 뒤쪽을 믿어버린다.[30]

25

자기만족은 감기도 막아준다. 자신이 잘 차려 입었다고 생각하는 여자가 감기에 걸린 적이 있던가? ― 나는 이 경우 실은 거의 아무것도 입지 않은 여자를 염두에 두고 있다.[31]

26

나는 체계를 세우는 자들을 불신하며 그들을 피한다. 체계를 세우려고 한다는 것은 정직성이 결여되어 있다는 것을 의미한다.[32]

군사 강대국을 추구하게 된 이래로 독일에 정신과 문화는 사라지게 되었다는 의미다.

30) 역사가는 새로운 가치를 창조하지 못하고 과거에 몰두할 뿐이므로 보수주의에 빠질 수밖에 없다는 말이다. 보수적 태도를 '뒤로 걷는 게'에 비유하는 것에 대해서는 『우상의 황혼』, 「어느 반시대적 인간의 편력」 43절을 참조할 것.

31) 니체는 이렇게도 말하고 있다. "자신에 대한 찬미는 사람들을 건강하게 만든다. 자신이 잘 차려 입었다고 생각하는 여자가 감기에 걸린 적이 있던가? ― 나는 이 경우 실은 거의 아무것도 입지 않은 여자를 염두에 두고 있다." (NL 1888, KSA 13, 17[5], 527, 13~20, Sommer에서 재인용.)

32) 니체는 『아침놀』 318절에서 이렇게 말하고 있다. "체계가들을 조심하라! ― 체계가들의 연극이 있다. 그들은 하나의 체계를 완성하려고 하고 그것 주변에 지평선을 두름으로써 자신들의 약한 성질들을 보다 강한 성질들과 동일한 스타일로 나타내려고 해야만 한다. 그들은 완전하면서도 오직 강한 성격만을 가진 사람들의 역할을 하려고 한다." (『아침놀』, 박찬국 옮김, 책세상, 2004.)

27

남자들은 여자들이 깊이가 있다고 생각한다. 왜 그럴까? 여자들의 속마음을 결코 들여다볼 수 없기 때문이다. 여자들은 얕지도 않다.[33]

28

여성이 남성적인 덕을 갖고 있다면 남자들은 여성으로부터 달아나버릴 것이다. 그러나 여성이 어떠한 남성적인 덕도 가지고 있지 않다면, 여성 자신이 달아나버릴 것이다.

29

"이전에 양심은 물어뜯을 것을 얼마나 많이 가지고 있었던가? 그것은 얼마나 좋은 이빨을 가지고 있었는가? ─ 그러면 오늘날에는 어떤가? 어디에 탈이 난 것일까?" ─ 어느 치과의사의 의문.[34]

30

사람들이 경솔한 행동을 한 번만 하는 것은 드물다. 첫 번째 경솔한 행동은 항상 너무 지나치다. 바로 그 때문에 사람들은 통상적으로 두 번째 경솔한 행동을 행하게 된다. 그런데 이 경우 사람들은 너무 부족하게 행하게 된다.

---

33) 여자들은 깊이 자체를 갖지 않기 때문에 얕지조차 않다는 의미.
34) 이 잠언은 '양심의 가책이 지배하던 시대가 좋았다'라고 말하는 것이 아니라 양심의 가책이 지배했던 시대에 대해 조소하고 있다고 보아야 할 것이다.

31

지렁이는 밟히면 꿈틀거린다. 이는 현명한 행동이다. 그렇게 해서 지렁이는 또다시 밟힐 가능성을 줄이는 것이다. 도덕에서 **겸손**이 그와 같은 것이다.[35]

32

거짓과 가장을 증오하는 것은 민감한 명예의식에서 비롯된 것일 수 있다. 그러나 거짓이 신의 계율에 의해 **금지되어** 있어서 거짓을 증오한다면 이러한 증오는 비겁에서 비롯된 것이다. 이 경우 사람들은 거짓말을 하기에는 너무나 겁이 많은 것이다.

33

얼마나 작은 것으로도 행복할 수 있는가! 백파이프의 소리. — 음악이 없다면 삶은 하나의 오류일 것이다. 독일인은 신조차도 노래를 부른다고 생각한다.

34

앉아 있을 때만 생각하고 쓸 수 있다(플로베르).[36] — 이제 나는 그대,

---

35) 겸손이라는 것은, 겸손하게 행동하지 않았을 때 다른 사람들에 의해 짓밟힌 경험이 있는 사람이 다시 짓밟히지 않기 위해서 행하는 방어조치라는 의미다.

36) 플로베르(G. Flaubert)는 어릴 때부터 육체적 활동을 싫어했으며 앉아 있기를 좋아했다고 한다.

허무주의자의 정체를 알게 되었다. 죽치고 앉아 있는 것이야말로 성스러운 정신을 거스르는 죄다. 걸으면서 얻은 생각만이 가치가 있다.

35

우리 심리학자들이 말(馬)처럼 동요하게 되는 경우가 있다. 이는 우리 자신의 그림자가 우리 눈앞에서 어른거리는 것을 보기 때문이다.[37] 심리학자가 무엇이라도 보려면 자기 자신을 도외시해야만 한다.

36

우리 비도덕주의자들이 덕에 해를 끼치는 것일까? — 무정부주의자가 군주에게 해를 끼치지 못하는 것과 마찬가지로 우리는 덕에 해를 끼치지 않는다. 군주들은 저격당한 후에야 비로소 다시 확고하게 왕좌를 지키게 된다. 교훈: 우리는 도덕을 저격해야만 한다.[38]

---

37) '자신의 그림자가 눈앞에 어른거려 말처럼 동요한다'는 말은 자신의 그림자를 두려워하여 날뛰던 말 부케팔로스(Bukephalos)를 알렉산더 대왕이 잘 달래어 안정시켰던 사건을 암시하고 있다.

38) 니체는 『아침놀』 103절에서 이렇게 말하고 있다. "(…) 바보가 아니라면 내가 다음과 같은 사실을 부정하지 않는다는 것은 자명하다. 비윤리적이라고 불리는 많은 행위들은 피해져야 하고 극복되어야 하며 윤리적이라고 불리는 많은 행위들은 행해져야 하고 장려되어야 한다. 그러나 전자도 후자도 이제까지와는 다른 근거들로부터 행해져야 한다고 나는 생각한다. 우리는 다르게 배워야만 한다. 아마 상당히 오랜 후가 될지도 모르지만, 마침내 더 많은 것에 도달하기 위해서, 즉 다르게 느끼기 위해서." (『아침놀』, 박찬국 옮김, 책세상.)

이런 의미에서 도덕을 극복하려는 작업에서 사실 니체가 극복하려는 것은 도덕 그 자체가 아니라 도덕에 대한 그릇된 편견임을 알 수 있다. 이러한 편견들은 플라톤

37

그대가 **앞서서** 달리고 있다고? 목자로서인가? 아니면 예외자로서인가? 세 번째 경우는 탈주자로서일 것이다. **첫 번째** 양심의 물음.[39]

38

그대는 진짜인가? 아니면 배우일 뿐인가? 대표하는 사람인가? 아니면 대표되는 사람 자신인가? 마지막으로 그대는 배우를 모방하는 사람일 뿐이다. … 두 번째 양심의 물음.

이래 유럽의 철학과 종교를 지배해온 것으로서, 인간이 따라야 할 도덕적 규범들은 인간들의 감성적인 충동이나 욕구와는 무관하게 그 자체로 존재한다고 본다. 또한 도덕의 기원을 인간의 경험적인 심리에서 찾는 것이 아니라 이데아의 세계나 신의 계시 혹은 경험적 심리와 무관한 양심에서 찾는다. 이에 반해 니체는 모든 도덕규범들은 사실 인간의 육체적·정신적 삶을 건강하면서도 강인하게 구현해나갈 수 있는 지침에 불과하다고 본다. 즉 니체는 도덕규범이 우리의 경험적 현실을 초월한 것으로서 시대와 장소를 막론하고 무조건 타당한 것이 아니라 우리가 건강한 삶을 실현하기 위해서 필요하다면 얼마든지 변형할 수 있고 다른 것으로 대체할 수 있는 것이라고 보는 것이다.

따라서 니체가 이른바 초월적인 도덕규범의 존재를 부정한 것은 악이 횡행하는 무법천지의 세계를 정당화하기 위한 것이 아니라, 초월적인 도덕규범의 잔인한 지배로부터 인간을 해방시켜 인간의 잠재 능력을 최고도로 발휘할 수 있는 정신적 토대를 제공하기 위한 것이다. 예를 들어 우리는 성도덕과 관련해 육체적인 순결을 무조건적으로 강조하는 도덕규범들이 죄책감을 만연케 하고 사람들로 하여금 자신을 학대하게 하는 결과를 초래했음을 잘 알고 있다. 이와 관련해서는 『우상의 황혼』, 「잠언과 화살」 32절도 참조할 것.

39) 양심이 가책의 형태로 나타날 때 니체는 양심이라는 말을 부정적으로 사용하고 있지만, 여기서는 자기 자신에 대한 진지한 탐구라는 의미에서 긍정적으로 사용하고 있다.

39

실망한 자가 말한다. ― 나는 위대한 자들을 찾아보았지만 그들의 이상을 흉내내는 원숭이 같은 자들밖에 보지 못했다.

40

그대는 구경꾼인가? 아니면 관여하는 자인가? 아니면 외면하고 가는 자인가? … 세 번째 양심의 물음.[40]

41

그대는 함께 가기를 원하는가? 아니면 앞서 가기를 원하는가? 아니면 홀로 가기를 원하는가? … 우리는 우리가 무엇을 원하는지를 알아야 하고 또한 자신이 원하고 있다는 사실을 알아야 한다. 네 번째 양심의 물음.[41]

---

40) "그대는 구경꾼인가? 아니면 관여하는 자인가? 아니면 외면하고 가는 자인가?"라는 말은 「누가복음」에 나오는 선한 사마리아인에 대한 예수의 말을 상기시킨다. 「누가복음」 10장 30~37절 참조.

41) 위의 잠언 37절 참조. "사람들은 자신이 할 수 없는 것은 어떤 것도 자신으로부터 원해서는 안 된다. 사람들은 자신에게 묻는다. 그대는 함께 가기를 원하는가? 아니면 앞서 가기를 원하는가? 아니면 홀로 가기를 원하는가? 두 번째 경우에 사람들은 목자가 되기를 바란다. 목자, 즉 군중이 가장 필요로 하는 자." (NL 1888, KSA 13, 18[7], 534, 1~4. Sommer, 39쪽에서 재인용.)

42

그것들은 나에게는 단계였다. 나는 그것들을 딛고 올라갔다. ─ 그리고 이렇게 딛고 올라가기 위해 나는 그것들을 넘어서 가야만 했다. 그런데 그것들은 내가 자신들 위에 눌러 앉아 쉬고 싶어 한다고 생각한다.

43

내가 옳다는 것이 뭐가 문제인가? 나는 너무나 지나치게 옳다. ─ 그리고 오늘 가장 잘 웃는 자가 최후에도 웃을 것이다.[42]

44

내 행복의 공식: 하나의 긍정, 하나의 부정, 하나의 직선. 하나의 목표…….[43]

---

42) "오늘 가장 잘 웃는 자가 최후에도 웃을 것이다"라는 말은 "최후에 웃는 자가 가장 잘 웃는 자"라는 격언을 변용한 것이다.

43) 『안티크리스트』 1절 마지막에 나오는 말이다. "(중략) '나는 출구도 모르고 입구도 모른다. 나는 이렇게 출구도 입구도 모르는 채 서성이는 자일 뿐이다.' ─ 현대인은 이렇게 탄식한다. …… 이런 현대성으로 인해 우리는 병이 들었다. 미심쩍은 평화, 비겁한 타협, 현대적인 긍정과 부정의 그 모든 도덕적인 불결함으로 인해 병들어 있는 것이다. (중략) 우리의 행복의 공식은 하나의 긍정, 하나의 부정, 하나의 직선, 하나의 목표다." (『안티크리스트』, 박찬국 옮김, 아카넷.)
니체에 따르면 근대인들은 서양의 중세시대에 삶의 의미와 방향을 제시해온 그리스도교를 더 이상 믿지 않게 됨으로써 삶의 의미와 방향을 상실한 채 방황하는 니힐리즘에 빠졌으며, 그 결과 현대인들은 그리스도교를 단호하게 긍정도 부정도 하지 않고 어정쩡하게 그것과 타협하고 있다. 니체는 이러한 현실을 비판하면서 자신은 단호한 입장을 취할 것이라고 말하고 있다.

소크라테스 문제

1

어느 시대에서든 최고의 현인들은 삶에 대해 똑같은 판단을 내린다. 삶은 무가치하다고……. 어느 시대, 어느 나라를 막론하고 우리는 현인들의 입에서 똑같은 소리를 듣는다. — 회의와 우울, 삶에 대한 피로감, 삶에 대한 적개심이 가득 찬 소리를. 소크라테스조차 죽을 때 이렇게 말했다. "산다는 것 — 그것은 오랫동안 병들어 있는 것이지. 나는 [이제] 구원자 아스클레피오스에게 닭을 한 마리 빚지게 되는 셈이지."[44] 소크라테스조차도 사는 데 질렸던 것이다. — 이러한 사실이 **입증하는** 것은 무엇인가? 그것은 무엇을 **보여주는가?** — 이전 같으면 사람들은 이렇게 말했을 것이다. (아니, 실제로 그렇게 말했었다. 무엇보다 우리의 염세주의자들이 목청을 높여서 말했다.) "아무튼 그러한 판단은 진리임에 틀림없다! 모든 현인들의 **의견일치**(consensus sapientium)[45]가 그러한 판단이 진리라는 것을 입증한다." — 오늘날에도 우리는 여전히 그렇게 말할 것인가? 그렇게 말해도 **되는가?** "아무튼 그러한 판단은 무언가 **병적인** 성격을 갖고

---

44) 아스클레피오스는 의약과 의술의 신인데 사람들은 병이 나으면 감사하다는 뜻으로 이 신에게 닭을 한 마리씩 바쳤다고 한다. 소크라테스는 여기서 자신의 삶이 일종의 병이었다고 말하고 있는 듯하다.

45) 현인들의 의견일치(consensus sapientium)라는 관념은 고대철학, 특히 아리스토텔레스의 *Topik*에 의거하고 있다. 아리스토텔레스는 현인들의 의견과의 일치 혹은 일반적으로 참된 것으로 간주되는 의견들로부터의 추론은 물론 엄격한 의미에서의 증명은 아니지만, 그럼에도 불구하고 학문에서 유용할 수 있다고 보았다.

있다"라고 우리는 대답할 것이다. 우리는 모든 시대의 최고의 현인들[46]이라는 사람들을 좀 더 자세히 살펴봐야만 할 것이다! 그들은 두 다리로 제대로 서지 못하는 자들이 아니었을까? 아니면 발육부진이거나 절뚝거리거나 데카당[47]이 아니었을까? 지혜란 썩은 짐승의 시체가 풍기는 희미한 냄새에도 도취하는 까마귀처럼 지상에 나타난 것이 아닐까?

2

그 위대한 현인들이 [생리적으로] 몰락하는 인간들의 전형이라는 불손한 생각이 나에게 처음으로 떠올랐을 때는, 식자든 무식한 자든 동일한 편견에 사로잡혀 이런 불손한 생각에 가장 강하게 반대했을 때였다.[48] 나는 소크라테스와 플라톤을 쇠약의 징후로서, 그리스를 해체하는 도구로서, 사이비 그리스적이고 반(反)그리스적인 존재로서 인식했던 것이다(『비극의 탄생』 1872). 현인들의 의견일치라는 것은 — 나는 이 점을 갈수록 더 잘 파악하게 되었는데 — 그들이 의견일치를 보고 있는 문제에 대해 그들이 옳다는 사실을 입증하는 것이 절대로 아니다. 그것은 오히려

---

46) 괴테의 시 「Kophtisches Lied」(1827) Z. 3, vgl. NK 67, 12쪽 이하.

47) 니체는 데카당스라는 말을 음악이나 문체 혹은 인간 내면에서 통일성을 산출하는 능력이 결여되어 있는 상태를 가리키는 특별한 용어로 사용하기도 하지만 보통은 생명력의 퇴화를 가리키는 용어로 사용한다. 이렇게 생명력이 퇴화된 상태에서 사람들은 무에 의지하게 된다. 따라서 데카당은 많은 경우 허무주의자나 염세주의자와 동일하다고 할 수 있다.

48) 니체가 『비극의 탄생』을 썼을 때를 말한다. 니체는 26세 때 쓴 자신의 이 처녀작에서 소크라테스와 플라톤이 그리스의 건강한 비극정신을 해체한 장본인이라며 고발하고 있다. 니체의 이러한 견해를 당시의 고전문헌학자들은 격렬하게 비판했다.

최고의 현인이라는 자들이 삶에 대해 하나같이 부정적인 입장을 취하기 위해서는, 아니 삶에 부정적인 입장을 **취할 수밖에 없기** 위해서는 **생리적으로** 어떤 점에서 일치한다는 사실을 입증하고 있다. 삶에 대한 판단, 즉 삶에 대한 가치판단은 삶을 긍정하는 것이든 부정하는 것이든 궁극적으로는 결코 참일 수 없다. 그것들은 단지 증후로서만 가치를 지니며 증후로서만 고려될 수 있다. 그러한 판단들은 그 자체로는 우매한 것일 뿐이다. 우리는 **삶의 가치는 평가될 수 없다**는 이 놀랍고 미묘한 사실을 손가락을 뻗어서 붙잡으려고 노력해야만 한다. 살아 있는 인간에 의해서는 삶에 대한 가치 판단이 불가능하다. 살아 있는 인간은 바로 논의의 당사자이고 심지어 논의의 대상이지 논의의 심판자가 아니기 때문이다.[49] 죽은 사람의 경우에는 또 다른 이유로 해서 그것이 불가능하다. — 따라서 어떤 철학자가 삶의 **가치**에 대한 문제를 철학적인 문제로서 논의하려고 할 경우 그는 철학자라고 할 수가 없게 되며 그것은 그의 지혜에 대한 의문부호가 되고 무지가 되어버리고 만다. — 뭐라고? 그렇다면 이 모든

---

49) 살아 있는 동안 인간은 삶 속에 있기 때문에 삶의 가치에 대해 객관적으로 평가할 수 없다. 죽은 후에는 판단해야 할 자가 사라졌으니 삶의 가치에 대해서 판단할 수 없을 것이다. 우리가 일생을 어떤 숲 속에서 살아야만 한다고 할 경우 우리는 그 숲이 얼마나 큰지 작은지 그리고 좋은지 나쁜지를 평가할 수 없을 것이다. 모든 평가는 평가 대상의 바깥에서 다른 대상들과의 비교에 의해서만 가능하다. 그러나 우리는 살아 있는 동안에는 삶과 세계를 떠나 그것들 바깥에 있을 수 없으니 그것들에 대해 평가할 수 없다. 이런 의미에서 니체는 삶과 세계의 가치에 대해 철학자들이 내리는 판단은 그들의 생리적 상태의 징후를 드러낸다고 본다. 이러한 니체의 생각은 모든 판단과 의식적인 행위는 그것들의 근저에 있는 '힘에의 의지'라는 생리적 상태에 의해 규정된다는 사상에 근거한다.

위대한 현인들이 데카당이었을 뿐 아니라 결코 현명하지도 않았다는 말인가? ― 아무튼 소크라테스의 문제로 다시 돌아가자.

3

소크라테스는 출신 성분으로 볼 때 가장 낮은 민중에 속했다. 곧 소크라테스는 천민이었던 것이다. 그가 얼마나 추남이었는지는 잘 알려져 있으며 오늘날에도 우리 자신이 확인할 수 있다. 그런데 못생겼다는 것은 그것만으로도 비난을 불러일으키지만 그리스인들에게는 거의 스스로를 반박하는 것이었다. 소크라테스는 과연 그리스 사람이었을까? 못생긴 외모는 흔히 혼혈의 표시이자 혼혈로 인한 발육 불량의 표시다. 그렇지 않다면, 그것은 진행되고 있는 쇠퇴의 표시다. 범죄학자들 가운데 인류학을 하는 사람들의 말에 의하면 전형적인 범죄자는 추하게 생겼다고 한다.[50] 곧 외모도 괴물, 정신도 괴물이라는 것이다. 그런데 범죄자란 일종의 데카당이다. 소크라테스는 전형적인 범죄자였을까?[51] ― 소크라테스의 친구들에게는 아주 불쾌하게 들렸던 저 유명한 관상가의 의견은 적어도 이러한 생각[소크라테스는 전형적인 범죄자라는 생각]에 모순되지는 않을 것이다.[52] 관상에 정통한 어느 외국인이 아테네를 지나다

---

50) 이 말은 Charles Féré의 *Dégénérescence et criminalité*, 1880에 의거하고 있다. 니체는 1888년에 이 책을 꼼꼼히 읽었다고 한다. Sommer, 269.

51) 소크라테스를 범죄자로 보는 니체의 견해는 소크라테스를 아무런 죄도 없음에도 불구하고 억울하게 처형당한 사람으로 보는 통상적인 견해와 대립한다. 이것 역시 기존 가치에 대한 니체의 재평가라고 할 수 있다. Sommer, 270.

52) 이 관상가의 이름은 Zopyros이다. 다음 역주에서 언급되는 키케로의 책에 나오는

가 소크라테스의 면전에 대고 "당신은 괴물이고 당신의 내면에는 온갖 악덕과 나쁜 욕구들이 있다"라고 말했다. 이에 대해 소크라테스는 "나를 잘 아시는구려, 선생!"이라고 답했을 뿐이라고 한다.[53]

4

소크라테스의 데카당스를 암시하는 것은, 이제까지 인정되어온 본능의 황폐함과 무정부 상태뿐만이 아니다. 논리적인 것의 이상과다(異常過多),[54] 그리고 그의 특징을 이루고 있는 시기심으로 가득 찬 저 악의가 또한 바로 그의 그러한 경향을 암시하고 있다. 또한 우리는 '소크라테스의 다이모니온' 따위처럼, 종교적인 것으로 해석되어온 저 환청들을 잊지 말자.[55] 그에 있어서는 모든 것이 과장되어 있다. 그는 익살광대

이름이다.

53) 키케로의 *Tusculane Disputationes*, 제4권에 기록되어 있으며, G.C. 리히텐베르크의 『관상학에 관한 생각들』(1867)에서 인용되었다.

54) 『비극의 탄생』에서 니체는 소크라테스에서 논리적인 것의 이상과다에 대해서 이렇게 말하고 있다. "그뿐 아니라 우리는 소크라테스에게는 모든 신비주의적 성향이 기괴할 정도로 결여되어 있다는 사실을 발견한다. 따라서 소크라테스는 특별한 비신비가로 불려도 좋을 것이다. 신비가에게는 저 본능적 지혜가 지나치게 발달되어 있는 것처럼 소크라테스에게는 논리적 천성이 일종의 이상발육을 통해서 과도하게 발달되어 있다." (『비극의 탄생』, 박찬국 역, 아카넷, 175쪽 이하.)

55) 『비극의 탄생』에서 니체는 소크라테스의 다이모니온에 대해서 이렇게 평하고 있다. "소크라테스의 본질을 이해할 수 있는 열쇠를 제공해주는 것은 '소크라테스의 다이모니온'이라고 불리는 저 기이한 현상이다. 그의 거대한 지성이 흔들리기 시작하는 특수한 상황에서 그는 그러한 순간에 들려오는 신적인 목소리를 통해서 확고한 발판을 얻었던 것이다. 이 소리는 항상 무엇인가를 하지 말라고 경고하는 방식으로 들려온다. 이렇게 완전히 비정상적인 인간에게 본능적 지혜는 의식적 인식을 때때로 제

(buffo)[56]이고 희화(Karikatur)인 것이다. 그리고 동시에 모든 것이 은폐되어 있고, 뒤로는 딴 생각을 하고 있으며, 지하적이다. — 나는 소크라테스에 의한 저 등식, 즉 '이성=미덕=행복'이라는 등식이 어떤 특이체질로부터 비롯되는지를 파악하려고 노력 중이다. 이것은 세계에 존재하는 가장 기괴한 등식, 그리고 특히 고대 그리스인들의 모든 본성을 적으로 갖는 등식이다.

5

소크라테스와 함께 그리스인들의 취향은 변증법[57]에 호의적인 방향으로 급격하게 변화되었다. 그때 도대체 무슨 일이 일어났던 것일까? 무엇보다도 먼저 **고귀한 취향**[58]이 패배하고 있었다. 변증법과 함께 천민이 올라서기 시작하는 것이다. 소크라테스 이전의 훌륭한 사회에서는 변증법적 수법이 배척되었다. 변증법은 하류의 수법으로 간주되었다. 그것은 사

지하기 위해서만 나타나는 것이다. 모든 생산적인 인간에게는 본능이야말로 창조적이고 긍정적인 힘이고 의식은 비판적이고 경고하는 역할을 하는 반면에, 소크라테스에서는 본능이 비판자가 되고 의식이 창조자가 된다. 정녕 결함으로 인해 생겨난 괴물이 아닌가!" (『비극의 탄생』, 박찬국 역, 아카넷, 175쪽.)

56) Buffo는 이탈리아 오페라에 나오는 희극가수다.

57) 소크라테스의 변증법은 크게 반어법(反語法)과 산파술로 구성되어 있다. 반어법은 상대방의 주장에 내포된 모순점을 폭로하여 상대로 하여금 자신의 무지를 인정하게 하는 방법이었고, 산파술은 대화를 통해 상대방이 잠재적으로 이미 알고 있는 진리를 스스로 깨닫게 하는 방법이다. 여기서 니체는 소크라테스의 변증법으로 특히 반어법을 염두에 두고 있는 것 같다.

58) 고귀함은 니체가 지속적으로 관심을 가졌던 주제다. 고귀함에 대해서는 『선악을 넘어서』, 9절 「고귀함이란 무엇인가」를 참조할 것.

태를 노골적으로 까발렸기 때문이다. 젊은이들은 그런 수법에 물들지 않도록 경고를 받았다. 또 자신의 근거를 그런 식으로 드러내는 것을 사람들은 신뢰하지 않았다. 정당한 일들은 정당한 사람들과 마찬가지로 자신의 근거를 그런 식으로 내보이지 않는다. 다섯 손가락 전부를 내보이는 것은 점잖은 일이 아니다. 스스로를 먼저 증명해야만 하는 것은 거의 무가치하다. 권위가 아직 좋은 습속을 이루고 있고, 사람들이 '논증하지 않고' 명령을 내리는 곳에서는 변증가라는 것은 일종의 어릿광대에 불과하다. ― 그는 웃음거리가 될 뿐, 사람들은 그를 진지하게 대하지 않는 것이다. ― 소크라테스는 사람들로 하여금 **자신을 진지하게 대하도록 만들었**던 어릿광대였다. 그런데 그때 실제로는 무슨 일이 일어나고 있었던가?

6

사람들은 다른 방법이 없을 때 변증법을 선택한다. 사람들은 변증법이 불신을 불러일으키고 다른 사람들을 거의 설득하지 못한다는 사실을 알고 있다. 변증가가 불러일으키는 효과만큼 쉽사리 사라져버리는 것은 없을 것이다. 그 사실은 어느 연설 모임에 가서 보더라도 알 수 있다. 변증법이란, 다른 어떠한 무기도 가지고 있지 않은 자들이 지닌 **최후의 수단**일 수 있을 뿐이다. 사람들은 자신의 권리를 **무리해서라도 지켜야**만 하는 경우가 있다. 그럴 필요가 있을 때까지는 아무도 변증법을 사용하지 않는다. 바로 그 때문에 유대인들은 변증가였다.[59] 여우 라이네케

---

59) 유럽에서 이방인이었던 유대인들은 변론 외에는 의지할 것이 없었기 때문에 변증가

(Reinecke Fuchs)도 변증가였다.[60] 뭐? 그렇다면 소크라테스도 변증가였 단 말인가?

7

소크라테스의 반어법(Ironie)은 반항의 표현일까? 천민이 갖는 원한의 표현일까? 억압받는 자로서 그는 삼단논법이라는 비수로 찌르면서 자기 나름의 잔인함을 즐기는 것일까? 그는 자신에게 매료된 귀족층에게 복 수를 하고 있는 것일까? 어떤 사람이 변증가라면 그는 무자비한 무기를 하나 소유하고 있는 것과 같다. 그것으로 그는 폭군으로 군림할 수 있 다. 그는 상대방을 압도해버리는 방식으로 [상대방의 무지를] 폭로한다. 변증가는 자신과 논쟁하는 상대방으로 하여금 자신이 바보천치가 아니 라는 사실을 증명하게 한다. 그는 상대방을 분노로 떨게 하는 동시에 무 력하게 만들어버린다. 변증가는 상대방의 지성에서 **힘을 제거해버린다.** — 뭐라고? 변증법은 소크라테스의 경우에는 복수의 한 형식에 지나지 않는단 말인가?

8

내가 앞에서 암시한 것은 소크라테스가 어떻게 사람들의 반감을 불러

였다는 의미다.

60) 라이네케 푹스는 많은 새들을 괴롭혀 사자조차 두려워했던 교활한 여우다. 10세기 이 래 라틴어로 쓰인 서사시 등에서 주인공으로 많이 등장했다. 그중 괴테의 작품은 유 명하다. 괴테의 작품에서 라이네케는 변증법적 재치로 죽음에서 두 번이나 벗어난다.

일으킬 수 있었는가 하는 점이었다. 따라서 그가 사람들을 매료시켰다는 사실은 그만큼 더 설명을 필요로 한다. — 그가 새로운 종류의 경기 (agon)[61]를 하나 발견해냈다는 것, 아테네의 귀족사회에서 그가 그러한 경기의 최초의 달인(達人)이었다는 것이 한 이유다. 그는 그리스인들의 경쟁 충동을 불러일으켰기에 사람들을 매료시켰다. — 그는 청년들과 소년들 사이에서 행해지고 있는 격투 경기에 하나의 변종을 도입한 것이다. 소크라테스는 또한 위대한 **에로스적 인간**(Erotiker)[62]이기도 했다.

9

그러나 소크라테스는 훨씬 더 많은 것을 간파하고 있었다. 그는 아테

---

61) Agon은 투쟁과 경쟁을 의미하는 그리스어다. 니체는 그리스인들이 투쟁과 경쟁을 즐겼다고 보며, 이러한 투쟁과 경쟁이야말로 그리스인들이 수준 높은 문화를 가꾸어 갈 수 있었던 원동력으로 보고 있다.

62) 여기서 니체가 소크라테스와 제자들 사이의 관계를 동성애적인 관계로 보고 있다는 사실이 암시된다. 당대 그리스에서는 나이든 사람들과 청년들 사이의 동성애적 관계가 공식적으로 인정되었다. 이러한 관계는 성적인 성격을 띠기도 했지만 나이든 사람들이 청년들을 후원하고 교육하는 성격이 더 컸다.
니체는 『비극의 탄생』에서도 소크라테스를 위대한 에로스적 인간으로 보고 있다. "플라톤의 묘사에 따르면, 최후까지 술잔을 기울이고 있다가 먼동이 트는 새벽에 새로운 하루를 시작하기 위해서 연회장을 떠났을 때처럼 평온하게 소크라테스는 죽음으로 걸어들어간 것이다. 그가 연회장을 떠난 뒤에는 함께 연회를 했던 제자들이 에로스의 진정한 사도인 소크라테스에 관한 꿈을 꾸면서 의자 위나 땅바닥에서 잠들어 있었다. 죽음에 임한 소크라테스는 고귀한 그리스 청년들에게는 이제까지 보지 못했던 새로운 이상이었다. 다른 누구보다도 특히 전형적인 그리스 청년인 플라톤이 몽상가적인 자신의 영혼을 열렬히 바치면서 이 이상적인 모습 앞에 무릎을 꿇었던 것이다." (『비극의 탄생』, 박찬국 역, 아카넷, 177쪽.)

네의 귀족들의 이면을 꿰뚫어보고 있었고, 자신의 경우가, 곧 자기와 같은 특이체질이 이미 예외가 아니라는 사실을 파악하고 있었다. 도처에서 그와 동일한 종류의 퇴락이 은밀히 준비되고 있었다. 다시 말해서 옛 아테네는 이제 종말을 고하고 있던 것이다. — 게다가 소크라테스는 전 세계가 자신을 필요로 하고 있다는 사실을 — 자신의 수법, 자신의 치료법, 자신의 개인적 자기 보존술을 필요로 하고 있다는 사실을 알고 있었다. … 도처에서 본능들은 무정부 상태에 빠져 있었다. 사람들은 도처에서 지나친 방종에 빠져 있었다. 즉 정신의 괴물 상태가 보편적인 위험으로 존재했다. "본능들이 폭군으로 군림하려고 한다. 우리는 그것에 대항하는 더 강한 폭군을 고안해내야 한다." … 앞에서 언급한 관상쟁이가 소크라테스에게, 당신은 온갖 사악한 욕망의 소굴이라며 그의 정체를 폭로했을 때 이 위대한 반어가(Ironiker)는 그의 비밀을 풀 수 있는 열쇠가 되는 말을 또 남겼다. "맞는 말이다. 그러나 나는 그 모든 욕망을 지배하는 주인이 되었다."[63] 소크라테스는 어떠한 방식으로 자기 자신의 주인이 되었을까? — 그의 경우는 결국 극단적인 경우에 지나지 않았다. 다시 말해, 그 당시 일반적인 곤경이 되어가고 있던 현상의 가장 현저한 예에 불과했을 따름이다. 그러한 현상이란 어느 누구도 더 이상 자기 자신

---

[63] 이 경우 니체는 소크라테스가 이성을 폭군으로 만드는 방식으로 본능의 혼란이라는 문제에 답했다고 본다. 그러나 이것은 본능을 제어하는 참된 방법이 아니라 본능들의 혼란이 극에 달한 것에 지나지 않았다. 소크라테스와 달리 니체는 본능을 억압하거나 부정하지 않고 본능을 생산적으로 승화시키고 서로 갈등하는 충동들을 통일시키는 것이 중요하다고 본다.

의 주인이 되지 못하고 본능들이 서로를 **적대적시하는** 현상을 가리킨다. 그는 이러한 극단의 경우로서 사람들의 마음을 끌었다. ― 소름끼치는 그의 추한 모습 때문에 누구나 그의 정체를 알아챌 수 있었다. 당연하게도 소크라테스는 이러한 경우[본능들이 혼란에 빠진 경우]에 대한 답변으로서, 해결책으로서, 그리고 외관상의 치유책으로서 훨씬 더 사람들의 마음을 끌었다.

10

소크라테스가 했던 것처럼 만약 **이성을 폭군으로** 삼을 필요가 있을 경우에는 이성이 아닌 어떤 다른 것이 폭군이 될 위험도 적지 않을 것이다. 합리성이 그 당시에는 **구세주로** 여겨졌다. 소크라테스에게도 그의 '환자들'에게도 합리적으로 되는 것은 자기들 마음대로 할 수 있는 것이 아니었다. ― 그것은 어쩔 수 없는 것이었으며 **최후의** 수단이었다. 사려 깊은 그리스인들 전체가 합리성에 자신을 광적으로 내던졌다는 것은 그들이 위급한 상황에 처해 있었다는 사실을 드러낸다. 그들은 위험에 처해 있었고, 그들에게는 한 가지 선택밖에는 존재하지 않았다. 몰락하든가 ― **터무니없이 합리적으로** 존재하든가……. 플라톤 이후 그리스 철학자들의 도덕주의는 병리학적인 원인에 의해 발생한 것이다. 변증법에 대한 그들의 존중도 마찬가지였다. 이성=미덕=행복의 동일시가 의미하는 것은, 모름지기 소크라테스를 모방하여 어두운 욕망들에 대항해 영원한 **햇빛을**, 즉 이성의 햇빛을 산출해야만 한다는 것이다. 어떠한 대가를 치르더라도 영리하고 명석하고 총명해야 한다는 것이다. 즉 본능과 무의식적인 것에 양보하는 것은 **타락으로** 귀결된다는 것이다.

11

지금까지 내가 암시한 것은 소크라테스가 무엇으로 사람들을 매료시켰던가하는 점이었다. 그는 의사처럼, 구세주처럼 보였다. '어떠한 희생을 치르더라도 합리적으로 존재해야 한다'는 그의 믿음에 존재하는 오류를 지금 다시 보여줄 필요가 있을까? — 철학자들과 도덕주의자들이 데카당스와 싸움을 벌임으로써 데카당스에서 벗어날 수 있다고 생각하는 것은 자신을 기만하는 것이다. 데카당스에서 벗어나는 것은 그들의 능력을 초월하는 일이다. 그들이 수단으로서, 구원으로서 선택하는 그것 자체가 이미 데카당스의 한 표현에 지나지 않는 것이다. — 그들은 데카당스의 표현을 **바꿀** 뿐이며 데카당스 자체를 없애지는 못한다. 소크라테스는 하나의 오해였다. **그리스도교 도덕을 포함하여 [인간의] 개선을 도모하는 모든 도덕은 하나의 오해였다.** … 가장 눈부신 햇빛, 어떤 대가를 치르더라도 합리적으로 존재한다는 것, 밝고, 냉철하고, 신중하고, 의식적이며, 본능이 결여되어 있으면서 본능에 저항하는 삶은 그 자체가 일종의 병, 또 하나의 병에 지나지 않았다. — 그리고 그것은 결코 '미덕'과 '건강'과 행복으로 되돌아가는 길이 아니었다. … 본능과 싸워서 이겨야만 한다는 것, — 그것이 데카당스의 공식이다. 삶이 **상승하고** 있는 한, 행복은 본능과 동일한 것이다.

12

소크라테스 자신도 이러한 사실을 알았을까? 자신을 기만하는 모든 인간들 가운데 가장 영리했던 이 사람은? 죽음에 임하는 용기가 보여주는 **지혜**로 그는 마침내 그러한 사실을 자기 자신에게 말했던가? … 소크라테스는 죽기를 **원했다**. ― 그에게 독배를 준 것은 아테네가 아니라 그 자신이었다. 그는 아테네가 그에게 독배를 주지 않을 수 없게 만들었다. … 그는 '소크라테스는 의사가 아니다'라고 나직이 자신에게 말했다. '죽음만이 여기서는 의사인 것이다. … 소크라테스 자신은 오랫동안 병들어 있었을 뿐이었다…….'

철학에서의 '이성'

1

그대들은 철학자들의 특이체질은 무엇인가라고 나에게 묻는다. … 예를 들자면 그들의 역사적 감각 결여와 생성이라는 관념 자체를 증오한다는 이집트주의[64]가 그것[철학자들의 특이체질]에 해당한다. 그들이 어떤 사태를 '영원의 상 아래에서(sub specie aeterni)[65] 탈역사화하는 것은 그것을 미라로 만드는 것이지만, 이때 그들은 자신들이 그 사태에 명예를 부여했다고 믿는다. 철학자들이 지금까지 수천 년 동안 손으로 다루어온 것은 모두 개념의 미라들이었다. 현실적인 그 어느 것도 그들의 손아귀에서 살아서 빠져나간 적이 없다. 이러한 개념의 우상숭배자들은 숭배 대상의 생명을 빼앗아버리고 박제로 만든다. ─ 그들이 숭배할 때 그들은 모든 것의 생명을 위협하는 위험한 것이 된다. 그들은 생식과 성장과 마찬가지로 죽음·변화·노쇠도 항의할 만한 결점으로 생각하며 심지어는 논박의 대상으로까지 생각한다. 존재하는 것은 **생성하지 않는다.**

---

[64] 이집트주의는 지상의 육신을 미라로 만드는 것과 관련되지만, 전후 맥락으로 보아 여기서 그 용어는 상징적으로 사용되고 있다. 즉 그것은 생성하는 세계보다는 이데아의 세계를 비롯한 피안의 세계를 중시하는 경향을 가리킨다고 볼 수 있다. 또한 니체는 이러한 피안의 세계를 참된 세계로 간주하면서 지상의 세계를 가상으로 생각하는 태도를 두고 지상에 살아 있으면서도 실질적으로는 죽어 있는 것이나 마찬가지라고 본다. 이러한 점에서 그는 철학자들이 미라로 살고 있다고 말하고 있다. 『우상의 황혼』, 「내가 옛 사람들에게 빚지고 있는 것」, 2절을 참조할 것.

[65] Baruch de Spinoza, *Ethica ordine geometrico demonstrata* V, prop. 29.

생성하는 것은 **존재하지 않는다**. … 그리하여 철학자들은 모두 절망하면서까지 존재하는 것[영원불변하게 존재하는 것]을 믿는다. 그러나 존재하는 것은 손에 잡히지 않기 때문에 그들은 그것이 잡히지 않는 근거를 찾는다. "만약 우리가 존재자를 지각하지 못한다면 거기에는 무엇인가 착각이나 기만이 있음이 틀림없다. 그렇게 기만하는 자는 어디에 숨어 있는가?" — "찾았다"라고 그들은 환호한다. "감성이 바로 기만하는 자였다. **그렇지 않아도 부도덕한** 감각이 **참된** 세계에 대해서 우리를 속인다. 따라서 철학자가 따라야 할 도덕은 감각의 기만에서 벗어나고 생성과 역사, 거짓에서 벗어나는 것이다. — 이러한 철학자에게 역사란 감각에 대한 신앙, 거짓에 대한 신앙 이외의 것이 아니다. 철학자가 따라야 할 도덕은 감각을 신뢰하는 모든 자들, 즉 [철학자들을 제외한] 인류의 나머지 전체 — 그들은 모두 '대중'에 지나지 않는다 — 를 부정하는 것이다. 철학자로 존재한다는 것은 미라로 존재하는 것이며, 무덤 파는 자의 흉내를 내면서 단조로운 유신론(Monotono–Theismus)[66]을 표현하는 것이다! — 그리고 무엇보다도 먼저 **신체**, 감각의 이 가련한 **고정관념**인 신체를 버리는 것이다! [이들 철학자에 따르면] 신체는 자신이 현실적인 것처럼 행세할 정도로 뻔뻔스럽지만, 실은 존재하는 모든 논리의 오류에 사로잡혀 있고 이미 논파되어 있으며 더 나아가서는 불가능하기조차 하다.

---

66) 여기서 니체는 유일신론(Monotheismus)을 단조롭게 오직 하나의 영원불변한 신만을 인정한다는 점에서 단조로운 신론(Monotono–Theismus)이라고 비꼬고 있다.

2

나는 이 경우 높은 경의와 함께 **헤라클레이토스**의 이름을 제외한다. 그 이외의 철학자—대중이 감각의 증언을 배격했던 것은 감각이 다양성과 변화를 보여주기 때문이었지만, 헤라클레이토스가 감각의 증언을 배격했던 것은 사물들이 흡사 감각에 의해 지속성과 통일성을 갖는 것처럼 보였기 때문이었다. 헤라클레이토스도 감각을 부당하게 취급했던 것이다. 감각은 엘레아학파가 믿었던 것처럼 그리고 헤라클레이토스가 믿었던 것처럼 거짓말을 하는 것이 아니다. — 감각은 도무지 거짓말을 하지 못한다. 감각의 증언을 가지고 우리가 **만들어내는** 것, 그것이 비로소 감각에 거짓말을 집어넣는다. 예를 들어 통일성이라는 거짓말, 사물성·실체·영속성이라는 거짓말을…… '이성'이야말로 우리로 하여금 감각의 증언을 왜곡하게 하는 원인이다. 감각이 생성·소멸·변천을 보여주는 한, 그것은 거짓말하지 않는다. … 그러나 헤라클레이토스는 존재란 하나의 공허한 허구라고 말했다는 점에서는 영원히 옳다. '가상적인' 세계가 유일한 세계다.[67] 즉 '참된' 세계란 나중에 [이른바 '가상적인' 세계에] 덧붙여져 **날조된** 것에 불과하다.

---

67) 피안의 세계를 참된 세계로 보는 자들에게는 생성의 세계가 가상의 세계로 보이지만 헤라클레이토스에게는 이 가상의 세계야말로 참된 세계라는 것.

3

그런데 우리의 감각이란 얼마나 정교한 관찰의 도구인가! 예를 들어 이 코는 어떠한 철학자도 그것에 대해 아직 존경과 고마움을 보여준 적이 없지만, 코야말로 우리가 마음대로 사용할 수 있는 도구 가운데 가장 섬세한 도구다. 그것은 분광기(分光器)조차 확인할 수 없는 미세한 움직임의 차이까지 분간해낼 수 있다. 우리는 오늘날 우리가 감각의 증언을 **수용하기로** 결심한 ― 즉 우리가 감각을 더 예리하게 하고 무장시키고 [감각이 제공하는 것을] 끝까지 사유하는 것을 배우는 ― 바로 그 정도로만 과학을 소유하고 있다. 그 외의 것은 기형아이며 아직 과학이 되지 못한 것이다. 아직 과학이 되지 못한 것이란 형이상학 · 신학 · 심리학 · 인식론을 가리킨다.[68] 이런 것이 아니면 그것은 논리학과 응용논리학이라고 할 수 있는 수학과 같은 형식과학 · 기호학을 가리킨다. 이러한 것들에서 현실은 전혀 모습을 드러내지 않으며 문제로서조차 나타나지 않는다. 논리학과 같은 기호의 규칙이 어떠한 가치를 갖는가라는 물음으로서조차도 현실은 모습을 드러내지 않는다.

---

(68) 형이상학과 신학을 과학 이전의 것으로 보는 것은 콩트의 실증주의 관점을 수용하는 것이라고 볼 수 있다. 그런데 니체가 과학 이전의 것이라고 지목한 심리학과 인식론의 경우, 그것들은 감각적인 지각에 의거하지 않고 순전히 의식에 대한 내적인 반성을 통해 인간의 심리나 인식작용을 파악할 수 있다고 보는 심리학과 인식론을 가리킨다고 할 수 있다. 이에 대해 니체는 과학적 심리학은 감각적인 지각으로부터 출발해야 하다고 보며, 인식론 역시 육체의 생리적 상태와 결부된 '정동들의 관점 이론(eine Perspektiven-Lehre der Affekte)'에 의해 대체되어야 한다고 본다. KGW IX 6, W II 1, 133, 10~13, Sommer, 위의 책, 296쪽 참조.

4

철학자들이 지닌 **또 다른** 특이체질도 지금까지 서술한 특이체질 못지
않게 위험하다. 그것은 최후의 것과 최초의 것을 혼동하는 데 존재한다.
그들은 최후에 오는 것 — 유감이다! 그런 것은 절대로 나타나지 말아
야 하는 것이기에 말이다! — 즉 '최고의 개념들', 가장 일반적이고 가장
공허한 개념들, 증발하는 실재의 마지막 연기를 **최초의 것으로** 간주하면
서 맨 앞에 놓는다. 이것은 다시 그들이 경외하는 방식을 표현하는 것에
불과하다. 즉 높은 것은 낮은 것에서 생겨나서는 안 **된다.** 높은 것은 [다
른 것으로부터] 절대로 생겨나서는 안 **된다**는 것이다. … 이로부터 귀결
되는 교훈은 최고의 지위를 갖는 것은 자기원인(causa sui)이어야 한다는
것이다. 다른 어떤 것에서 비롯된다는 것은 결점을 갖는 것이며 그 가치
가 의심스러운 것으로 간주된다. 최고의 가치는 모두 최고의 지위를 갖
는다. 모든 최고의 개념들, 존재자, 무조건자, 선, 진리, 완전함 — 이 모
든 것들은 다른 것에서 생성된 것일 수 없으며 따라서 자기원인일 수밖
에 없다. 그런데 이 모든 것은 서로 다른 것일 수 없으며 서로 모순될 수
없다. … 이와 같은 방식으로 철학자들은 '신'이라는 그들의 놀라운 개념
을 갖게 된 것이다. … 최후의 것, 가장 희박한 것, 가장 공허한 것이 최
초의 것으로, 원인 그 자체로서, 가장 실재하는 것(ens relissmum)으로서
정립된다. … 인류가 병든 거미들[69]의 뇌질환에서 생긴 것을 진지하게 받

---

69) 프랜시스 베이컨이 이미 독단적인 형이상학자들을 거미에 비유한 바 있다. 거미가
거미줄을 짜듯이 독단적인 형이상학자들은 경험에 근거하지 않은 공허한 개념들로
세계를 파악하는 틀을 짠다. 또한 베이컨은 감각이 제공하는 정보들을 종합하지는

아들였어야만 했다니! 그리고 인류는 그 때문에 값비싼 대가를 치러왔다!

5

마지막으로, **우리가**(나는 예의상 우리라고 말해둔다) 오류와 가상의 문제를 어떻게 다른 방식으로 보는지를 이상에서 말했던 것과 대조해보자. 이전에 사람들은 변화와 변천과 생성 일반을 가상성을 증명하는 것으로 받아들였다. 즉 우리를 오도하는 어떤 것이 거기에 있음이 틀림없다는 것에 대한 표시로 받아들였다. 이에 반해 오늘날 우리는 이성의 선입견이 통일성·동일성·지속·실체·원인·사물성·존재를 상정하도록 강요하는 꼭 그 정도만큼 오류에 사로잡히고 오류를 범할 수밖에 없다고 본다.[70] 여기에 오류가 있다는 **사실**에 대한 이 정도의 분명한 확신은 추후적으로 엄밀하게 검토한 결과에 기초한다. 이러한 사정은 태양의 운행에 관련된 경우와 다르지 않다. 태양의 운행과 관련해서 범해지는 오류가 의지하고 있는 충실한 변호인은 우리의 육안이지만, 여기서는 [통일성·동일성·지속·실체·원인·사물성·존재를 상정할 경우에는]

않고 단순히 수집만 하는 사람들을 개미에 비유한다. 감각이 제공하는 정보들을 종합하는 이들이 가장 바람직한데, 그러한 사람들을 베이컨은 꿀벌에 비유한다. 니체가 독단적인 형이상학자들을 '병든' 거미라고 칭한 것은 이들이 생성·소멸하는 지상의 삶을 견디지 못할 정도로 생명력이 퇴화되었으며 병약해졌다고 보기 때문이다.

70) 바로 아래에서 보겠지만 니체는 우리의 언어구조 때문에 형이상학자들이 그러한 오류에 빠질 수밖에 없다고 본다.

우리의 언어가 충실한 변호인이다. 언어는 심리학이 극히 초보적인 형태로 존재하던 시기에 생성된 것이다. 즉 언어-형이상학의, 분명하게 말하자면 이성의 근본 전제들을 떠올려볼 때 우리는 우리가 원시적인 주물숭배(Fetischwesen)에 빠져 있음을 발견하게 된다. 그 경우 우리의 이성은 도처에서 행위자와 행위를 본다. 그것은 의지가 행위를 일으키는 원인 일반이라고 믿는다. 그것은 '나'를 믿는다. 존재로서의 나, 실체로서의 나를 믿으면서 나라는 실체에 대한 이러한 믿음을 모든 사물에 투영한다. ― 이와 함께 비로소 '사물'이라는 개념을 만들어낸다. … 도처에서 존재가 원인으로서 고안되어 은근슬쩍 밑으로 밀어넣어진다. '나'라는 개념에서 비로소 파생된 것으로서 '존재'라는 개념이 발생한다. … 커다란 재앙이라고 할 만한 최초의 오류는 의지가 작용을 가하는 어떤 것이라는 것, 의지가 하나의 능력이라고 보는 오류다.[71] … 오늘날 우리는 의지라는 것이 그저 낱말에 불과하다는 사실을 알고 있다. … 이성 범주를 다룸에 있어서 안전성, 주관적 확실성이 놀라움과 함께 철학자들에게 의식되었던 것은 훨씬 뒤에, 즉 천 배나 더 계몽된 세계에서였다.[72] 이 철학자들은 이성 범주들이 [감각적] 경험에서 유래한 것일 수 없다고 ― 경험 전체가 이성 범주들과 모순된다고 추론했다. 그렇다면 이성 범주는 어디에서 유래한 것인가? ― 이 점에서는 인도에서도 그리스에서도 사람들은 다음과 같은 동일한 오류를 범했다. 즉 "우리는 한때 더 높은 세계에

---

71) 『우상의 황혼』, 「네 가지 커다란 오류」, 3절을 참조할 것.
72) 플라톤 이래의 철학자들이 이성 범주의 기원을 문제 삼기 이전에 사람들은 수천 년 동안 이성 범주를 당연하고 자명한 것으로 보면서 사용해왔다는 말이다.

서 살았었음이 틀림없다(훨씬 더 낮은 세계가 아니라. 더 낮은 세계에 살았다는 것이 진리일 수 있었는데도!). 우리는 신적인 존재임에 틀림 없다. **왜냐하면 우리는 이성을 가지고 있기 때문이다!**"라고. … 엘레아학파에 의해 정식화되었던 것과 같은 존재라는 오류보다 더 소박한 설득력을 지녔던 것은 사실 이제까지 아무것도 없었다. 즉 이러한 존재라는 오류를 우리가 말하는 모든 단어와 모든 문장이 지지하고 있다! — 엘레아학파에 반대하는 사람들조차도 엘레아학파의 존재 개념의 유혹에 굴복했다. 특히 데모크리토스가 원자라는 단어를 고안해 냈을 때가 그러하다.[73] … 언어에서의 '이성'. 오오, 이 무슨 기만적인 늙은 여자 같은 존재인지![74] 우리가 아직 문법을 믿고 있기 때문에 신에게서 벗어나지 못하는 것은 아닌가라고 나는 염려한다.

6

지극히 본질적이고 새로운 통찰을 네 개의 테제로 압축해준다면 사람들은 나에게 고마워할 것이다. 그렇게 함으로써 나는 이해를 용이하게 하고 반박을 불러일으킬 것이다.

첫 번째 명제. '이' 세계를 가상적인 것으로 지칭하는 근거가 되었던 것들이 오히려 이 세계의 실재성을 뒷받침한다. — **다른 종류의 실재성은** 절대적으로 입증될 수 없다.

---

73) 데모크리토스의 원자도 영원불변한 실체라는 성격을 가지고 있다.
74) 언어(die Sprache)도 여성(die Frau)도 독일어에서는 여성명사다.

두 번째 명제. 사람들이 사물들의 '참된 존재'에 부여했던 특징은 바로 비존재의, 즉 무의 특징이다. ― 사람들은 '참된 세계'를 현실적인 세계와 모순되는 것으로부터 건립했다. 참된 세계가 단지 **정신적이고 시각적**인 착각에 불과한 것인 한, 그것은 실은 가상세계다.

세 번째 명제. 이 세계가 아닌 '다른' 세계를 꾸며내어 이야기하는 것은 삶을 비방하고 깔보고 탓하는 본능이 우리 안에 강하게 존재하지 않는 한 아무런 의미도 갖지 않는다. 그런 본능이 강할 경우 우리는 '다른' 삶, '보다 나은' 삶에 대한 환상을 만들어내 삶에 **복수한다**.[75]

네 번째 명제. 세계를 '참된' 세계와 '가상' 세계로 나누는 것은 그것이 그리스도교적인 방식으로 행해지든 칸트(결국은 **교활한** 그리스도교인인)의 방식으로 행해지든 단지 데카당스를 암시하는 것에 지나지 않는다. ― 그것은 **몰락하는** 삶의 징후인 것이다. … 예술가가 실재보다 가상의 가치를 더 높게 인정한다는 사실이 이 명제를 부정하는 것은 아니다. 왜냐하면 이 경우 예술가의 '가상'은 **또다시** 실재를 의미하기 때문이다. 이러한 실재는 예술가의 가상에서 단지 선택되고 강조되고 수정된 것일 뿐이다.[76] … 비극적인 예술가는 염세주의자가 **아니다**. ― 그는 의심스럽고

---

75) 니체는 앞에서는 이성 범주의 기원을 언어구조에서 찾는 반면, 여기서는 사람들이 삶과 생성에 대해서 갖는 원한에서 찾고 있다.

76) 예술가는 생성·소멸하는 세계를 가상의 세계로서 배격하는 것이 아니라 오히려 생성·소멸하는 세계로부터 선택하고 강조하고 수정한다. 따라서 예술가가 표현하는 세계는 생성·소멸하는 실재 세계와는 구별될 수 있다. 이런 의미에서 니체는 예술가가 표현하는 세계를 가상이라고 부르고 있다. 그러나 이러한 가상은 이원론적인 종교나 철학이 실재라고 주장하는 가상과는 다른 것이다. 생성·소멸하는 실재에

가공할 만한 모든 것을 긍정한다. 그는 **디오니소스적**이다.

서 어떤 특징을 선택하고 강조하고 수정하는 것을 니체는 나중에 이상화라고 부른다 (『우상의 황혼』, 「어느 반시대적 인간의 편력」, 8절). 이러한 이상화의 본질은 사물들 이 갖는 주요한 특징들을 크게 드러내어 강조하는 것이며 그럼으로써 다른 특징들을 사라져버리게 하는 것이다. 형이상학자들이 생성·소멸하는 세계를 부정하는 반면, 예술가는 이상화를 통해 생성·소멸하는 세계를 아름답게 경험하면서 긍정한다.

어떻게 '참된 세계'가 마침내 우화가 되었는가?
오류의 역사

(1) 현명한 자, 경건한 자, 덕 있는 자가 도달할 수 있는 참된 세계 —
그는 그 안에서 살며 그가 바로 그 세계 자체다.

(비교적 지각있고, 단순하고, 설득력 있는 가장 오래된 형태의 관념. 그것은
'나, 곧 플라톤이 진리이다'라는 명제의 다른 표현이다.)[77]

(2) 참된 세계는 이제 도달 불가능하지만 현명한 자, 경건한 자, 덕 있
는 자(그리고 '회개하는 죄인')에게는 약속된 세계다.

(관념의 진보. 그것은 더욱 정교하고 더욱 유혹적인 것이 되며 이해할 수 없
는 것이 된다. 그것은 여성적인 것이 되며 그리스도교적인 것이 된다.)[78]

---

77) 이 단계에서 참된 세계는 덕 있는 자들이 살고 있는 세계다. 그러한 진정한 세계는
   인간에게 도달 불가능한 피안이 아니라 인간이 도달해야 하고 도달할 수 있는 세계
   다. 참된 세계는 아직은 피안의 세계로 생각되고 있지 않다.
78) 이 단계에서는 참된 세계 혹은 실재세계는 인간이 도달할 수 없는 피안이 되었다.
   그러한 세계는 하나의 약속된 세계로서 유혹하는 것으로 나타난다. 여기서 니체는
   그리스도교를 지목하고 있으며 그리스도교를 여성적인 연약함에서 비롯된 이념으로
   본다.
   이 점에서 니체는 한편으로는 그리스도교를 민중을 위한 플라톤주의라고 규정하면
   서 얼핏 그리스도교와 플라톤주의를 동일시하기도 하지만, 다른 한편으로는 플라톤
   주의와 그리스도교를 구별하고 있다고 할 수 있다. 플라톤주의에서 참된 세계는 정
   신의 세계이기는 하지만 그것은 인간이 '자신의 노력을 통해서' 도달할 수 있는 세계
   이며 아직 피안으로서 상정되고 있지는 않다는 것이다. 니체는 플라톤주의를 아직은
   남성적인 강함과 자신감이 남아 있는 철학으로서 보고 있다. 이에 반해 그리스도교
   는 인간의 구원을 신의 은총에서 구한다는 점에서 의존적인 성격을 지닌 것으로, 여
   성적인 연약함에서 비롯된 것으로 본다.

(3) 참된 세계는 이제 도달이 불가능하고 증명이 불가능하며 기약할 수 없는 세계다. 그러나 [감각적으로 경험할 수는 없으나] 사유 가능한 세계로서 하나의 위안이며 하나의 의무이고 하나의 명령이다.

(그 세계는 근본적으로 동일한 옛날의 태양이지만 안개와 회의를 거치면서 빛나는 태양이다. 그 이념은 숭고하고 창백하며 북구적이며 쾨니히스베르크적이 되었다.)[79]

(4) 참된 세계 — 도달될 수 없다? 어떻든 도달되지 못한 세계. 그리고 도달되지 못했기에 **인식될 수도 없는** 세계. 따라서 위안도, 보상도, 의무도 없다. 도대체 인식될 수 없는 것이 우리에게 무슨 의무를 부과할 수

---

79) 여기서는 칸트의 철학이 문제가 되고 있다. 쾨니히스베르크는 독일 북부의 도시로 칸트가 일생을 산 곳이다. 인간이 자신의 노력을 통해 도달 가능하고 현자가 이미 살고 있는 세계는 아니지만 약속된 세계였던 참된 세계는 칸트 철학에 와서는 생각할 수는 있지만 그것이 존재하는지 인식될 수 없는 세계로서 한갓 희망사항, 즉 '이념'이 된다. 칸트는 감각적으로 경험될 수 있는 세계만 인식될 수 있다고 보면서 신이나 피안이 존재하는지에 대해서는 우리가 알 수 없다고 말하고 있다. 신과 피안 세계는 도덕적 행위를 가능하게 하기 위해 우리가 필연적으로 요청할 수밖에 없는 이념에 지나지 않는다. 현실세계에서는 선한 사람이 필연적으로 행복한 사람은 아니기 때문에 사람들은 덕과 행복의 일치를 가능하게 하는 최고의 존재인 신과 그러한 덕과 행복이 일치하는 세계인 피안세계를 상정하면서 그것이 존재하기를 희구하는 것이다. 또한 칸트 철학에서 참된 세계는 도덕법칙이 제시하는 무조건적인 명령과 그에 대한 복종으로 이루어진 의무의 세계이기도 하다. 칸트에 와서 피안이 단순히 희망의 영역으로 격하된 것은 하나의 사상적 진보라고 할 수 있다. 그러나 칸트의 철학은 여전히 생성·소멸하는 현상계를 넘어선 물자체의 영역 내지 예지계가 존재할 수 있다고 보면서, 세계를 현상계와 물자체 내지 예지계로 나누고 있다. 이는 현상계를 전적으로 긍정하지 못하고 피안에 대한 기대를 버리지 못하고 있음을 의미한다. 다시 말해서 칸트 철학도 약화된 생명력의 징후에 불과한 것이다.

있다는 말인가?

(여명의 어스름. 이성의 최초의 기지개. 실증주의의 대두.)[80]

(5) 참된 세계 — 이제는 쓸모없으며 이에 더 이상 의무로서 우리를 구속하지도 않는 관념 — 불필요하게 남아돌게 된 잉여관념. 결과적으로 논박되어버린 관념. 자, 그 관념을 없애버리자!

(화창한 하루. 아침 식사. 양식(良識)과 명랑함(Heiterkeit)의 회복. 플라톤이 당황하여 얼굴을 붉히고 모든 자유로운 정신들의 대소란.)[81]

(6) 우리는 참된 세계를 제거해버렸다. 이제 무슨 세계가 남아 있는

---

80) 이제 시대는 모든 초감성적 차원을 부정하는 실증주의의 시대, 즉 칸트 이후의 19세기에 이르고 있다. 실증주의에서는 감각적으로 경험 가능한 세계만이 존재할 뿐이다. 칸트가 무조건적인 차원으로서 입증하려 한 도덕의 세계도 실증주의는 일정한 조건들에 따라서 발생한 관습으로 볼 뿐이다. 또한 칸트는 무조건적인 도덕법칙에 따르는 인간의 복종이 가능하기 위해서 필연적인 인과법칙이 지배하는 세계로부터의 자유가 요청된다고 했지만, 실증주의는 그러한 자유의지는 존재하지 않는다고 본다. 더 나아가 칸트가 인간의 도덕적 행위를 가능케 하기 위해서 요청할 수밖에 없다고 생각한 복과 덕을 일치시키는 존재자인 신의 존재도 실증주의에서는 하나의 허구에 지나지 않는다. 이제 인간은 '이성' 앞에서도 '양심' 앞에서도 부끄러워하지 않으며 그것들을 존경하지도 않는다. 도덕 자체도 하나의 본능으로 환원된다.

81) 이것은 니체 자신의 시대에 대한 묘사인지 아니면 미래에 대한 묘사인지 불명료하다. 어떻든 이제 모든 초감성적인 이념은 더 이상 사람들의 관심을 끌지 못한다. 실증주의적인 논박이 더 이상 필요하지 않을 정도로 사람들은 그러한 관념에 대해 무관심하게 되었다. 그러한 관념은 사람들을 끌어들이는 매력을 상실해버렸다. 따라서 니체는 '결과적으로' 그러한 이념은 불필요하게 되었다고 말하고 있다. 그러한 이념은 이제 실증주의적 논박을 통해서가 아니라 사람들이 실제의 삶에서 그러한 이념에 대해 무관심하게 된 결과 불필요하게 되어버렸다는 것이다. 이제 사람들은 더 이상 초감성적인 차원을 바라보지 않으며 생성·변화하는 생성의 세계에 자족하면서 기쁨을 느낀다.

가? 현상의 세계일까? … 아니다! 참된 세계와 더불어 우리는 소위 현상의 세계도 없애버렸다!

(정오. 가장 짧게 그늘이 지는 순간, 가장 긴 오류의 끝, 인류의 정점. 차라투스트라의 등장「INCIPIT ZARATHUSTRA」)[82]

---

82) 참된 세계를 제거했을 경우 남는 것은 초감성적인 차원을 참된 세계라고 주장했던 과거의 형이상학이 현상계 내지 가상계라고 단정했던 생성·변화의 세계뿐이다. 그러나 전통 형이상학의 참된 세계가 오히려 허구적인 세계라고 드러난 이상, 이제 생성·변화의 세계만이 유일한 참된 세계, 즉 실재하는 세계로서 남게 된다. 이렇게 생성·변화의 세계만을 유일하게 참된 세계로서 긍정하는 인간 역사의 정점에서 차라투스트라가 등장한다. 그와 함께 초인의 지배가 도래한다. 전통 형이상학에서는 이 현실세계는 어두움으로 묘사되고 초감성적 차원이 태양 내지 빛과 동일시되었다. 그러나 현실세계를 철저히 긍정하는 초인에게는 생성·소멸하는 세계 그 자체가 빛이며 세계는 어둠이 지배하는 것이 아니라 어떠한 그늘도 없는 정오의 밝음이 지배한다.

자연에 반(反)하는 것으로서의 도덕

1

어떤 열정들이든 그것들이 돌이킬 수 없는 화를 초래하고 그것들이 갖는 심한 어리석음 때문에 그 희생자들이 몰락하게 되는 때가 있다. — 그리고 열정이 정신과 결혼하면서 '정신화되는' 나중의, 훨씬 나중의 때가 있다. 예전에 사람들은 열정이 갖는 어리석음 때문에 열정 자체와 싸웠다. 사람들은 열정을 근절하기 위해 서로 손을 잡았으며 — **'열정을 죽여야 한다**(il faut tuer les passions)'[83]는 점에서 모든 옛 도덕적 괴물들 (Moral-Unthiere)의 의견은 서로 일치하고 있다. 이에 대한 가장 유명한 정식(定式)은 『신약성서』의 산상수훈에서 표현되고 있다. 나온 김에 말하자면, 산상수훈에서 세상 일은 전혀 **높은 곳**[고상한 관점]으로부터 고찰되고 있지 않다. 거기서는 예를 들면 성욕에 대해 "만약 네 눈이 죄를 짓거든 그것을 **빼버려라**"[84]라고 말하고 있지만 다행히도 이러한 지시에 따라 행동하는 그리스도교인은 한 사람도 없다. 단순히 정열과 욕망이 갖는 어리석음과 그러한 어리석음이 초래하는 달갑잖은 결과를 예방하기 위해 정열과 욕망을 **근절한다**는 것은 그 자체가 오늘날의 우리에게

---

83) 'il faut tuer les passions'라는 말은 Faguet의 *Histoire de la Poésie Française de la Renaissance au Romantisme. VII: Voltaire*에 나온다. 이 책은 Faguet가 죽은 후인 1934년에 편집되어 나왔는데, 니체가 이 책에 실려 있는 논문들을 접했을 가능성이 있다.

84) 「마태복음」 5장 29절. 이 29절 바로 앞에 있는 28절은 다음과 같다. "나는 너희에게 이르노니 음욕을 품고 여자를 보는 자마다 마음속으로 이미 간음하였느니라."

심한 어리석음으로 여겨진다. 치통을 막기 위해 치아을 **뽑아버리는** 치과 의사들을 우리는 더 이상 존경하지 않는다. … 다른 한편으로 그리스도 교가 자라나온 지반 위에서는 '정념의 **정신화**(Vergeistigung der Passion)'[85] 라는 개념이 전혀 배태(胚胎)될 수 없었다는 사실을 인정하는 것이 마땅하다. 잘 알려져 있듯이 초대 교회는 '마음이 가난한 자들'을 위해 '**지성적인 자들**'과 투쟁했다. 이런 교회에 열정에 대한 지성적인 전쟁을 어떻게 기대할 수 있겠는가? ― 교회는 어떻게든 절단(切斷)이라는 방식으로 정열과 싸운다. 교회가 제시하는 처방과 '치료법'은 거세다. 교회는 결코 '어떻게 하면 어떤 욕망을 정신화하고 아름답고 신성한 것으로 만들 수 있는가'라고 묻지 않는다. ― 교회는 어느 시대에나 (관능, 긍지, 지배욕, 소유욕, 복수심을) 근절하는 것에 계율의 중점을 두었다. ― 그러나 이러한 정열들을 그 뿌리부터 공격한다는 것은 삶을 뿌리부터 공격하는 것이나 다름없다. 따라서 교회가 행하고 있는 것은 **삶에 적대적인 것**이다.

2

거세라든가 근절과 같은 것은 의지가 너무나도 약하고 너무나도 퇴락하여 스스로 절도를 지킬 수 없는 사람들이 욕망과 싸울 때 본능적으로 택하는 방법이다. 즉 그러한 방법은 비유적으로 말하자면(비유적인 말도

---

85) 열정의 정신화(Vergeitigung der Passion)라는 말은 Jacob Burckhardt의 *Cultur der Renaissance*, 1860에 나오는 말이다. Burckhardt 1930a, 5, 317.

아니지만) 라 트랍(La Trappe) 수도원[86]을 필요로 하는, 다시 말해 자신과 열정 사이에 일종의 궁극적인 적대 선언이라고 할 수 있는 단절을 필요로 하는 사람들이 선택하는 방법인 것이다. 극단적인 수단이 불가결한 사람들은 퇴락한 사람들뿐이다. 의지의 약함, 보다 분명히 말하자면 자극에 반응하지 않을 수도 있는 능력의 결여도 다른 형태의 퇴락일 뿐이다. 관능에 대한 철저한 적개심, 불구대천의 적개심은 생각해볼 만한 하나의 징후다. 이와 함께 우리는 그렇게 극단적인 자의 전체적인 상태에 대해 추측해볼 수 있다. — 저 적개심, 저 증오는 그러한 본성을 가진 자들이 자신을 근본적으로 치유하거나 자신들의 '악마'를 물리칠 수 있을 정도로 강하지 못할 때 절정에 달한다. 성직자와 철학자의 역사 전체를, 그것에 덧붙여 예술가의 역사 전체를 살펴보라. 관능에 대한 가장 심한 독설은 성적으로 무능력한 자들(die Impotenten)이나 금욕주의자들로부터 나오지 않고, 금욕주의자가 될 필요가 있었지만 될 수 없었던 자들로부터 나왔다.

3

관능의 정신화는 사랑이라고 불린다. 이것은 그리스도교에 대한 하나의 큰 승리다. 또 다른 승리는 우리처럼 적의를 정신화하는 것이다. 이러한 정신화는 사람들이 적을 갖는다는 것의 가치를 깊이 파악함으로

---

86) Soligny에 있는 수도원. 엄중한 계율로 유명한 트래피스트회는 이 수도원 이름에서 비롯되었다.

써, 요컨대 사람들이 과거에 행하고 생각했던 것과는 정반대로 행동하고 생각함으로써 가능하게 된다. 교회는 시대를 막론하고 자신의 적을 절멸하려 했다. 비도덕주의자이자 반그리스도교인인 우리는 교회의 존립을 우리에게 이로운 것으로 본다. … 정치에서도 적의는 이제 보다 정신적인 것이 되었고, — 훨씬 더 현명하고 훨씬 더 사려 깊고 훨씬 더 관대하게 되었다. 거의 모든 정당이 반대당이 힘을 상실하지 않는 것이 자신을 보존하는 데 유리하다는 사실을 파악하고 있다. 동일한 사실이 위대한 정치에 대해서도 타당하다. 이를테면 새로 건립되는 국가는 친구보다 적을 더 필요로 한다. [다른 국가들과] 대립하는 가운데서만 그것은 자신을 필연적인 것으로 느끼게 되며 또한 대립하는 가운데서만 비로소 필연적인 것이 **된다**. … '내면의 적'에 대해서도 우리는 동일한 태도를 취한다. 내면에서도 우리는 적의를 정신화했으며 그것의 **가치**를 파악했다. 우리에게 대립하는 것을 풍부하게 갖는 것을 대가로 해서만 우리는 **풍요로운 결실을 맺을 수 있으며** 영혼이 긴장을 풀지 않고 평화를 구하지 않는다는 전제 아래에서만 **젊음**을 유지할 수 있다. … '영혼의 평화'라는 과거의 소망, 즉 **그리스도교적인** 소망보다 우리에게 더 낯선 것은 없다. 도덕의 암소[87]가 되어 양심의 살찐 만족을 누리는 것이야말로 우리가 전혀 부러워하지 않는 것이다. … 우리는 전쟁을 포기할 때 **위대한** 삶도 포기하는 것이다. … 많은 경우 '영혼의 평화'는 단지 오해에서 비롯된 것이다. 그것은 사실 **다른** 어떤 것이며 다만 자신을 보다 정직하게 부를 줄

---

87) 도덕의 암소는 도덕에 이의 없이 순종하는 자를 가리킨다.

모를 뿐이다. 편견에서 벗어나 단도직입적으로 몇 가지 경우를 들어볼 수 있다. '영혼의 평안'이란 예를 들면 풍요로운 동물성[88]이 도덕적인 것 (혹은 종교적인 것)으로 부드럽게 방사(放射)되는 것일 수 있다. 또는 피로 의 시작, 황혼녘, 모든 종류의 황혼녘이 던지는 최초의 그림자일 수 있 다. 또는 대기가 축축하다는 사실의 징조, 남풍이 다가오고 있다는 사실 의 징조일 수 있다. 또는 순조로운 소화에 대한 무의식적인 감사(이것은 때로 '인류애'라고 불린다)일 수 있다. 또는 모든 것의 맛을 새롭게 느끼며 완전한 회복을 기다리고 있는 회복기 환자가 평온하게 되는 상태일 수 있다. … 또는 우리를 지배하는 정열이 강렬하게 만족된 후 오는 상태, 즉 드물게 경험하는 기분 좋은 포만감일 수 있다. 또는 우리의 의지, 우 리의 욕구, 우리의 악덕이 나이를 먹으면서 약해지는 것일 수 있다. 또는 사실은 게으름에 불과한 것이지만 허영 때문에 자신을 도덕적으로 치장 하는 것일 수 있다. 또는 [앞날의] 불확실성 때문에 오랫동안 긴장과 고 통을 겪은 후 확실성이 들어서게 된 것일 수 있다. 비록 이러한 확실성이 가공할 만한 것이라고 할지라도. 또는 행위 · 창조 · 작용 · 의욕에서 보 이는 원숙함과 숙달의 표현, 안정된 호흡, 마침내 도달된 '의지의 자유'일 수 있다. … **우상의 황혼**, 누가 알겠는가? 그것 역시 아마도 일종의 '영혼

---

88) 여기서 니체가 말하는 풍요로운 동물성이 무엇을 의미하는지는 분명하지 않다. 아마
도 동물적인 욕망들이 충분히 만족된 상태를 가리키는 것 같다. 따라서 '풍요로운 동
물성이 도덕적인 것(혹은 종교적인 것)으로 부드럽게 방사(放射)된다'는 말은, 동물
적인 욕망들이 충족되어 불만이 없어진 상태를 사람들이 '영혼의 평안'이라는 도덕
적이거나 종교적인 상태로 오해한다는 의미로 보인다.

의 평화'에 불과한 것인지를.[89]

4

나는 하나의 원리를 정식화해 보이겠다. 도덕에서의 모든 자연주의, 즉 모든 **건강한** 도덕은 삶의 본능에 의해 지배된다고. — 이 경우 삶의 계율은 어떠한 것이든 '해야 한다'와 '해서는 안 된다'라는 특정한 규범으로 채워지며, 이와 함께 삶의 노정에서 나타나는 어떠한 장애나 적대적 요소는 제거된다. 이에 반해 **반자연적** 도덕, 즉 지금까지 가르쳐오고 숭배되어오고 설교되어온 거의 모든 도덕은 삶의 본능에 **적대적**이다. — 그것은 삶의 본능들을 때로는 은밀하게 때로는 공공연하면서도 뻔뻔하게 단죄한다. '신은 마음속을 꿰뚫어 보신다'라고 말하면서 반자연적 도덕은 삶의 가장 낮고 가장 높은 욕구들을 부정하며 신을 **삶의 적**으로 만들어버린다. … 신이 좋아하는 성자는 이상적인 환관(宦官)이다. … 삶은 '신의 왕국'이 **시작되는** 곳에서 끝난다.

5

그리스도교 도덕에서 거의 신성한 것이 되어버린 삶에 대한 그러한 반역의 불경스러움을 우리가 이해했다면, 이와 함께 우리는 다행히 그러한 반역이 무익하고 허황되며 어처구니없는 **거짓**이라는 사실도 이해

---

89) '우상의 황혼이 영혼의 평안일 수 있다'는 말은 '우상에 대한 숭배에서 완전히 벗어난 상태'가 영혼의 평안으로 나타날 수 있다는 말인 것 같다.

한 셈이다. 살아 있는 자들이 행하는 삶에 대한 단죄는 궁극적으로는 특정한 종류의 삶의 한 징후일 뿐이다. 이러한 특정한 종류의 삶이 지배해오면서 그러한 단죄가 정당한지 아닌지에 대한 물음은 전혀 제기되지 않았다. 삶의 가치에 대한 문제를 조금이라도 건드리기라도 하려면 우리는 삶의 바깥에 자리를 잡아야 하며 다른 한편으로는 모든 사람의 삶을 잘 알고 있어야 한다. 이러한 사실로부터 우리는 그 문제가 해결할 수 없는 문제라는 것을 충분히 이해할 수 있다. 가치에 대해 말할 때 우리는 영감 아래서, 즉 삶의 광학(光學) 아래서 말한다. 즉 우리에게 가치를 설정하라고 강요하는 것은 삶 자체이며, 우리가 가치를 설정할 때 우리를 통해 삶 자체가 가치평가를 하는 것이다. … 이러한 사실로부터 신을 삶에 대한 대립 개념이자 삶에 대한 단죄로 파악하는 도덕의 저 반자연성은 단지 삶이 내리는 하나의 가치판단일 뿐이라는 결론이 나온다. — 어떠한 삶이 그러한 가치판단을 내리는가? 어떤 종류의 삶이? — 이러한 질문에 대해 나는 이미 답을 제시했었다. 쇠퇴하고, 쇠약해지고, 지쳐빠지고, 단죄받은 삶이라고. 이제까지 이해되어온 도덕 — 궁극적으로 쇼펜하우어가 '삶의 의지에 대한 부정'이라고 정식화했던 도덕 — 은 스스로를 하나의 명령으로 만들어버리는 데카당스 본능 그 자체다. 그 도덕은 '몰락하라!'라고 명령한다. — 그 도덕은 단죄받은 자들의 판단인 것이다.

6

마지막으로 "인간은 이러저러하게 **존재해야 한다!**"라고 말하는 것이 얼마나 순진한 처사인지를 생각해보자. 현실에서 우리가 보는 것은 황홀할 정도로 풍부한 전형들, 낭비라고 할 수 있을 정도로 풍성한 형식들의 유희와 변화다. 거기에다 대고 어떤 불쌍하기 짝이 없는 게으름뱅이 도덕가는 "아니야! 인간은 **달라져야만** 해"라고 말할 것이다. … 주정뱅이에다 위선자인 그는 심지어 자신이 어떤 존재가 되어야 하는지도 알고 있다. 그는 자신의 모습을 벽에 그려놓고 '이 사람을 보라!'라고 말한다. … 그러나 도덕가가 단지 개개인을 향해 '그대는 이러저러하게 존재해야 한다'라고 말하는 경우에조차 그는 여전히 자신을 웃음거리로 만들고 있을 뿐이다. 각 개인은 미래와 과거로부터의 운명이며, 다가올 것과 존재할 모든 것에 대한 하나의 법칙, 하나의 필연성이다. 그러한 개인에게 '달라져라'라고 말하는 것은 모든 것에 대해, 심지어는 과거의 모든 것에 대해서조차도 달라지라고 하는 셈이다. … 그리고 실제로 일관된 도덕가들이 있었다. 그들은 인간이 달라지기를 바랐다. 다시 말해 유덕해지기를 바랐다. 그들은 인간이 자신을 닮기를, 다시 말해 위선자가 되기를 바랐다. 이를 위해 그들은 세계를 **부정해버렸다!** 미쳐도 크게 미쳐버린 것이다! 뻔뻔스러움이 분수를 훨씬 넘었다! … 도덕이 삶에 대한 고려나 배려 그리고 삶의 의도에서 비롯되지 않고 그 자체로 단죄하는 것인 한, 도덕은 동정할 여지가 없는 특수한 오류이며 이루 말할 수 없을 정도로 해를 끼친 **퇴락한 자들의 특이체질**이다. … 우리처럼 다른 인간들, 즉 비도덕주의자들은 정반대로 모든 종류의 이해와 파악 그리고 **긍정**에 우리의 가슴을 활짝 열어놓았다. 우리는 쉽게 부정하지 않으며 **긍정하는** 자라는 점에서 우리의 명예를 찾는다. 우리는 성직자와 성직자의 **병든** 이성의 거룩한 무지가 배격하는 그 모든 것을 필요로 하며 이용할 줄 아는 경제에 갈수록 더 눈뜨게 되었다. 이는 위선자, 성직자, 유덕한 자들과 같은 역겨운 족속으로부터도 유익한 점을 끌어내는 삶의 법칙에 깃들어 있는 경제다. — 어떤 유익한 점이냐고? — 우리 자신, 우리 비도덕주의 자들이 바로 그에 대한 대답이다.

네 가지 커다란 오류[90]

1

원인과 결과를 혼동하는 오류. 결과를 원인으로 잘못 보는 것보다 더 위험한 오류는 없다. 나는 이러한 오류를 이성 특유의 타락이라고 부른다. 그럼에도 이러한 오류는 가장 오래 전부터 인류에게 존재했고 최근까지도 존재하는 습관에 속한다. 오늘날에도 그러한 오류는 신성시되고 있으며 '종교'나 '도덕'이라고 불린다. 종교와 도덕이 표명하는 **모든** 명제는 그러한 오류를 포함하고 있다. 사제와 도덕의 입법자들이야말로 이성의 저 타락을 초래한 자들이다. — 예를 하나 들어보겠다. 유명한 코르나로[91]의 책은 누구나 잘 알고 있다. 이 책에서 그는 오랫동안 행복하게 — 그리고 또한 유덕하게 — 살기 위한 비결로 소식(小食)을 권하고 있다. 이 책만큼 많이 읽힌 책은 드물며 영국에서는 최근에도 매년 수천 부씩 인쇄되고 있다. 그러나 나는 거의 어떤 책도(당연히 성경은 예외지만) 좋은 의도를 가지고 쓰인 이 진기한 책만큼 많은 해를 끼치고 많은 사람들의 수

---

90) 네 가지 커다란 오류란 아래에서 보겠지만 '원인과 결과를 혼동하는 오류', '공상적인 원인을 설정하는 오류', '원인이란 무엇인지를 잘못 파악하는 오류', '자유의지를 상정하는 오류'를 가리킨다.

91) Alvise Luigi Cornaro(1467~1566). 40세에 심각한 병에 걸려 생명이 위태로운 상황에 처했으나 간신히 살아나 100세까지 살았던 이탈리아의 식이요법 개량가다. 건강과 장수를 위한 비결로 소식을 주장했던 그의 책 *Discorsi della vita sobria*(Padua, 1558~1565)는 베스트셀러였다. 이 책은 독일어로는 Paul Sembach에 의해 *Die Kunst, ein hohes und gesundes Alter zu erreichen*(오래 건강하게 사는 법)이라는 제목으로 번역되었다.

명을 단축시킨 적은 없었다는 것을 의심하지 않는다. 그 이유는 결과를 원인으로 잘못 본 데 있다. 저 선량한 이탈리아인은 소식을 자신이 장수하게 된 원인으로 보았다. 그러나 실제로는 그의 신진대사가 특이하게 느렸다는 것과 적은 양[의 에너지]을 소모했다는 것이 그의 장수의 전제 조건이었으며 그가 소식하게 된 원인이었다. 적게 먹느냐 아니면 많이 먹느냐는 그가 임의로 할 수 있는 것이 아니었다. 그의 간소한 식생활은 '자유로운 의지'에 따른 것이 아니었던 것이다. 그는 많이 먹으면 병에 걸렸다. 그러나 우리가 잉어가 아닌 한, 제대로 먹는 것이 좋을 뿐 아니라 필수적이다. 신경에너지를 급속하게 소모하는 우리 시대의 학자가 코르나로의 식이요법을 따른다면 [얼마 안 가] 죽고 말 것이다. 경험자의 말을 믿어라(Crede experto).[92]

2

　모든 종교와 도덕의 근저에 있는 가장 일반적인 정식은 "이것은 하고 저것은 하지 말라. 그렇게만 하면 너는 행복하게 될 것이다! 만일 네가 그렇게 하지 않는다면……"이라는 것이다. 도덕과 종교는 모두 이런 식으로 명령의 형태를 띤다. ─ 나는 이런 명령을 이성의 커다란 원죄, 불멸의 비이성이라고 부른다. 내 입에서 저 정식은 정반대의 것으로 전도된다. ─ 이것이 내가 시도하는 '모든 가치의 재평가'의 첫 번째 예다. 즉 건강한 인간, '행복한 인간'은 어떤 종류의 행동을 할 수밖에 없으며 다른

92) Silicus Italicus의 *Punica*, VII 395에서 인용된 말임.

종류의 행동은 본능적으로 피한다. 그는 자신이 생리적으로 체현하고 있는 질서를 자신이 인간과 사물에 대해서 맺는 관계 속으로 끌어들인다. 정식화해서 말하자면, 그의 덕은 그의 행복의 **결과다**. … 장수와 많은 후손을 둔다는 것은 덕의 대가가 **아니다**. 덕 자체는 오히려 신진대사가 완만하게 되는 것이며 이것이 결과적으로 장수라든가 많은 후손을 둔다든가 하는 것조차, 요컨대 **코로나로주의**조차 초래하는 것이다. — 교회와 도덕은 이렇게 말한다. "종족이나 민족은 악습과 사치 때문에 망한다." **회복된** 나의 이성은 이렇게 말한다. 어떤 민족이 몰락해가고 생리적으로 퇴락해갈 때 **그것으로부터 결과적으로** 발생하는 것이 악습과 사치(즉 기력을 소진해버린 모든 본성이 잘 알고 있는 것처럼, 갈수록 더 강렬하면서도 더 잦은 자극을 구하는 욕구)라고. 어떤 젊은이가 나이에 비해 더 빨리 창백해지고 기력을 잃어버리게 되면 그의 친구들은 이러저러한 병 때문이라고 말한다. 나라면 이렇게 말한다. 이 사람이 병이 들었다는 **사실**, 병에 저항하지 못했다는 **사실**은 이미 빈약하게 된 생의 결과이며 유전적인 기력쇠진의 결과라고. 신문을 읽으면서 독자들은 이러한 정당은 이러저러한 과오 때문에 몰락해간다고 말한다. 보다 고차적인 나의 정치적 견해는 그러한 과오를 저지르는 정당은 이미 끝장이 났다는 것이다. 그러한 정당은 더 이상 본능의 확실성을 가지고 있지 않다. 어떠한 의미에서도 과오는 모두 본능의 퇴화, 의지가 분산된 결과다. 이렇게 말하면서 우리는 **나쁜** 것이 무엇인가에 대해 정의를 내린 셈이다. **모든 좋은 것은 본능**이다. — 따라서 좋은 것은 경쾌하고 가볍고 필연적이고 자유롭다. 힘이 든다는 것은 결함이 있다는 증거다. 신은 유형상 영웅과 다르다(내 언어

로 표현하자면, 가벼운 발이 신성의 첫 번째 속성이다).[93]

3

원인이란 무엇인지를 잘못 파악하는 오류. — 어떤 시대에서든 사람들은 원인이란 무엇인지를 잘 알고 있다고 믿어왔다. 그런데 우리는 이 경우 그러한 지식을 어디서 얻었는가? 보다 정확히 말해서 우리가 원인이란 무엇인지를 알고 있다는 믿음을 어디서 얻었는가? 이것은 그 유명한 '내적 사실들[94]'의 영역에서 비롯된 것이지만, 이러한 사실들은 이제까지 무엇 하나 사실로서 입증된 적이 없었다. 우리는 의지작용에서 우리 자신이 원인이라고 믿었으며, 그 경우 적어도 원인이 무엇인지를 그것이 **작용하는 현장**에서 포착했다고 생각했다. 이와 마찬가지로 우리는 어떤 행동의 모든 선행조건, 즉 그것의 원인은 의식에서 구해져야 하며, 그것을 탐색하게 되면 그것은 '동기'로서 의식 속에서 재발견된다는 것을 의심하지 않았다. 그렇지 않다면[즉 어떤 행동의 원인이 동기로서 의식 안에 존재하지 않는다면] 우리는 그렇게 행동할 수 있는 자유도 가질 수 없고 행위에 대해 책임을 질 수도 없으리라고 생각했던 것이다. 마지막으로 어떤 생각은 어떤 것에 의해 일으켜진다는 사실, 즉 자아가 생각

---

93) 이 경우 신은 그리스도교의 신이 아니라 춤추는 신인 디오니소스를 가리킨다. 그리스도교의 신이 인간의 모든 고통과 죄를 짊어지는 신인 반면 디오니소스는 가벼운 발로 경쾌하게 춤추는 신이다. 여기서 신이 영웅과 구별되는 것은 영웅은 어떤 것을 힘겹게 성취하는 반면, 디오니소스는 어떠한 곤경도 흔쾌히 긍정하면서 가뿐하게 극복하기 때문이다.

94) 아래에서 보겠지만 의지·의식·자아를 말한다.

을 일으키는 원인이라는 사실을 지금까지 누가 부인할 수 있었는가? …
원인이란 것이 무엇인지를 가장 잘 보여주는 것 같았던 이 세 가지 '내적
사실들' 가운데 가장 설득력 있는 첫 번째 사실은 **원인으로서의 의지**라는
사실이다. 원인으로서의 의식('정신')이라는 생각과, 훨씬 뒤늦게 나타난
원인으로서의 자아('주관')라는 생각은 의지에 의해 원인의 성격이 이미
주어져 있는 것으로서, 즉 **경험**으로서 확립된 후에 생겨난 것에 지나지
않는다. … 그러나 그 사이에 우리는 더 잘 성찰하게 되었다. 오늘날 우
리는 그 모든 것[의식, 자아, 의지]에 대해 언표되어왔던 한 마디도 믿지
않는다. '내적인 세계'란 환상과 도깨비불로 가득 차 있다. 의지란 그런
것들 중 하나다.[95) 의지는 더 이상 아무것도 움직이지 못하며 따라서 더
이상 아무것도 설명해주지 않는다. ― 의지는 단지 과정들에 수반하여
나타날 뿐이며 결여되어 있을 수도 있다. 이른바 '동기'라는 것도 또 하
나의 오류에 지나지 않는다. 그것은 단지 의식의 한 표면 현상에 불과할
뿐이며, 어떤 행동에 선행하는 조건들을 나타내기보다는 오히려 은폐하
는 행동의 부산물이다. 자아라는 개념은 또 어떤가? 그것은 우화, 허구,
말장난이 되어버렸다. 자아는 생각하고 느끼고 욕망하는 것을 완전히
그쳐버렸다! … 이러한 사실로부터 귀결되는 것은 무엇인가? 정신적 원

---

95) 여기서 의지는 니체의 '힘에의 의지'를 말한다기보다는 의식적인 차원의 의지를 가
리킨다고 해야 할 것이다. 예를 들어 그리스도교인들은 자신들의 의식적인 의지, 다
시 말해 자유로운 결단에 따라 신을 믿는다고 생각하지만, 니체는 그들이 의식하지
못하는 그들 자신의 힘에의 의지가 병들어 있기 때문에 신을 찾게 된다고 본다.

인이란 전혀 없다는 것! 그것의 존재를 입증해줄 수 있는 경험(Empirie) 전체가 존재하지 않는 것으로 드러났다. 이것이 바로 그 결과다! — 그리고 우리는 저 '경험'이라는 것을 은근슬쩍 남용하여, 그것을 기초로 세계를 원인의 세계로, 의지의 세계로, 정신의 세계로 **만들어냈다**. 여기서는 가장 오래되었고 지속적인 영향력을 지녔던 심리학이 작용하고 있었다. 그러한 심리학은 다른 것은 아무것도 하지 않았다. 그러한 심리학에서 보면 모든 사건은 어떤 행동이고, 모든 행동은 어떤 의지의 결과였으며, 세계는 다수의 행위자로 이루어졌으며, 하나의 행위자(어떤 '주체')가 모든 사건에 슬며시 끼어들었다. 인간은 자신의 세 가지 '내적 사실들', 즉 그가 가장 굳게 믿었던 의지와 정신과 자아를 자기 바깥으로 투사했던 것이다. 인간은 먼저 자아라는 개념에서 존재라는 개념을 끄집어내어 자신의 형상에 따라, 즉 원인으로서의 자아라는 개념에 따라 '사물들'을 존재하는 것으로 설정했다. 나중에 그가 사물들에서 **자신이 사물들 안에 투입했던 것**을 항상 다시 발견했을 뿐이라는 사실은 놀랄 일이 아니다. — 다시 한 번 말하자면 사물 자체, 사물이라는 개념은 자아가 원인이라는 믿음의 반영에 지나지 않는다. 그리고 기계론자와 물리학자 여러분이여, 그대들이 말하는 원자도 마찬가지다. 원자라는 개념에도 얼마나 많은 오류와 얼마나 많은 초보 심리학이 아직까지 남아 있는가! '물자체'라는 개념, 형이상학자들의 **추악한 치부**(horrendum pudendum)에 대해서는 말할 것도 없다. 형이상학자들은 정신을 원인으로 보면서 그것을 실재와 혼동하고 실재의 척도로 만들었으며 신이라고 부르는 오류를 저질렀다!

4

공상적인 원인을 설정하는 오류. — 꿈에서부터 출발해보자. 예를 들어, 멀리서 울리는 대포 소리의 결과로 생기는 어떤 특정한 감각에 [그 감각을 일으킨 것으로 간주되는] 하나의 원인이 나중에 삽입된다(자주, 꿈꾸는 자가 주인공 역할을 하는 아주 작은 소설 같은 이야기가). 그 사이에 감각은 일종의 반향으로서 지속되며, 그 감각은 원인을 알고 싶어 하는 충동이 그것으로 하여금 전경(前景)으로 들어서게 할 때까지 기다린다.[96] 그런데 그 감각이 전경에 들어서게 될 때에는 더 이상 우연으로서가 아니라 '의미'로서 나타나게 된다. 대포 소리는 **인과적인** 방식으로, 즉 외관상으로는 시간이 전도되는 가운데 나타난다. 나중의 것, 즉 동기를 부여하는 것이 종종 섬광처럼 스쳐가는 수백 개의 세부적 사건들과 함께 맨 처음에 체험되고 대포 소리가 그 뒤를 따른다. … 어떻게 된 일일까? 특정한 상태[감각]에 의해 **생겨난** 표상들이 그 상태의 원인으로 오해되었다. — 깨어 있을 때에도 우리는 실은 동일한 오류를 범한다. 우리의 일반적인 감정 대부분은 — 기관들 사이의 작용과 반작용을 통해 발생하는 모

---

96) 이 부분에서 니체가 말하려는 바가 독자들에게는 분명히 이해되지 않을 것 같아서 부연설명을 붙인다. 잠결에 우연히 멀리서 울리는 대포 소리를 들었을 때 우리 자신도 모르게 원인을 알고 싶어 하는 충동이 작동하여 꿈을 꾸게 된다. 이 꿈은 예를 들면 우리가 전쟁에 나가 싸우는 꿈일 수 있다. 이 꿈 속에서 우리는 주인공이 되어 여러 사건을 겪으면서 종국에는 대포 소리를 듣게 된다. 우리가 잠결에 들은 대포 소리가 원래는 꿈을 꾸게 한 원인이었지만 정작 꿈 속에서 대포 소리는 여러 사건의 결과로서 나타나게 된다.

든 종류의 억제, 억압, 긴장, 폭발, 그리고 특히 교감신경의 상태가 ─ 원인을 알고 싶어 하는 우리의 충동을 자극한다. 즉 우리는 우리가 이러 저러한 상태에 있다는 것에 대해, 기분이 나쁜 상태에 있거나 기분이 좋은 상태에 있다는 것에 대해 하나의 근거를 갖고 싶어 한다. 우리가 이러저러한 상태에 있다는 사실을 단순히 확인하는 것만으로는 우리는 결코 만족하지 못한다. 우리는 그 상태가 어떤 종류의 동기에서 발생했다고 보는 경우에야 비로소 우리가 이러저러한 상태에 있다는 사실을 인정하게 되며 그 사실을 의식하게 된다. 그 경우 우리도 모르게 활동하기 시작하는 기억은 이전에 일어났던 동일한 종류의 상태들과 아울러 이것들과 유착되어 있는 원인 해석들을 떠올린다. ─ 그것들의 원인을 떠올리는 것이 아니다. 표상들, 즉 [어떤 상태에] 수반되는 의식 현상들이 원인이었다는 믿음도 기억을 통해 불러일으켜진다. 그리하여 특정한 원인 해석에 익숙해지는 습관이 생겨나며, 이러한 습관이야말로 실은 원인에 대한 탐구를 저해할 뿐 아니라 심지어는 못하게까지 하는 것이다.

5

위의 사실에 대한 심리학적 설명. ─ 알려지지 않은 어떤 것을 알려진 어떤 것으로 환원하는 것은 마음의 부담을 없애주고 안심시켜주며 만족시켜주고 그 외에도 자신이 힘을 가지고 있다는 느낌까지 갖게 해준다. 알려지지 않은 것을 접하게 될 때 우리는 위험, 불안, 걱정과 같은 것을 느끼게 된다. ─ 첫 번째 본능은 이러한 괴로운 상태들을 제거하려고 한다. 첫 번째 원칙. 어떤 설명이든 설명이 전혀 없는 것보다는 낫다. [우리가 어떤 현상을 설명하려고 할 때] 우리에게 근본적으로 문제가 되는 것은 오직 우리를 괴롭히는 생각들에서 벗어나는 것이기 때문에, 우리는 이러한 생각들에서 벗어나는 수단에 대해서는 엄격하게 따지지 않는다. 알려지지 않은 것을 알려진 것으로서 설명해주는 첫 번째 생각이 사람들의 마음을 너무나 편하게 해주기 때문에 사람들은 그것을 '참으로 간주하게 된다'. 이 경우에는 쾌감[힘(Karft)]이 진리의 기준으로 작용하고 있는 셈이다. 따라서 원인을 알고 싶어 하는 충동은 공포감을 조건으로 하고 또한 공포감에 의해 자극된다. '왜?'라는 물음은 가능하다면, 참된 원인을 제공하기보다는 오히려 **특정한 종류의 원인**, 즉 안심시켜주고 편하게 해주고 마음의 부담을 없애주는 원인을 제공해야만 한다. 이미 **알려져 있는 것**, 체험된 것, 기억 속에 새겨져 있는 것을 원인으로 설정하는 것은 이러한 욕구의 첫 번째 결과다. 새로운 것, 체험되지 않은 것, 낯선 것은 원인으로서는 배제된다. ― 따라서 사람들이 찾는 원인은 특정한 종류의 설명일 뿐 아니라 **선택되고 선호되는** 종류의 설명이다. 이러한 설명은 낯선 것, 새로운 것, 체험되지 않은 것에 직면해 있다는 느낌을 가장 빨리 그리고 가장 많이 제거해버리는 설명이며 **가장 습관화된 설명**이다. ― 그 결과 특정한 종류의 원인을 설정하는 것이 갈수록 우세해져 하나의 체계로 모이게 되며 결국은 다른 종류의 원인들을 설정하는 것을 **압도**하게 된다. 다시 말해 **다른** 원인과 설명들을 무턱대고 배제해버린다. ― 은행가는 즉시 '사업'을 생각하고, 그리스도교인은 즉시 '원죄'를 생각하며, 소녀는 즉시 그녀의 사랑을 생각하는 것이다.

6

도덕과 종교 영역 전체가 공상적 원인들이라는 이러한 개념 아래 포섭될 수 있다. ─ 도덕과 종교 영역 전체는 **불편한** 일반적 느낌들을 다음과 같이 '설명하고 있다'. 불편한 느낌은 우리에게 적대적인 존재들(악령들: 그 가운데 가장 유명한 경우 ─ 마녀로 오해된 히스테리증 여자들)에 의해 생긴다. 불편한 느낌은 용인될 수 없는 행위에 의해 생긴다('죄'라는 느낌, '죄를 지었다'라는 느낌이 생리적 불안의 원인으로 간주된다. ─ 사람들은 항상 자신에 대해 불만을 느끼게 되는 근거를 발견한다). 불편한 느낌은 우리가 하지 않았어야 했고 또한 **되지** 말아야 했던 것에 대한 처벌로서, 즉 그것에 대한 대가로서 생긴다. (쇼펜하우어는 이러한 설명을 파렴치하기 그지없는 방식으로 하나의 명제로 일반화하고 있다. 이 명제에서 도덕은 본연의 모습으로, 즉 삶에 독을 섞고 삶을 비방하는 것으로서 나타나 있다. "육체적인 것이든 정신적인 것이든 모든 큰 고통은 우리가 받아야 마땅한 것을 나타내고 있다. 우리가 그것을 받아 마땅하지 않았다면 그것들은 우리에게 내려졌을 리가 없기 때문이다."『의지와 표상으로서의 세계』, II, 666쪽) **불편한** 느낌은 경솔하고 나쁘게 끝난 행위의 결과로 생겨난다(정념과 감각이 원인으로서, '탓'으로서 설정된다. 생리적으로 불편한 상태가 **다른** 불편한 상태들의 도움을 받아, '겪어야 마땅한 것으로서' 해석된다). ─ 종교와 도덕의 영역 전체는 **편안한** 일반적 느낌들을 다음과 같이 설명한다. ─ 편안한 느낌은 신에 대한 믿음에서 생긴다. 편안한 느낌은 자신이 선한 행위를 했다고 생각할 때 생긴다(이른바 '양심의 만족'. 이것은 때로 소화가 잘 되는 상태와 너무나 유사한 일종의 생리적 상태여서 그 둘은 서로 혼동될 정도다). 편안한 느낌은 일이 성공적으로 끝났을 때 생긴다(이는 순진한 오류 추리다. 일이 성공적으로 끝났다고 해도 우울증 환자나 파스칼 같은 사람은 결코 편안한 느낌을 갖지 못한다). 편안한 느낌은 믿음과 사랑과 소망에 의해 — 다시 말해 그리스도교적인 덕에 의해 — 생긴다. 공상적 원인을 끌어들이는 이 모든 설명들은 사실은 모두 **결과적** 상태이며, 말하자면 편안한 느낌과 불편한 느낌을 잘못된 방언으로 번역해놓은 것이다. 사람들이 희망을 가질 수 있는 이유는 생리적인 근본 느낌이 다시 강하고 풍부한 상태를 회복했기 **때문**이다. 사람들이 신을 믿는 이유는 충만함과 자신이 힘을 갖고 있다는 느낌이 사람들에게 안정감을 주기 **때문**이다. — 도덕과 종교는 전적으로 **오류의 심리학**에 속한다. 따라서 모든 개개의 경우에서 원인과 결과가 혼동되고 있다. 또는 진리가 진리라고 **믿어지는** 것의 결과와 혼동되고 있다. 또는 의식의 어떤 상태가 이러한 상태의 원인과 혼동되고 있다.[97]

---

97) 이와 관련하여 『안티크리스트』의 다음 구절도 참조할 만하다. "그리스도교에서는 도덕과 종교가 어떤 점에서도 현실과 접촉하지 못하고 있다. 그것들에는 순전히 공상적인 원인('신' '영혼' '자아' '정신' '자유의지' — 혹은 '자유롭지 않은 의지'도 포함하여)과 순전히 공상적인 결과('죄' '구제' '은총' '벌' '죄 사함')밖에 존재하지 않는다. 공상적인 존재들('신' '정신' '영혼') 사이의 교제. 공상적인 **자연과학**(인간중심적이며, 자연적 원인이란 개념이 완전히 결여되어 있는), 공상적인 **심리학**('후회' '양심의 가책' '악마의 유혹' '신의 임재' 등과 같은 종교적이고 도덕적 특질을 가진 기호언어의 도움을 받아 쾌감과 불쾌감이라는 일반적인 감정, 이를테면 교감신경의 여러 상태를 스스로 오해하면서해석하는 것일 뿐인), 공상적인 **목적론**('신의 나라' '최후의 심판' '영생'). 이렇게 순전히 **허구적인** 세계는 꿈의 세계와는 구별되는데, 이는 꿈의 세계는 그래도 현실을 **반영하는** 데 반해서 허구적인 세계는 현실을 왜곡하고 무가치한 것으로 만들며 부정하기 때문이다. 따라서 허구적인 세계는 꿈의 세계에 비해서 훨씬 불리한 것이다. '자연'이라는 개념이 '신'에 대한 대립개념으로 일단 고안된 후부터

자유의지라는 개념의 오류. — 오늘날 우리는 '자유의지'라는 개념에 더 이상 공감을 느끼지 못한다. 우리는 자유의지라는 것이 무엇인지를 이제는 너무나 잘 알고 있는 것이다. — 그것은 신학자들의 가장 못된 기술로서 인류를 신학자들이 말하는 의미에서 '책임질 수 있는' 존재로 만들기 위해 사용된다. 다시 말해 인류를 **스스로에게 의존하도록 만드는** 데 사용된다. … 나는 여기서 인간을 책임질 수 있는 존재로 만드는 것의 근저에 작용하고 있는 심리를 드러내려고 한다. — 책임을 따지는 곳 어디에서나, 책임을 따지는 것에는 대개 **처벌하고 심판하려는 본능**이 있기 마련이다. 이러저러한 상태에 있다는 사실이 의지나 의도 혹은 책임 있는 행위에서 비롯된 것으로 간주된다면, 생성으로부터 무구(無垢)함이 박탈되어버린다. 의지에 관한 학설은 본질적으로 처벌을 목적으로, 즉 **죄를 찾아낼** 목적으로 고안되었다. 낡은 심리학 전체, 즉 의지의 심리학의 전제조건은 그 심리학의 창시자이자 고대 공동 사회에서 최고의 지위를 차지했던 사제들이 스스로 처벌을 내릴 수 있는 **권한**을 갖고자 했

는 '자연적 것'이라는 말은 '비난할 만한 것'을 가리키는 말로 사용되어야만 했다. — 저 허구적인 세계는 자연적인 것(현실!)에 대한 증오에 뿌리를 두고 있으며, 그것은 현실적인 것에 대한 깊은 불만의 표현이다. …… 그러나 이것으로 모든 것이 설명된다. 현실을 왜곡하면서 그것으로부터 도망하려고 하는 자는 누구겠는가? 현실로 인해 고통받는 자다. 현실로 인해 고통받는다는 것은 그 현실이 좌절된 현실이라는 것을 의미한다. …… 쾌감에 대한 불쾌감의 우세가 저 허구적인 도덕과 종교의 원인이다. 그러나 그와 같은 우세가 데카당스를 위한 공식을 제공하는 것이다." (『안티크리스트』 15절, 박찬국 옮김, 아카넷, 42쪽 이하.)

다는 사실에 존재하며, 또는 신에게 그런 권한을 부여하려고 했던 사실에 존재한다. ⋯ 심판을 받고 처벌받을 수 있기 위해, **죄인**으로 간주될 수 있기 위해 인간은 '자유롭다'고 생각되었다. 따라서 모든 행위는 자유로운 의지에서 비롯된 것으로 간주**되어야만 했고** 모든 행위의 기원은 의식에 존재하는 것으로 간주**되어야만 했다.**(이렇게 하여 심리적인 현상에서 가장 근본적인 왜곡이 심리학 자체의 원칙이 되어버렸다.)[98] 오늘날 우리는 **정반대** 방향으로 움직이고 있다. 오늘날 우리 비도덕주의자들은 무엇보다 죄 개념과 처벌 개념을 이 세계에서 다시 제거하고 이러한 개념들에 의한 오염으로부터 심리학, 역사, 자연, 사회제도 및 제재 조치들을 정화하려고 온 힘을 기울이고 있다. 우리의 눈에는 [이러한 운동에 대해] 가장 철저하게 적대적인 것은 신학자들이 '도덕적 세계질서'라는 개념을 가지고 '벌'과 '죄'에 의해 생성의 무구함을 계속 감염시키는 일인 것 같다. 그리스도교는 교수형 집행자의 형이상학이다.[99]

---

98) 그렇다고 해서 니체가 '의지의 자유'를 전적으로 부정한다고 볼 수는 없다. 니체는 이원론적인 종교나 철학이 주장하는 것처럼 인간이 자신의 본능적인 욕망까지 근절할 수 있을 정도로 자유로운 의지는 갖지 못했다고 보았지만 자신의 본능적 욕망을 승화시킬 수 있는 정도의 자유로운 의지는 가지고 있다고 본다. 이와 관련하여 니체는 『우상의 황혼』, 「자연에 반(反)하는 것으로서의 도덕」, 3절에서 "행위·창조·작용·의욕에서 보이는 원숙함과 숙달의 표현, 안정된 호흡, 마침내 도달된 '의지의 자유'"에 대해 말한다.

99) 이 절과 관련하여 『안티크리스트』 38절을 참고할 만하다. "사람들은 오늘날 신학자나 사제나 교황이 하는 모든 말이 틀릴 뿐 아니라 그들이 **거짓말을 하고 있다**는 사실을 **틀림없이** 알고 있다. 이러한 사실은 우리가 조금만 정직하면 인정할 수 있다. — 사람들은 그들이 '순진'해서 혹은 '무지' 때문에 거짓말을 하는 것이 아니라는 사실을 알고 있음에 틀림없다. 사제 역시 다른 사람들과 마찬가지로 '신'이 없다는 것, '죄인'

무엇만이 우리의 가르침이 될 수 있는가? — 인간 각자에게 그의 특성을 부여하는 것은 없다는 사실이다. 신도 사회도 부모도 조상도 각 개인 자신도 그의 특성을 부여하지 못한다(여기서 마지막으로 거부되는 터무니없는 표상은 칸트가 그리고 그 전에 이미 플라톤이 가르쳤던 '예지적 자유'라는 표상이다). 하나의 인간이 존재한다는 것, 그가 이러저러한 특성을 갖고 있다는 것, 그가 바로 이러한 상황과 이러한 환경에서 존재한다는 사실에 대해서는 어느 누구에게도 책임이 없다. 각 개인의 숙명적인 본성은 이미 존재했었고 또 앞으로 존재할 모든 것의 숙명에서 분리될 수 없다. 그는 자신의 의도나 어떤 의지 혹은 어떤 목적의 결과가 아니다. 그는 '인간의 이상' 또는 '행복의 이상' 또는 '도덕성의 이상'을 구현하기 위해 존재하지 않는다. — 자신의 존재를 어떤 목적에 맞추려 하는 것은 불합리한 일

도 '구세주'도 없다는 것 — 그리고 '자유의지' '도덕적 세계질서' 따위는 거짓말이라는 사실을 알고 있다. — 자신을 극복한 진지하고 심오한 정신은 이제 아무에게도 그러한 것을 모른다고 하는 것을 허용치 않는 것이다. …… 교회의 모든 개념도 이제 제대로, 즉 자연과 자연적인 가치들에서 가치를 박탈하려고 하는 가장 악의적인 화폐위조로서 인식되고 있다. 사제 자신이 그의 실상대로, 즉 삶에 가장 위험한 기생충이자 진짜 독거미로 인식되고 있다. ……

오늘날 우리는 알고 있으며 우리의 양심은 알고 있다. — 사제와 교회가 고안해낸 그 섬뜩한 허위들이 어떤 가치를 가지고 있으며, 어떤 목적에 사용되는 것인가를. 인간의 모습만 봐도 역겨움이 일어날 정도로 인간으로 하여금 자신을 모독하게 하는 상태를 초래한 개념들 — 곧 '피안'이니, '최후의 심판'이니, '영혼의 불멸'이니, 또 '영혼'이니 하는 개념들이 말이다. 그것들은 고문의 도구, 사제를 지배자로 만들어주고 지배자로 남아 있게 해주는 체계적이고도 잔학한 수단이다." (『안티크리스트』, 박찬국 옮김, 아카넷.)

이다. '목적'이라는 개념을 고안해낸 것은 우리 자신이다. 목적이라는 것은 실제로는 존재하지 않는다. … 각 개인은 필연적인 존재이며 하나의 숙명이다. 그는 전체에 속해 있으며 전체 안에 존재한다. — 우리의 존재를 심판하고 측정하며 비교하고 단죄할 수 있는 것은 아무것도 없다. 왜냐하면 이것은 전체를 심판하고 측정하며 비교하고 단죄하는 것을 의미하기 때문이다. … 그러나 전체의 외부에 존재하는 것은 아무것도 없다! — 어느 누구도 이제 더 이상 책임질 수 있는 존재가 되지 않는다는 것, 존재의 방식이 제일 원인으로 소급되어서는 안 된다는 것, 세계가 감각중추로서의 혹은 '정신'으로서의 통일체는 아니라는 것, 바로 이것이야말로 위대한 해방이다. — 이와 함께 비로소 생성의 무구함이 회복된다. … '신' 개념은 지금까지 인간의 삶에 최대의 걸림돌이 되어왔다. … 우리는 신을 부정한다. 그리고 신을 부정함으로써 책임을 부정한다. 이와 함께 비로소 우리는 세계를 구원한다.

인류를 '개선하는 자들'

1

독자들이 잘 알고 있다시피, 철학자들에게 내가 요구하는 것은 선악의 너머에 서라 — 도덕적 판단이라는 환상을 자기 발 아래로 내려다보라는 것이다. 이러한 요구는 나에 의해 처음으로 정식화된 하나의 통찰, 즉 **도덕적 사실이란 도대체가 존재하지 않는다**는 통찰에서 나온다. 도덕적 판단은 종교적 판단과 마찬가지로 존재하지도 않는 실재를 믿는다. 도덕이란 특정한 현상에 대한 하나의 해석에 지나지 않으며, 보다 정확하게 말하자면 하나의 오해에 지나지 않는다. 도덕적 판단은 종교적 판단과 마찬가지로 실재적인 것에 대한 개념조차, 그리고 실재적인 것과 가상적인 것의 구별조차 결여하고 있는 무지의 단계에 속한다. 그러한 단계에서 '진리'는 오늘날 '공상'이라 불리는 것을 가리킬 뿐이다. 따라서 도덕적 판단은 절대 문자 그대로 받아들여져서는 안 된다. 문자 그대로 받아들여진 것으로서의 도덕적 판단은 항상 오직 터무니없는 것만을 포함하고 있다. 그러나 그것을 단지 **기호**로 본다면 그것은 헤아릴 수 없는 가치를 지닌다. 즉 도덕적 판단은 적어도 인식하는 자들에게는, 자기 자신을 '이해'할 정도로 충분히 알지 못했던 문화와 내면세계의 가장 귀중한 실상을 드러낸다. 도덕은 한낱 기호언어에 지나지 않으며 징후에 불과하다. 즉 사람들은 도덕을 유용하게 활용하기 위해서는 도덕에서 **무엇**이 문제가 되고 있는지를 이미 알고 있어야 하는 것이다.

2

첫 번째 예를 임시적으로만 들어보자. 어느 시대에나 사람들은 인간을 '개선'하려고 했다. 무엇보다도 바로 이것이 도덕이라고 불렸던 것이다. 그러나 동일한 단어 아래 천차만별의 경향들이 숨어 있다. 야수 같은 인간을 길들이는 것(Zähmung)도 특정한 종류의 인간을 길러내는 것(Züchtung)도 '개선'이라고 불려왔다. 이러한 동물학적인 용어들이 비로소 실상을 표현해준다. — 물론 이러한 실상에 대해서 전형적인 '개선가'인 사제들은 아무것도 모르며 또한 알려고도 하지 않는다. … 어떤 짐승을 길들이는 것을 '개선'이라 부르는 것은 우리 귀에는 거의 우스갯소리처럼 들린다. 동물원에서 무슨 일이 일어나는지를 아는 사람이라면 그런 곳에서 야수들이 과연 '개선'되는지 의심할 것이다. 야수들은 그곳에서 약화되고 무해하게 만들어진다. 공포감에 짓눌리고 고통, 상처와 기아(飢餓)에 시달리면서 **병약한** 야수가 되는 것이다. 사제에 의해 '개선되어' 길들여진 인간의 경우에도 사정은 다르지 않다. 중세 초기에는 교회가 사실상 동물원이었으며, 사람들은 어디서나 '금발의 야수'의 가장 아름다운 예에 해당되는 자들을 사로잡기 위해서 사냥을 했다. — 예를 들어 고귀한 게르만인을 '개선시켰다.' 그러나 그렇게 '개선되고', 수도원으로 유혹되어 들어간 게르만인은 나중에 어떤 모습을 보였던가? 흡사 인간의 희화(戲畵)이자 기형아처럼 보였다. 그는 '죄인'이 되어버렸으며, 우리 안에 처박히고, 그지없이 끔찍한 개념들 사이에 갇혀버렸다. … 그곳에서 게르만인은 병들고 위축되어 자신에 대한 악의를 가득 품은 채 누워 있었다. 삶을 향한 충동을 증오하는 마음으로, 여전히 강하고 행복한 모든 것에 대한 의심으로 가득 찬 채 누워 있었다. 요컨대 그는 '그리스도교인'이 된 것이다. … 생리학적으로 말해보자면, 야수와의 싸움에서는 야수를 병들게 하는 것이 그것을 약하게 만드는 유일한 수단일 수 있다. 바로 이러한 사실을 교회는 알고 있었다. 교회는 인간을 **망쳐버렸고** 약화시켰다. ─ 그런데도 교회는 인간을 '개선'시켰다고 주장했다.

3

이른바 도덕이라는 것의 다른 경우, 즉 특정한 종족과 인종을 **길러내**는 경우를 살펴보자. 이것의 가장 훌륭한 예를 제공하는 것은 인도의 도덕이며 이것은 『마누법전』이라는 형태로 종교로까지 인정받고 있다.[100] 이 법전의 과제는 사제, 전사, 상인 및 농민, 마지막으로 수드라라고 불리는 노예라는 네 종족을 동시에 길러내는 것이다. 『마누법전』에 야수를 길들이는 자들이 존재하지 않는다는 것은 분명하다. 『마누법전』 식으로 길러내는 계획을 구상한 인간은 백배나 더 부드럽고 이성적인 인간이다. 그리스도교라는 병원과 지하 감옥의 공기로부터 빠져나와 이렇게 더 건강하고 더 드높고 더 넓은 세계에 들어서면 안도의 숨을 쉬게 된다. 『마

---

100) 『마누법전』은 2세기경에 만들어진 인도의 법전으로서 각 신분의 권리와 의무 그리고 삶의 방식을 규정하고 있다. 니체가 읽은 것은 불어 번역본이었다. 이 번역본은 Louis Jacolliot의 *Les législateurs religieux. Manou. Möise. Mahomet. Traditions religieuses comparées des lois de Manou, de la Bible, du Coran, du Rituel Egyptien, du Zend-Avesta des Parese et des traditions finnoises*(Paris 1876)에 포함되어 있었다. 그러나 아래 역주 102의 예에서 보듯이 이 책은 문헌학적으로 상당히 문제가 많은 책이었다.

누법전』에 비하면 『신약성서』라는 것은 얼마나 빈약하며 얼마나 악취를 내뿜는 것인가! ― 그러나 이러한 조직 역시 **무서운** 것이 될 필요가 있었다. ― 그 조직에게는 야수와의 싸움이 아니라 **야수**와 정반대되는 엄한 자기규율을 갖지 못한 인간, 즉 잡종 인간, 찬달라[101]와의 싸움이 문제였기 때문이다. 그리고 이 조직 역시 찬달라를 무해하고 약하게 만드는 방법으로 그들을 **병들게** 하는 것 외에 다른 선택지를 갖지 못했다. ― 그것은 '대다수'와의 싸움이었다. 인도 도덕의 **이러한 조치**만큼 우리의 감정에 거슬리는 것은 아마 없을 것이다. 예를 들면 제3조(아바다나―사스트라 I)에 해당하는 '부정(不淨)한 야채에 대한' 조항에서는 찬달라에게는 음식 가운데 마늘과 양파만이 허용된다고 정하고 있다. 이러한 규정은 성전(聖典)이 그들에게 곡물, 씨가 있는 과일, **물**, 불을 주는 것을 금하고 있다는 사실을 고려하고 있다. 또한 이 제3조는 그들이 필요로 하는 물은 강이나 샘 또는 연못에서 길은 것이어서는 안 되고 늪의 입구나 짐승의 발자국으로 인해 생긴 구덩이에서만 길어와야 한다고 정하고 있다. 마찬가지로 그들에게는 빨래를 하는 것도 **자기 몸을 씻는** 것도 금지되어 있다. 왜냐하면 자비에 의해 그들에게 허용되는 물은 갈증을 면하는 데만 사용되어야 하기 때문이다. 마지막으로 수드라 여인들에게는 찬달라 여인의 해산(解産)을 **돕는** 것이 금지되어 있으며 찬달라 여인들이 서로 **돕는** 것도 금지되어 있다. 당연하게도 그러한 위생 규정이 엄격하게

---

101) 인도의 불가촉천민이며, 노예계급인 수드라에도 끼지 못하고 카스트제도 자체에서 배제되어 있는 계급이다.

실시된 결과 치명적인 전염병과 끔찍한 성병이 나타났다. 이러한 사태에 대한 조치로서 남자에게는 할례를, 여자아이에게는 소음순 제거를 강제하는 '수술에 관한 법'이 만들어졌다. 『마누법전』 자체가 이렇게 말하고 있다. "찬달라는 간통, 근친상간, 범죄의 결과다(이것이야말로 길러낸다는 개념의 필연적 귀결이다). 그들의 옷은 시체에서 벗겨낸 누더기여야 하며, 식기는 깨진 단지여야 하며, 장식품은 헌 쇠붙이여야 하며, 예배는 악령에게만 해야 한다. 그들은 쉴 새 없이 이곳저곳을 떠돌아야 한다. 그들에게는 왼쪽에서 오른쪽으로 쓰는 것이 금지되어 있으며 오른손으로 쓰는 것도 금지되어 있다. 오른손을 사용하고 왼쪽에서 오른쪽으로 쓰는 것은 덕 있는 자들, 즉 종족에 속해 있는 사람들에게만 허용된다."[102]

4

이러한 규정들은 우리에게 가르쳐주는 바가 많다. 그것들에서 우리는 극히 순수하고 근원적인 아리안적 인간성을 본다. ― 우리는 '순수 혈통'이라는 개념이 해(害)도 위험도 없는 개념과는 정반대의 것이라는 사실을 배운다. 다른 한편으로는 어떤 민족에서 이러한 아리안적 인간성에 대한 증오, 찬달라의 증오가 영구적인 것이 되었는지, 이 증오가 어디에서 종교가 되고 천재적인 창의성을 발휘하게 되었는지가 명백해진다. …

---

102) "그들에게는 왼쪽에서 오른쪽으로 쓰는 것이 금지되어 있으며 오른손으로 쓰는 것도 금지되어 있다"라는 규정이 정말 『마누법전』에 있는지는 의심스럽다. 왜냐하면 그 당시 문자는 주로 사업이나 법 관계를 위해서 사용되었기 때문에 천민들은 문자 자체를 접하지 못했을 가능성이 크다.

이러한 견지에서 보면 복음서는 제1급의 증거문서다. 『에녹서(*das Buch Henoch*)』는 더욱더 그렇다.[103] ─ 유대적 뿌리에서 나왔으며, 이러한 토양의 산물로서만 이해될 수 있는 그리스도교는 길러냄·종족·특권의 도덕에 대한 반대운동을 표현하고 있다. ─ 그것은 유별나게 반(反)아리안적인 종교다. 그리스도교는 모든 아리안적 가치들의 전도이자 찬달라적 가치들의 승리이며, 가난한 자들과 천한 자들에게 설해진 복음이고, 짓밟힌 자들, 비참한 자들, 실패한 자들, 영락한 자들이 '종족'에 속해 있는 자들에 대해 벌이는 총체적 봉기다. ─ 찬달라의 불멸의 복수욕이 사랑의 종교가 되었다.

5

길러냄의 도덕과 길들임의 도덕은 목적을 이루는 수단이라는 점에서는 서로 완벽하게 협동할 수 있다. 우리가 최고 명제로 내세울 수 있는 것은, 도덕을 성립시키기 위해서는 정반대의 것[성스러운 거짓말을 하는 것]을 향한 무한한 의지를 가져야만 한다는 것이다. 이것이야말로 내가 가장 오랫동안 탐구해온 엄청나고도 섬뜩한 문제, 즉 인류를 '개선시키는 자들'의 심리학이다. 하나의 작은 사실, 그리고 결국은 겸손한 사실, 이른바 성스러운 거짓말[104]이 이 문제에 접근할 수 있는 최초의 실마리를

---

103) 『에녹서』는 보통 외경(外經) 내지 위경(僞經)에 해당하는 것으로 간주되는데, 세속과 부유한 자들과 권력 있는 자들을 성서보다도 훨씬 강하게 저주하고 있으며 가난한 자라는 말을 성자와 '신의 친구'라는 말의 동의어로 쓰고 있다.

104) 성스러운 거짓말(pia fraus)이라는 말은 오비디우스, 『변신이야기』, 9, 711에 나온다.

나에게 주었다. 성스러운 거짓말이야말로 인류를 '개선해온' 사제와 철학자들의 유산인 것이다. 마누도, 플라톤도, 공자도, 유대교와 그리스도교의 교사들도 거짓말을 할 수 있는 자신들의 권리에 대해 의심해본 적은 한 번도 없었다. 또한 그들은 이와는 **전혀 다른 권리들**에 대해서도 의심해본 적이 없었다. … 정식화하자면, 이렇게 말할 수 있을 것이다. "이제까지 인류를 도덕적으로 만들기 위해 사용된 **모든** 수단은 근본적으로 비도덕적인 것이었다."

독일인들에게 부족한 것

1

오늘날의 독일인들은 정신을 갖는 것만으로는 충분하지 않다. 그들은 정신을 자기 것으로 해야 하며 자신에게서 **끄집어내야**만 한다.

나야말로 독일인들을 제대로 안다고 할 수 있는 사람이며 따라서 그들에게 몇 가지 진실을 이야기해주어도 될 것이다. 새로운 독일[105]은 물려받고 주입받은 대량의 능력을 보여주고 있으며, 따라서 그동안 축적되어온 소중한 힘을 한동안은 낭비해도 될 것이다. 새로운 독일에서 지배적이 된 것은 높은 문화가 **아니다**. 섬세한 취미나 본능들의 고상한 '아름다움'은 더욱더 아니다. 그러나 독일은 유럽의 다른 어떤 나라가 보여줄 수 있는 것보다 더 **남성적인** 미덕을 갖고 있다. 강한 용기와 자존심, 서로 교제하고 서로 의무를 지키는 데서 크게 신뢰할 만하다는 것, 대단한 근면성, 대단한 인내심 ─ 그리고 제어하기보다는 자극해줄 필요가 있는 물려받은 절제심이 그러한 덕들이다. 이것들에 덧붙이고 싶은 것은 독일인들은 복종하는 것을 굴욕으로 느끼지 않는다는 점이다. … 그리고 어느 누구도 자신의 적을 경멸하지 않는다는 것도 그들의 미덕 중 하나다.

아시겠지만 나는 독일인들을 공정하게 평가하고 싶다. 이 점에서 나

---

105) 프랑스─프로이센 전쟁에서 프로이센이 승리한 후 비스마르크에 의해 독일제국이 수립된 1871년 이래의 독일을 가리키는 것 같다.

는 나 자신을 속이고 싶지 않다. 따라서 나는 그들에 대해 내가 못마땅하게 생각하는 점도 말해야 한다. 권력을 갖게 되는 것은 값비싼 대가를 치러야 하는 일이다. 권력은 [그것을 소유한 자를] 어리석게 만든다. 독일인들은 한때 사상가들의 민족으로 불리었다. 그들은 오늘날에도 여전히 사색을 하고 있을까? — 독일인들은 이제 정신을 따분한 것으로 생각하고 있으며 정신을 불신하고 있다. 진정으로 정신적인 것들을 위해 필요한 모든 진지함을 정치가 다 삼켜버렸다. — "독일이여, 천하의 독일이여(Deutschland, Deutschland über alles)",[106] 이것이야말로 독일 철학의 종말이 아니었는지 우려된다. … "독일에 철학자가 존재하는가? 독일에 시인이 있는가? 독일에 **훌륭한** 책이 있는가?" 외국에서 사람들은 나에게 그렇게 묻는다. 나는 얼굴이 붉어지지만, 절망적인 경우에도 내가 잃지 않는 용기를 발휘하여 이렇게 대답한다. "그렇소. 비스마르크가 있소!"[107] — 그러나 오늘날 독일에서 사람들이 어떤 책들을 읽고 있는지를 고백해도 좋을까? … 저주스러운 범용한 본능!

---

106) August Heinrich Hoffmann von Fallerleben의 「Lied der Deutschen」의 첫 줄이자 후렴구, 이 노래는 1922년에 독일의 국가(國歌)가 되었다.

107) 니체는 당시 세 권으로 된 비스마르크의 연설집(Bismarck 1882)을 가지고 있었다. 여기서 우리는, 니체가 당시 독일에서 시인이나 사상가로 행세하는 사람들보다 시인이자 사상가로서의 비스마르크가 더 낫다고 생각했을 정도로 당시 독일 문학의 수준을 낮게 보았음을 사실을 짐작할 수 있다.

2

독일 정신이 이 지경이 될 수도 있다는 사실에 대해 우울한 생각을 해보지 않은 사람이 있겠는가! 그러나 이 민족은 거의 천년 전 이래로 자신을 의도적으로 우둔하게 만들어왔다. 알코올과 그리스도교라는 유럽의 두 가지 대(大) 마약이 독일 이외의 어느 곳에서도 그렇게 심하게 남용되지는 않았다. 여기에다 최근에는 세 번째 마약이 덧붙여졌다. 그것은 그것만으로도 이미 섬세하고 대담한 모든 정신적 재능을 절멸시킬 수 있는 것, 즉 음악, 변비에 걸려 있고 변비를 일으키는 우리의 독일 음악이다. 얼마나 많은 짜증나는 둔중함, 마비, 축축함, 나이트가운(Schlafrock),[108] 얼마나 많은 **맥주**가 독일의 지성 속에 있는지! 가장 정신적인 목표에 자신의 삶을 바치는 젊은이들이 정신성의 일차적 본능, 즉 **정신의 자기보존 본능**을 자신 속에서 느끼지 못하고 맥주를 마시는 것은 도대체 어떻게 가능한가? … 젊은 학도들이 알코올 중독에 빠지는 것은 어쩌면 그들이 많은 학식을 갖는 것에는 장애가 되지 않을 수 있다. ─ 정신을 전혀 갖지 않고서도 대학자가 될 수는 있으니까. ─ 그러나 다른 모든 면에서 그것은 문제가 된다. ─ 맥주가 정신 안에서 불러일으키는 그 은근한 퇴락은 어디서든 발견될 수 있다! 언젠가 나는 이제는 유명하다시피 되어버린 한 경우를 통해 그러한 퇴락을 지적한 적이 있다. ─ 우리 최초의 독일인 자유사상가, 그 **영리한** 다비드 슈트라우스가 맥주집에

---

108) 니체가 여기서 나이트가운으로 무엇을 말하고 싶어 하는지는 분명하지 않다. 다만 수면에 가까운 몽롱한 상태를 가리키는 것이 아닌가 한다.

어울리는 복음과 '새로운 신앙'의 창시자로 되어버린 퇴락을……. 그가 운문의 형식을 빌려 '상냥한 갈색의 여인[맥주]'에게 맹세한 것은 헛되지 않았다. 죽을 때까지 충성을 맹세한 것은…….

3

나는 독일 정신이 더 조야해지고 천박해지고 있다고 말했다. 그런데 이것으로 충분한가? ― 나를 경악하게 하는 것은 근본적으로 전혀 다른 어떤 것이었다. 즉 정신적인 일들과 관련하여 독일적인 진지함, 독일적 깊이, 독일적 **정열**이 갈수록 더 쇠퇴하고 있다는 사실이었다. 단순히 지성뿐 아니라 파토스가 변해버렸다. 나는 이따금 독일 대학들과 접촉을 한다. 대학의 학자들을 어떠한 종류의 공기가 지배하고 있는지! 황량하고 자기만족에 **빠져** 있으며 미지근하게 되어버린 정신성이 그들을 지배하고 있다! 이러한 나의 생각에 대해 독일의 학문을 가지고 반박하려 한다면 그것은 나의 생각을 심각하게 오해하는 일이 될 것이다. ― 더 나아가 그것은 내가 쓴 것을 한 마디도 읽지 않았다는 증거일 것이다. 17년 전부터 나는 오늘날 우리의 학문이 **정신을 박탈하는** 데 영향을 끼치고 있다는 사실을 줄기차게 밝혀왔다. 학문의 거대한 범위는 오늘날 개개인을 가혹한 예속 상태에 처하게 했으며,[109] 이러한 예속 상태야말로

---

109) 니체는 당시의 교육을 이렇게 비판하고 있다. "굶주리는 자에게만 먹을 것을 주라는 모든 교육의 최고 명제에 반해서 그리스인과 로마인 그리고 그들의 언어에 관한 빈약한 지식을 서투르면서도 고통스럽게 전수 받았을 때 낭비된 우리의 청춘이여! 우리를 먼저 [우리 자신의] 무지에 대해서 절망하게 하고, 우리의 사소한 일상

더 충실하고 더 풍부하며 더 **깊은 본성**의 소유자에게 적합한 교육과 교
육자가 더 이상 나오지 못하게 되는 주요한 이유 가운데 하나다. 주제 넘
는 게으름뱅이와 휴머니티 나부랭이가 넘쳐나고 있다는 **것이야말로** 우
리의 문화에 가장 유해한 것이다. 우리의 대학들은 본의에 반하여 이런
식으로 정신의 본능을 위축시키는 사실상의 온실이 되고 있다. 그리고
전 유럽이 이미 이러한 사실을 알고 있다. 위대한 정치[110]는 아무도 속이
지 못한다. … 독일은 갈수록 유럽의 **천박한 나라**로 간주되고 있다. —
나는 아직도, 함께 있으면 내가 내 방식대로 진지해질 수 있는 독일인을
찾고 있다. 함께 있으면 내가 즐겁게 될 수 있는 독일인이면 더 좋다! 우
상의 황혼, 아아, 여기서 한 은자가 **어떠한 종류의 진지함**[111]으로부터 벗
어나 자신을 회복하고 있는지를 오늘날 누가 알겠는가! — 우리와 관련
하여 [사람들이] 가장 이해하지 못하는 것은 우리의 명랑함이다.

생활, 우리의 일들, 아침과 저녁 사이에 집과 작업장 그리고 하늘과 땅에서 일어나
는 모든 것을 수천 가지 문제들로, 즉 우리를 괴롭히고 부끄럽게 하고 자극을 주는
문제들로 분해하는 것을 통해서 우리에게 우리가 수학적 지식과 역학적 지식을 가
장 절실하게 필요로 한다는 것을 보여주고 그리고 나서 이 지식의 절대적인 수미일
관성에 대한 최초의 학문적인 희열을 맛보게 하는 것 대신에 우리에게 수학과 물리
학이 폭력적으로 강요되었을 때 낭비된 우리의 청춘이여!" (『아침놀』, 박찬국 옮김,
책세상, 195절.)
110) 이 경우 '위대한 정치'는 당시의 독일제국에서 보는 것처럼 자신의 지배영역과 권력
을 확장하는 것만을 목표로 삼는 정치이며 니체가 긍정적인 의미에서 말하는 '위대
한 정치'와는 다른 의미다.
111) 독일식 진지함을 가리킨다.

4

대략 따져보면, 독일 문화가 몰락하고 있다는 사실뿐 아니라 그럴 만한 충분한 근거가 있다는 사실도 분명히 드러난다. 누구나 궁극적으로는 자신이 갖고 있는 것보다 더 많이 사용할 수는 없는 것이다. 이러한 사실은 개인에 대해서뿐 아니라 민족에 대해서도 타당하다. 권력이나 위대한 정치[112]나 경제, 세계적인 교역, 의회주의, 군사적 이해에 자신의 힘을 다 사용해버린다면, 그리고 **이러한** 측면에 자신이 갖는 지성·진지함·의지·극기력을 다 써버린다면, 다른 측면에서는 그것들은 결여될 수밖에 없다. 문화와 국가는 서로 적대적인 관계에 있다. ─ 이 점에 대해 자신을 기만해서는 안 된다. '문화─국가'라는 것은 단지 근대적 관념일 뿐이다. 이 중 하나는 다른 것에 의존해 살아가며, 다른 것을 희생시킴으로써 번성한다. 문화적으로 위대했던 모든 시대는 정치적으로는 몰락기였다. 문화적인 의미에서 위대한 것은 비정치적이었고, 심지어는 **반정치적이기도** 하다. ─ 괴테의 마음은 나폴레옹이라는 현상을 만나 열렸다가 '해방전쟁'[113]을 접하고는 **닫혀버렸다**. … 독일이 강대국으로 대

---

112) 역주 110번을 참조할 것.

113) 여기서 '해방전쟁'은 나폴레옹의 침공에 맞서는 독일인들의 전쟁을 가리킨다. 괴테는 독일인들의 해방전쟁을 달가워하지 않았으며 나폴레옹과 프랑스 문화를 찬탄해마지 않았다. 괴테는 에커만에게 "나에게는 문화냐 야만이냐만이 중요한 문제인데, 지상에서 가장 교양이 높은 나라에 속하고 내가 교양을 쌓는 데 너무나 크게 덕을 입은 프랑스 민족을 어떻게 증오할 수 있겠는가"라고 말했다고 한다. Sommer, 384쪽 참조. 니체는 당시의 유럽이 나폴레옹에 의해 통일되었으면 좋았을 것이라고 생각했다.

두하는 순간, 프랑스는 **문화강국**으로서 지금까지와는 다른 중요성을 갖게 된다. 오늘날 이미 정신의 새로운 진지함과 **정열**이 파리로 상당히 옮겨가 있다. 예를 들어 염세주의의 문제, 바그너 문제, 거의 모든 심리학적 문제들과 예술적 문제들이 독일과 비교할 수 없을 정도로 섬세하면서도 근본적으로 사유되고 있다. 독일인들은 이런 종류의 진지함에는 **무능하기조차** 하다. 유럽의 문화사에서 '독일제국'의 등장은 무엇보다 다음과 같은 한 가지 사실, 즉 **무게 중심의 이동**을 의미한다. 이러한 사실을 사람들은 이미 잘 알고 있다. 중요한 일과 관련해서는 — 중요한 것은 여전히 문화지만 — 독일인은 이제 고려조차 되지 않는다. 사람들은 이렇게 묻는다. 당신네 독일인들에게는 유럽에 **내놓을 만한** 정신적 인물이 한 사람이라도 있소? 당신들의 괴테, 당신들의 헤겔, 당신들의 하인리히 하이네, 당신들의 쇼펜하우어가 그랬듯이? — 이제 더 이상 단 한 명의 독일 철학자도 없다는 것 — 이것이야말로 한없이 놀라운 일이다.

5

독일의 고등교육 제도 전체에는 중요한 점이 빠져 있다. 즉 목적을 이루기 위한 수단은 물론이고 **목적** 자체도 없는 것이다. 교육과 **교양**, 바로 이것들이 목적이라는 것 — '제국'이 목적이 **아니라는** 것—, 그리고 이러한 목적을 실현하기 위해 필요한 것은 **교육자들**이라는 것 — 중고등학교의 교사나 대학의 학자들이 아니라는 것—, 이 점이 망각되어버렸다. … 필요한 것은 그 **자신이 교육**을 받은 교육자들, 어떠한 순간에도 말과 침묵에 의해 자신을 입증하는 탁월하고 고귀한 정신들, 성숙하여 **감미롭**

게 된 문화인들이지 — 중고등학교나 대학교가 오늘날 젊은이들에게 '고급 유모'로서 제공하고 있는 학식 있는 야만인들이 아니다. 예외 중의 예외를 제외하면, 교육에서 제일의 선결조건이라고 할 수 있는 교육자들이 결여되어 있는 것이다. 이 때문에 독일 문화가 쇠퇴하고 있다. — 방금 이야기한 예외 중의 예외라고 할 만한 가장 희귀한 인물 가운데는 내가 경외해 마지않는 친구인 바젤 대학의 야콥 부르크하르트가 있다. 바젤 대학이 인문학 분야에서 우위를 점하고 있는 것은 무엇보다도 그 사람 덕분이다. — 독일의 '상급 학교들'이 사실상 행하고 있는 것은 잔인한 길들이기로서, 그것들은 최대한 짧은 시간에 수많은 젊은이들을 국가가 이용할 수 있고 착취할 수 있는 사람으로 만든다. '고등교육'과 다수의 사람 — 이것은 처음부터 모순된 것이다. 모든 고등교육은 예외자들을 위한 것이다. 그런 높은 특전(特典)을 누릴 권리를 가지려면 특권 있는 사람이어야만 한다. 위대하고 아름다운 모든 것은 결코 공동의 재산이 될 수 없다. 아름다운 것은 소수의 인간에게 속한다(pulchrum est paucorum hominum).[114] — 독일 문화가 쇠퇴하게 된 원인은 무엇인가? 그 원인은 '고등교육'이 이제는 더 이상 특권이 아니라는 사실에, '보편적'이고 공동의 것이 된 '교양', 즉 교양의 민주주의에 있다. … 잊어서는 안 되는 점은, 상급 학교에 진학하면 병역상의 특혜가 주어지기 때문에 상급 학교에 진학하는 사람들이 지나치게 많아질 수밖에 없고 그 결과는 상급학교

---

114) pulchrum est paucorum hominum 이하는 호라티우스 『풍자시』 1, 9, 44에 나오는 말이다.

의 몰락으로 귀결될 수밖에 없다는 점이다. 오늘날의 독일에서는 누구도 더 이상 자신의 아이들에게 마음대로 고귀한 교육을 베풀어줄 수 없다. 우리의 '상급' 학교들은 교사든 교과 과정이든 교육 목표든 모두 가장 애매한 평균성을 지향한다. 그리고 기품을 결여한 성급함이 도처를 지배한다. 만약 23세의 청년이 아직 '완전히 준비가 되지' 않은 상태라 어떤 직업을 택할 것인가라는 중요한 질문에 답하지 못할 경우에는 [그가] 마치 무엇인가를 게을리 하고 있는 것처럼 생각하는 것이다. 실례를 무릅쓰고 말하지만, 보다 고급의 인간 유형은 '직업'이라는 것을 좋아하지 않는다. 왜냐하면 그는 자신이 소명을 받고 있다는 것을 알고 있기 때문이다. … 그들은 서두르지 않으며 자신을 위해서 시간을 내고, '완전히 준비가 된' 인간이 되는 것은 전혀 고려하지 않는다. — 30세 정도의 사람들도 고급문화의 견지에서 보면 아직 초보자이며 어린아이다. — 우리의 초만원 중고등학교, 너무 많이 공급되고 어리석게 된 우리의 중고등학교 교사들은 하나의 스캔들이다. 최근에 하이델베르크 대학의 교수들이 그랬듯이 이러한 상태를 변호하는 것에는 아마도 **동기**는 있겠지만, 그것을 위한 합당한 근거는 존재하지 않는다.[115]

6

나의 천성은 원래 **긍정적으로** 말하는 것이다. 따라서 나는 반박이나

---

115) 1888년 7월에 하이델베르크 대학의 교수들이 김나지움 교육현실의 완전한 변혁을 촉구하는 견해에 반대하면서 당시의 교육현실을 변호하는 성명서를 발표했다.

비판은 단지 간접적으로 그리고 부득이할 때만 하지만, 이러한 나의 천성에 따라서 나는 사람들이 교육자를 필요로 하는 이유라고 할 만한 세 가지 과제를 직접적으로 제시하려고 한다. 사람들은 보는 법을 배워야 하며, **생각하는 법을 배워야 하고, 말하고 쓰는 법을 배워야 한다.** 이 세 가지 과제가 목표로 하는 것은 모두 고귀한 문화다. **보는 법**을 배우는 것 ― 이것은 눈에 평정과 인내의 습관을 부여하는 것이며 그리고 사물이 자신에게 다가오게 하도록 눈을 훈련하는 것이다. 판단을 유보하면서 하나하나의 경우를 모든 측면에서 검토하고 조망하는 법을 배우는 것이다. 이것이 정신성에 이르기 위한 **첫 번째** 예비훈련이다. 자극에 즉각적으로 반응하지 **않고**, 오히려 자신을 억제하고 [자극에 대해 자신을] 폐쇄하는 본능을 확보하는 것이다. 내가 이해하는 바에 따르면, **보는 법**을 배우는 것은 '강한 의지'라는 비철학적 용어로 불리는 것과 거의 같은 것이다. 그것에서 본질적인 것은 '의지(意志)하는 것'이 **아니라** 결정을 유예시킬 수 있는 **능력**이다. 모든 비정신성, 모든 천박성은 자극에 저항할 수 있는 능력의 결여에서 비롯된다. [비정신적이고 천박한] 사람들은 [어떤 자극에] 반응하지 **않을** 수 **없으며** 어떠한 충동에도 따르는 것이다. [어떤 자극에] 반응하지 않을 수 없다는 것은 많은 경우 이미 병약함과 쇠퇴와 쇠진의 징후다. 사람들이 비철학적인 조야한 견지에서 '악덕'이라는 이름으로 부르는 것은 [자극에] 반응하지 **않는** 능력이 생리적으로 결여된 것에 지나지 않는다. 보는 법을 배우고 나서 그것을 응용하게 될 경우 사람들이 겪게 되는 변화 중의 하나는 다음과 같은 것이다. 사람들은 **배우는 입장**이 되어서 대체로 서두르지 않게 되고 쉽게 믿지 않게 되며 그리고 저항하게 된다. 어떠한 종류의 것이든 낯설고 **새로운** 것을 접하게 되면 사람들은 우선은 적의를 품은 평정과 함께 그것을 대할 것이다. 사람들은 그것으로부터 손을 뒤로 뺄 것이다. 문이란 문을 다 열어 놓는 것, 온갖 사소한 사실 앞에서도 공손하게 엎드리는 것, 다른 사람들이나 다른 것들 안으로 들어가고 **뛰어 들어가는** 것, 요컨대 유명한 근대적 '객관성'이라는 것은 나쁜 취향이며 그지없이 **저속한** 것이다.

7

생각하는 법을 배운다는 것, 우리의 학교들은 이것이 무엇인지를 알지 못한다. 논리학은 대학에서조차, 심지어는 철학을 업으로 삼는 학자들 사이에서조차 이론으로서도 실천으로서도 **작업**(Handwerk)으로서도 사멸하기 시작하고 있다. 독일 책들을 읽어보라. 생각하기 위해서는 기술과 교과 과정 그리고 숙달에의 의지가 필요하다. 하지만 이것들이 필요하다는 것, 그리고 생각하는 법은 일종의 **춤으로서** 춤을 배우듯 배워야 한다는 것에 대한 가장 희미한 기억조차도 이제는 남아 있지 않다. … 오늘날 정신적인 면에서의 **가벼운 발**이 모든 근육에 흘러넘치게 하는 저 정교한 전율을 경험을 통해 알고 있는 독일인이 누가 있단 말인가! 정신적인 움직임에서 **뻣뻣하고** 조야한 태도, 붙잡을 때의 **서투른** 손 — 그것은 독일적인 것이며 외국에서는 그것을 독일적인 것 일반과 혼동할 정도다. 독일인들에게는 [섬세한] 뉘앙스를 느낄 수 있는 **손가락**이 없다. … 독일인들이 그들의 철학자들을, 그리고 특히 이제까지 지상에 존재했던 가장 기형적인 개념의 불구자인 저 **위대한** 칸트를 참아왔다는 사실만으로도 독일적 우아함이 어떤 것인가에 대해 적지 않은 가르침을 얻을 수 있다. ― 왜냐하면 고귀한 교육으로부터는 모든 형식의 **춤**을, 즉 발로써, 개념으로써, 말로써 춤출 수 있는 능력을 제외할 수 없기 때문이다. 펜으로도 춤출 수 있어야만 한다는 것을 ― 글 쓰는 **법**을 배워야만 한다는 것을 ― 아직도 굳이 말해야 할까? ― 그렇지만 이 대목에서 나라는 사람은 독일의 독자들에게는 완전히 수수께끼가 되어버릴 것이다.

어느 반시대적 인간의 편력

1

내가 견딜 수 없는 것들. — 세네카 또는 덕의 투우사.[116] — 루소 또는 본래의 더러운 자연으로의 복귀.[117] — 실러 또는 도덕에 있어서 재킹엔의 나팔수.[118] — 단테 또는 무덤 속에서 시를 짓는 하이에나.[119] —

---

116) Lucius Annaeus Seneca(B.C. 4 ~ 65)는 로마의 스토아주의자로 투우의 중심지인 코르도바에서 태어났으며 덕의 수호자로 알려져 있다. 니체는 세네카를 '고대적인 도덕적 기만의 정점'이라고 평가한 적이 있다. 스토아학파는 모든 정념에서 벗어나 마음의 평정과 금욕을 추구할 것을 주장했다.

117) 루소는 '자연으로의 복귀'를 주장했지만, 이 경우 루소가 생각하는 자연은 모든 사람들이 평등하며 서로 평화롭게 사는 목가적인 자연이다. 이에 반해 니체는 자연의 참된 모습은 존재자들이 서로 간의 투쟁과 갈등을 통해 자신들의 힘을 고양시키는, '드높고 자유로우며 심지어는 두렵기까지 한' 것이라고 보았다. 이런 맥락에서 니체는 루소가 생각하는 본래의 자연이란 이러한 힘들의 투쟁에서 실패하고 좌절한 자들이 성공한 자들에 대해서 갖는 원한과 복수로부터 비롯된 '더러운 자연'이라고 말하고 있다.

118) *Der Trompeter von Säckingen*(1853)은 독일에서 한때 큰 인기를 누렸던 Joseph Victor von Scheffel의 작품이다. 니체는 실러를 인류를 도덕적으로 개선시키려는 '이상주의자'로 보았다. 보통 실러와 괴테를 동열에 놓는 경향에 반해서, 니체는 실러를 『재킹엔의 나팔수』를 썼던 쉐펠이나 바그너와 동열에 놓아야 한다고 본다. 『재킹엔의 나팔수』의 나팔수가 빌헬름 황제 시대의 독일에서 큰 인기를 끌었던 원인 가운데 하나는 독일의 민족적 긍지를 웅변적으로 표현했기 때문이다. 이러한 사실을 고려할 때 니체는 실러가 공허한 도덕주의와 민족주의에 사로잡혀 있다고 보는 것 같다. Sommer, 위의 책, 394쪽 이하 참조.

119) 단테는 『신곡』에서 지옥에서 고통받는 죄인들의 모습을 그리고 있다. 니체는 단테의 이러한 지옥 묘사가 그리스도교인들을 규정하는 근본적 동기는 사랑이 아니라 유대와 로마의 지배층이 지옥에 떨어지길 바라는 증오와 원한이라는 사실을 입증

칸트 또는 예지적 성격으로서의 허위(cant).[120] — 빅토르 위고 또는 허무맹랑함의 바다에 서 있는 등대.[121] — 리스트 또는 거장(die Schule der Geläufigkeit), 여자들에 대한 거장.[122] — 조르주 상드 또는 lactea ubertas,[123] 다시 말해 '아름다운 스타일'을 가진 젖소. — 미슐레 또는 웃

하는 것으로 보고 있다.(『도덕의 계보학』 I, 15절.)

120) 니체는 칸트가 현상계를 넘어 신이나 불멸의 영혼이 존재할 수 있는 예지계를 상정하고 있다는 점에서 아직 그리스도교적인 이원론의 허위에 사로잡혀 있다고 보았다.

121) 약한 자들과 권리를 박탈당한 자들을 변호하는 위고의 작품을 니체는 천민적인 것으로 보았다. '허무맹랑함의 바다에 서 있는 등대'라는 말은 '시인은 사람들에게 길을 비춰주어야 한다'라는 위고의 말을 패러디한 것이다. 니체는 '위고는 자신의 작품으로 허무맹랑함의 바다에서 비추고 있을 뿐'이라고 말한 적이 있다. Sommer, 위의 책, 396쪽 참조.

122) *Die Schule der Geläufigkeit*는 리스트가 쓴 피아노 책의 제목으로, 문자 그대로 번역하면 '능숙함의 학교'가 되겠다. 이 책에는 40개의 피아노 연습곡이 수록되어 있었다. '여자들에 대한 거장'이라는 말은 리스트가 여성들 사이에서 인기가 매우 높았다는 사실을 가리킨다. die Schule der Geläufigkeit라는 말에 nach Weibern(여자들에 대한)을 바로 덧붙여놓음으로써, 니체는 독자들이 Geläufigkeit라는 말로 Läufigkeit(발정 들림)을 연상하게 하고 있다. 리스트는 바그너의 장인이었으며 니체의 바그너 비판은 리스트 비판을 포함한다고 할 수 있다. 바그너가 리스트의 친구가 아니었고 리스트의 도움이 없었더라면 바그너의 작품은 오랫동안 알려지지 않았을 것이라고 한다. Sommer, 위의 책, 396쪽 참조.

123) 'lactea ubertas'라는 말은 '넘쳐흐르는 우유'를 의미하며 Émile Faguet의 책과 Jules Lemâitre의 책에 나온다. Faguet는 이 말을 조르주 상드의 문체가 '우유 냄새처럼 완전하고 신선하고 좋은 냄새를 풍긴다'는 의미로 사용하고 있으며, Lemâitre는 '그녀의 문체가 자유분방하고 호방하여 유방에서 우유가 넘쳐흐르는 것 같다'는 의미로 사용하고 있다. 그러나 니체는 이 말을 비꼬는 말로 사용하고 있다. Émile

옷을 벗어던지는 열광.[124] … 칼라일 또는 소화불량에서 비롯되는 염세주의,[125] 존 스튜어트 밀 또는 비위를 상하게 하는 명석함.[126] 콩쿠르 형제 또

Faguet, *Dix-neuvième siècle. Études littéraires. Chateaubriand, Lamartine, Alfred de Vigny, Victor Hugo, A. de Musset, Th. Gautier, P. Mérimée, Michelet, George Sand, Balzac*, Paris 1887, 408쪽 참조. Jules Lemâitre, *Les contemporains. Études et portraits littéraires*. Troisème série 1887, 255쪽 참조. Sommer, 위의 책, 397쪽 참조. 니체는 『선악의 저편』 233절에서 조르주 상드와 관련하여 이렇게 말하고 있다. "여성이 '여성의 본질'을 보여주는 데 뭔가 유리한 증거라도 될까 하여 롤랑 부인이나 스탈 부인, 혹은 조르주 상드의 예를 끌어들인다면 — 여성의 악취미를 드러내게 된다는 점을 그만두고라도 — 기껏해야 타락한 여성의 본능의 예를 드러내는 것밖에 되지 않는다. 남자들이 보기에 이 세상 여자들은 희극적인 여성 자체이며 — 그 이상 아무것도 아니다! 또한 그들은 자기도 모르는 사이에 여성 해방과 여성 독재에 대한 최상의 반대 논거가 된다."

조르주 상드에 대해서는 또한 이 책 「어느 반시대적 인간의 편력」 6절을 참조할 것.

124) Jules Michelet(1798~1874)는 가난한 가정에서 태어났던 프랑스의 역사가로 가난한 민중에 대한 애정에 입각하여 역사를 서술했다. 미슐레는 자본주의 사회가 발전한 원인은 자본이 아니라 민중의 활력 때문이라고 보았으며, 7권으로 된 『프랑스 혁명사』에서 민중의 약동하는 모습을 생생하게 그려냈다. 미슐레는 그의 책 『민중』(1846, 230쪽)에서 노동자에게 '상의를 벗어서 유니폼에 찔러넣으라'라고 말하면서 부르주아 세력에 저항할 것을 촉구했다. 니체는 서민 편에 서려는 미슐레를 못마땅하게 생각했다. 미슐레에 대해 니체는 "몽테뉴나 나폴레옹처럼 자신이 좋아하는 모든 것이 그에게는 낯설다"라고 말하고 있다.

125) Thomas Carlyle(1795~1881)은 스코틀랜드의 역사가이자 수필가로 평생 동안 소화불량으로 고생했다. 영국의 과거와 현재를 통렬하게 비판했던 칼라일은 염세주의적 성향을 가지고 있었는데, 니체는 그의 염세주의가 소화불량에서 비롯되었다고 말하고 있는 것이다.

126) John Stuart Mill(1806~1873) 니체는 다윈이나 스펜서와 마찬가지로 범용한 두뇌의 소유자에 불과하다고 보고 있다. 니체는 밀이 주장하는 식의 공리주의를 모든 인간관계를 계산적인 관계로 보는 영국식 상인정신의 반영이라고 비판하고 있다.

는 호메로스와 싸우는 두 명의 아이아스.[127] 오펜바흐의 음악.[128] 졸라 또
는 악취에 대한 기쁨.[129]

---

127) Edmond(1822~1896)와 Jules(1830~1870) Huot de Concourt 형제는 자연주의 문
학의 선구자다. 아이아스(Aïaς)는 호메로스의 『일리아드』에 나오는 두 명의 그리스
영웅으로 로마 신화의 아약스(Ajax)에 해당하며 둘 다 트로이 전쟁에 참여했다. 이
두 명을 서로 구별하기 위해서 하나는 큰 아이아스, 하나는 작은 아이아스라고 부
른다. 작은 아이아스는 트로이 함락 후 아테나 신전 안으로 도망쳐서 여신상(女神
像)을 붙들고 있던 카산드라를 끌어내 욕보이는 만행을 저질렀다. 신성을 모독당한
아테나는 그리스군의 함대를 난파시켰지만 아이아스는 가까스로 바위에 기어올라
살아남았다. 이때에도 아이아스는 신들의 노여움을 이겨내고 살아남았다며 오만을
떨다가 포세이돈에 의해 바다에 빠져 익사하였다. 큰 아이아스는 아킬레스의 죽음
후에 자신이 아닌 오디세우스가 아킬레스의 무기를 갖게 되자 그날 밤 미치광이가
되어 소들을 학살한다. 그는 날이 밝은 후 자신이 저지른 일을 알고 자살한다.
여기서 아이아스는 신을 모독하는 자, 악한, 무뢰한의 대명사로 쓰였다. 콩쿠르 형
제는 호메로스와 투쟁하는 무뢰한이라는 것이다. 콩쿠르 형제 본인들도 『콩쿠르 일
기』에서 '호메로스보다는 위고를 읽을 때 더 큰 기쁨을 느낀다'라고 말하고 있다.
Sommer, 위의 책, 399쪽 참조. 그러나 니체는 자연주의자인 콩쿠르 형제가 세부
에 빠져 개별적인 일들만을 파악할 뿐 현실의 전체를 파악하지 못함으로써 예술의
진정한 정신을 망각하고 있는 반면 호메로스야말로 예술의 진정한 정신을 구현하
고 있다고 보았다. 『우상의 황혼』, 「어느 반시대적 인간의 편력」, 7절에서 니체는 자
연주의에 대해 상세하게 비판한다.
128) Jacques Offenbach(1819~1880). 독일 태생이지만 프랑스에서 활동했던 작곡가
겸 지휘자. 니체는 오펜바흐를 '예술적 천재'이자 '어릿광대'라고 평가했다.
129) 자연주의 소설가인 에밀 졸라(Émile Zola)가 비참하고 어두운 사회현실과 인간의
추악함을 사실적으로 묘사하는 데 열중한 것을 비꼬는 말이다. 니체는 졸라와 콩쿠
르 형제의 자연주의에 대해 『힘에의 의지』, 821절에서 이렇게 비판한다. "비관주의
적 예술이란 있을 수 없다. … 예술은 긍정한다. 중요한 일은 긍정하는 것이다. ─
그런데 졸라는? 콩쿠르 형제는? ─ 그들이 전시해 보이는 것은 추악한 것들이다.
그러나 그들이 그러한 것들을 전시해 보이는 이유는 그러한 추악함에서 기쁨을 느끼
기 때문이다. …"

2

르낭(Renan). ― 신학 또는 '원죄'(그리스도교)에 의한 이성의 타락. 그 증거가 바로 르낭이다. 그는 일반적인 종류의 긍정이나 부정을 대담하게 제시하지만 그때마다 어김없이 오류를 저지르고 있다. 예를 들어 그는 과학과 고귀함을 하나로 묶고 싶어 한다.[130] 그러나 과학이 민주주의에 속한다는 것은 분명하다. 그는 적지 않은 야심을 갖고 정신[학식 있는 자들]의 귀족주의[131]를 표방하려 하지만, 동시에 그는 그것과 반대되는 가르침인 '비천한 자들의 복음'[그리스도교] 앞에 무릎을 꿇는다. 무릎을 꿇는 것뿐만이 아니다. 내장은 여전히 그리스도교도, 가톨릭교도, 심지어 사제이기까지 하다면, 그 모든 자유사상·근대성·조소와 개미잡이 새처럼 목을 자유롭게 돌릴 수 있는 유연성이 무슨 소용이겠는가! 르낭이 가지고 있는 발명의 재간은 예수회 회원이나 고해신부처럼 [사람들을] 유혹한다. 르낭의 정신에는 사제들이 짓는 웃음이 있다. 사제라는 것들은 다 그렇지만 르낭도 사랑을 보여줄 때 비로소 위험한 존재가 된다. 목숨을 걸고 숭배한다는 점에서 르낭에 필적할 사람은 없다. 르낭의 이 정신, 기력을 쇠하게 하는 정신은 불쌍하고 병들어 있고 쇠약한 의지

---

130) 르낭은 과학이 귀족주의적인 기원을 갖는다고 보았다. 그리고 그 증거로 학자들은 귀족과 마찬가지로 돈을 벌고 이윤을 늘리는 데 관심이 없으며, 귀족 가문과 왕가가 과학과 예술의 발전에 중요한 역할을 했다는 사실을 들고 있다.
131) 르낭은 학자들의 과두정치가 프랑스에서 그리고 궁극적으로는 세계에서 시행되어야 한다고 보았다. 여기서 니체는 르낭이 정신의 귀족주의를 내세우면서도 '비천한 자들'의 입장을 대변하는 그리스도교에 철저하게 사로잡혀 있다고 보며, 바로 그 점에서 르낭은 이성이 그리스도교에 의해 타락하게 된 대표적인 예라고 말하고 있다.

를 지닌 프랑스에게는 하나의 숙명적인 불행이다.

3

생트 뵈브.[132] — 그에게는 남성적인 면이 없다. 남성적인 모든 정신에 대한 쩨쩨한 원한으로 가득 차 있다. 여기저기 기웃거리고, 예민하며, 호기심에 차 있고, 지루해하며, 비밀을 캐고 다닌다. 여성의 복수심과 감성을 가진, 근본적으로 여성적인 인물. 심리학자로서는 비방의 천재, 그는 [다른 사람들을] 비방하기 위한 수단을 무궁무진할 정도로 많이 가지고 있다. 칭찬과 독설을 뒤섞는 재주는 그를 능가할 자가 없다. 본능이 가장 저급하다는 점에서 천민이라고 할 수 있으며, 루소의 원한과 유사한 원한에 차 있다. **결국** 그는 낭만주의자다. 왜냐하면 모든 낭만주의의 이면에는 루소의 복수 본능이 불평하면서 복수를 갈망하고 있으니까. 혁명가이지만, 공포심 때문에 그럭저럭 억제되어 있다. 힘을 가진 것 앞에서는(여론, 아카데미, 궁정, 심지어 포르루아얄[133] 앞에서도) 자유롭지 못하다. 인간과 사물에서 위대한 모든 것, 자기 자신을 믿는 모든 것에 대한 격분으로 가득 차 있다. 위대성을 권력으로 느끼기에 충분할 정도의 시인이자 반(牛)여성. 그러나 자신이 늘 짓밟히고 있다고 느끼기 때문

---

132) Charles-Augustin Saint-Beuve(1804~1869). 프랑스의 문예비평가.

133) Port-Royal은 파리에 있는 장세니즘(Jansénisme)의 본거지. 장세니즘은 인간의 의지가 천성적으로 선하지 않기 때문에 구원은 무상(無償)의 은총에 의해 이루어진다고 본다. 생트 뵈브는 포르루아얄에 대해 5권으로 구성된 유명한 책(1840~1859)을 썼다.

에 저 유명한 벌레처럼 늘 움츠리고 있다. 비평가로서는 기준과 일관성 그리고 기개가 없다. 많은 것에 대해 코스모폴리턴적인 자유사상가처럼 혀를 놀리지만 자신의 자유사상을 고백할 정도의 용기조차 가지고 있지 않다. 역사가로서는 철학과 철학적인 시각의 힘을 갖추지 못했다. 그 때문에 모든 중요한 문제에 대해 판단을 내리는 과제를 거부하면서도 '객관성'을 지킨다는 것을 허울 좋은 이유로 내세우고 있다. 예민하고 닳아빠진(vernutzt) 취미가 최고 재판소 노릇을 하는 문제들에 대해서는 다른 태도를 취한다. 이 경우 그는 자기 자신이 되려는 용기를 가지며 자신에 대해 기쁨을 느낀다. ─ 그 방면에서는 대가인 것이다. 몇 가지 면에서는 보들레르[134]의 한 예비 형태다.

4

『그리스도의 모방(*Imitatio christi*)』[135]은 손에 들고 있으면 생리적인 거부감이 느껴지는 책들 가운데 하나다. 그 책은 영원히 여성적인 것의 향수 냄새를 물씬 풍겨댄다. 이 냄새를 견뎌내려면 우리는 프랑스인이 되어야 한다. ─ 아니면 바그너주의자가 되든가. … 이 성자는 파리의 여성들조차 호기심을 갖게 될 종류의 사랑에 대해 이야기하고 있다. 사람들

---

134) 보들레르에 대해 니체는 『이 사람을 보라』, II, 5절에서 바그너를 지지한 최초의 지성인이라고 말하고 있다. 이 점에서 니체는 바그너가 프랑스적인 데카당과 일맥상통한다고 보는 것이다.

135) *Imitatio christi*는 독일의 신비주의자인 Thomas a Kempis(1379~1471)가 쓴 유명한 책으로, 가장 널리 읽혔던 종교서 가운데 하나이며 경건한 그리스도교적 삶을 위한 지침을 담고 있다.

은 나에게, 프랑스인들을 과학이라는 **우회로**를 통해 로마[바티칸]로 인
도하려 했던 **가장 영리한** 예수회원인 오귀스트 콩트가 이 책에서 영감을
얻었다고 말한다.[136] 나는 이 말을 믿는다. 즉 '마음의 종교(die Religion
des Herzens)'······.[137]

5

조지 엘리엇(G. Eliot).[138] — 그들[영국인들]은 그리스도교의 신을 더 이
상 믿지 않지만, 그럴수록 그리스도교적인 도덕에 더욱 확고하게 매달려
야만 한다고 느낀다. 이것이 **영국식** 일관성이다. 그렇다고 해서 우리는
조지 엘리엇 류의 도덕적인 소녀를 탓하려고 하지는 않는다. 영국인들
은 신학으로부터 조금이라도 해방될 때마다 끔찍한 방식으로 도덕의 광

---

136) 본래 종교와 형이상학을 배격하고 과학을 인간 정신 최후의 단계라고 보았던 실증
    주의자 콩트는 나중에는 신비주의에 빠져 인간성을 숭배하는 인류교를 제창했다.
    이 종교는 가톨릭적인 성격을 갖고 있다고 하여 동시대인에게 강한 비판을 받았다.
    니체가 말하고 있는 것처럼, *Imitatio christi*는 콩트가 가장 높이 평가했고 자주 읽
    었던 책이라고 한다. 니체는 『아침놀』 542절에서 콩트가 노년에 들어 정신적 피로
    감에 사로잡히면서 자신의 과학적 엄밀성을 '시적인 몽롱함과 신비한 빛'으로 망쳤
    다고 말하고 있다. 『아침놀』, 박찬국 옮김, 책세상.
137) 마음 내지 심정(Herz)이라는 말은 19세기 유럽에서 애호되는 용어였고 니체가 읽었
    던 종교 관련 서적에서도 사용되었다. 예를 들어 르낭은 "예수는 단지 마음의 종교
    를 원했다. 이에 반해 바리새인들의 종교는 거의 계율에만 존재했다"라고 말했다.
138) George Eliot(1819~1880). 영국의 소설가로 소녀 시절에는 강한 종교적 영향을 받
    으면서 자랐지만 나중에는 실증주의 철학의 영향을 받아 불가지론(不可知論)의 입
    장에 섰다. 여기서 니체는 조지 엘리엇이 그리스도교는 버렸지만 그리스도교의 도
    덕을 버리지는 못했다는 모순을 지적하고 있다.

신자가 되어 자신의 명예를 다시 회복해야만 한다. 그것이야말로 그리스도교 신앙을 버린 대가로 행해야만 하는 참회인 것이다. 우리 같은 별종은 사정이 다르다. 우리는 그리스도교 신앙을 포기한다면, 그와 함께 그리스도교 도덕을 신봉할 **권리**도 포기한 것으로 본다. 그리스도교 도덕은 절대로 자명한 것이 **아니다**. 바보 같은 영국인들이 무어라 하든 우리는 그 점을 거듭 분명히 해야 한다. 그리스도교는 하나의 체계이며 종합적으로 사유된 **전체적** 견해다. 따라서 그리스도교에서 신에 대한 믿음이라는 주요 개념을 빼내버린다면 그로 인해 전체가 붕괴되고 만다. 그렇게 되면 필연적인 것은 아무것도 손가락 사이에 남아 있지 않게 된다. 그리스도교는 인간이 무엇이 자신에게 좋고 무엇이 나쁜지를 알지 못하며 알 수 **없다고** 전제한다. 그것을 알고 있는 존재는 오직 신뿐이며 인간은 이 신을 믿어야 한다. 그리스도교 도덕은 하나의 명령이다. 그것의 기원은 초월적이다. 그리스도교 도덕은 모든 비판과 비판할 수 있는 권리를 넘어서 있다. 그리스도교 도덕은 신이 진리일 때만 진리다. — 그리스도교 도덕은 신에 대한 믿음과 함께 일어서기도 하고 쓰러지기도 한다. — 실제로 영국인들이 무엇이 선이고 악인지를 '직관적으로' 알고 있으며 도덕을 보증하는 것으로서의 그리스도교를 더 이상 필요로 하지 않는다고 믿더라도, 그들의 도덕은 단지 그리스도교적인 가치평가의 지배에서 비롯된 **결과**일 뿐이며 그리스도교적 지배가 **강력하면서도 깊숙이까지** 이루어지고 있다는 사실의 표현에 불과하다. [그리스도교적 지배가 워낙 강력하면서도 깊숙이까지 이루어져서] 영국적 도덕의 기원은 망각되어버렸으며 그것이 존립할 수 있는 정당성이 극히 제약되어 있다는 사실도 이제는 더 이상 느껴지지 않을 정도다. 영국인들에게는 도덕이 아직도 문제시되지 않는 것이다.

6

조르주 상드(George Sand). — 나는 『어느 여행가의 편지(*Lettres d'un voyageur*)』의 첫 번째 편지를 읽었다. 루소가 쓴 모든 것처럼 그것은 거짓되고 작위적이며 허풍스럽고 과장되어 있었다. 나는 이 현란한 도배지 같은 스타일을 견딜 수 없다. 호방한 감정을 가지려는 천민적 야심도 마찬가지다. 물론 최악은 남성적인 성격을 가지고 버르장머리 없는 소년 같은 태도로 여성적인 교태를 부리는 것이다. 그러면서도 이 견딜 수 없는 여류 작가는 얼마나 냉정했던가! 그녀는 흡사 시계태엽을 감듯이 자신을 조이고서 글을 썼다. 글을 쓰자마자 냉정해졌던 위고, 발자크, 모든 낭만주의자들처럼 냉정하게! 그리고 그녀는 얼마나 자기만족에 빠져서 거기에 누워 있기를 즐겼던가. 그녀의 스승인 루소처럼 나쁜 의미의 독일적인 어떤 것을 지니고 있었으며, 어쨌든 프랑스적인 취향이 쇠퇴하면서 비로소 나타날 수 있었던 이 다산(多産)의 글 쓰는 암소는! — 그러나 르낭은 그녀를 존경했다.

7

심리학자들을 위한 교훈. — 행상(行商) 식의 심리학을 하지 말 것! 관찰을 위한 관찰을 하지 말 것! 이 경우에는 잘못된 시각을 갖게 되며 삐뚤게 보게 되고 억지스럽고 과장하는 결과가 나오게 된다. 체험해보고 싶은 **욕망** 때문에 체험하는 것 ─ 이것으로부터는 제대로 된 결과가 나올 수 없다. 체험하는 동안 자기 자신을 돌아봐서는 **안 된다.** 그 경우 모든 시선은 '흉조의 시선(böser Blick)'[139]이 되고 만다. 타고난 심리학자는 보기 위해 보는 것을 본능적으로 경계한다. 이러한 사실은 타고난 화가에 대해서도 타당하다. 타고난 화가는 '자연에 따라' 작업하지 않는다. ─ 그는 자신의 본능, 즉 **자신의 암실**(暗室, camera obscura)[140]에 '사건' '자연' '체험'을 걸러내고 표현하는 일을 맡긴다. … 그의 의식으로 들어오는 것은 **보편적인 것**, 결론, 결과뿐이다. 다시 말해 그는 개별적인 경우들에서 [보편적인 것을] 자의적으로 추상해내는 것에 대해서는 전혀 알지 못한다.[141] ─ 그렇지 않을 경우 어떤 결과가 빚어지겠는가? 예를 들어 파리의 소설가들처럼 행상 식의 심리학을 한다면? 그것은 말하자면 현실을 숨어서 기다리다가 매일 저녁 신기한 것들을 한 줌씩 집으로 가지고 돌아오는 것과 같은 것이 된다. … 그러나 이 경우 궁극적으로 어떤 결과가 나오게 되는지를 보라. 얼룩들의 집합, 가장 잘한 경우에도 그저 모자이크에 불과한 것, 어떻든 함께 덧붙여놓은 것, 불안정하고 색

---

139) 독일에 널리 퍼져 있던 오랜 미신에 따르면 어떤 사람들은 '시선'을 통해서 또는 시선과 결합된 말을 통해서 다른 사람이나 타인의 재산에 마법을 걸어 해를 입히는 마력을 지녔다고 한다. 이런 시선을 böser Blick이라고 불렀다.

140) camera obscura는 '어두운 방'을 의미하는 라틴어로 카메라라는 말의 어원이 되었다. camera obscura는 방을 어둡게 만들고 벽에 작은 구멍을 내어 건물의 외부 대상으로부터 오는 빛이 그 작은 구멍을 통과하면서 반대쪽 벽에 외부 대상의 모습을 투사하게 만드는 광학장치를 말한다.

141) 타고난 화가는 본능적으로 보편적인 것을 통찰하지, 개별적인 것들의 비교를 통해서 보편적인 것을 추상해내지 않는다는 것.

깔만 요란한 것. 이런 것들 가운데 최악의 것을 콩쿠르 형제가 이룩해놓고 있다. 그들은 눈을, 즉 심리학자의 눈을 고통스럽게 하지 않는 세 문장도 함께 연결시키지 못한다. — 자연은 예술적으로 평가할 때, 모델이 될 수 없다. 자연은 과장하고 왜곡하며 빈틈을 남긴다. 자연은 우연이다. '자연에 따르는' 연구[142]는 나에게는 나쁜 징표로 보인다. 그것은 종속·약함·숙명론을 드러내며, 자질구레한 사실들 앞에 이렇게 바짝 엎드리는 것은 완전한 예술가에게는 어울리지 않는다. 있는 그대로 본다는 것 — 이것은 다른 종류의 정신, 즉 반(反)예술적이고 사실적인 정신에 속한다. 우리는 자신이 누구인지를 알지 않으면 안 된다.

8

예술가의 심리에 관하여. — 예술이 존재하기 위해서는, 또한 어떠한 것이든 미학적인 행위와 관조가 존재하기 위해서는 하나의 생리적인 예비조건, 곧 도취가 필수적이다. 도취에 의해 먼저 기관(器官) 전체의 흥분이 고조되지 않으면 안 되는 것이다. 그러기 전에는 예술은 나타날 수 없다. 아무리 다양한 조건에서 생기더라도 모든 종류의 도취는 예술을 낳을 수 있는 힘을 가지고 있다. 가장 오래되었고 근원적인 형태의 도취인 성적 흥분의 도취가 무엇보다도 그렇다. 온갖 큰 욕망과 온갖 강렬한 정념에 따르는 도취도 마찬가지다. 예를 들어 축제, 경기, 용감한 행위, 승리, 모든 극단적인 운동의 도취, 잔인한 행위의 도취, 파괴의 도

---

142) 자연주의처럼 사실을 있는 그대로 파악하겠다는 식의 연구.

취, 봄(春)의 도취처럼 기상(氣象)의 영향으로 인한 도취, 또는 마약으로 인한 도취, 마지막으로 의지의 도취, 벅차고 부풀어오른 의지의 도취도 예술을 낳는 힘을 가지고 있다. — 도취에서 본질적인 것은 힘의 상승과 충만의 느낌이다. 이런 느낌으로부터 사람들은 사물들에게 베풀고, 사물들을 우리에게서 가져가도록 강요하며, 사물들에 폭력을 가한다 (vergewaltigt). — 이런 과정이 이상화라고 불리는 것이다. 여기서 우리는 편견 하나에서 벗어나도록 하자. 이상화는 흔히 믿어지는 것처럼 사소하거나 부차적인 것을 빼내거나 제거하는 것에 있지 않다. 오히려 주요한 특징들을 크게 드러내어 강조하는 것이 결정적이다. 그럼으로써 다른 특징들은 사라져버리는 것이다.

9

이러한 도취 상태에서 사람들은 자신의 충만함으로부터 모든 것을 풍요롭게 만든다. 무엇을 보고 무엇을 바라든, 사람들은 그 모든 것이 팽만(膨滿)해 있으며, 강하고, 힘으로 넘쳐난다고 본다. 이런 상태에 있는 인간은 사물들을 변형시키게 되고 마침내 사물들은 그의 힘과 완전성을 반영하게 된다. 이렇게 사물들을 완전한 것으로 변화시켜야만 하는 것이 예술이다. 자신이 아닌 모든 것조차 — 그 자신이 아닌 것임에도 불구하고 — 자신에 대한 기쁨이 된다. 예술에서 인간이 즐기는 것은 완전한 존재로서의 자기 자신이다. — 이것과는 정반대의 상태, 곧 본능의 특수한 반(反)예술가적 상태를 생각해볼 수 있을 것이다. — 그것은 모든 사물을 빈약하게 만들고, 피폐하게 만들고, 시들게 만드는 존재양식이다.

사실 역사적으로 이러한 반(反)예술가, 생명력을 결여한 자들은 아주 많았다. 그들은 필연적으로 사물들을 약탈하여 쇠약하게 만들고 여위게 만든다. 진정한 그리스도교인이 그런 인간에 해당한다. 이를테면 파스칼이 그런 경우다.[143] 예술가이면서 동시에 그리스도교인 사람은 없다. 유치하게 라파엘이나 19세기의 몇몇 동종요법적 그리스도교인[144]을 예로 들면서 나를 반박할 생각은 하지 말라. 라파엘은 [삶을] 긍정했으며, 긍정을 실행했던 사람이다. 따라서 라파엘은 그리스도교인이 아니었다.[145]

10

내가 미학에 도입했던 **아폴론적인 것**과 **디오니소스적인 것**이라는 대립 개념이 도취의 두 가지 종류라고 해석될 경우 그것들은 무엇을 의미하는가?[146] 아폴론적 도취는 무엇보다 눈을 흥분상태에 빠지게 하여 환상

---

143) 파스칼은 염세주의에 빠져서 지상에서의 삶은 사람들로 하여금 피안의 삶을 지향하도록 하기 위해 고통스럽게 창조될 수밖에 없었다고 말했다. Sommer, 위의 책, 432쪽 참조.

144) 동종요법이란 어떤 병을 야기하는 약품을 환자에게 극히 적은 양만 투여하여 그 병을 치료하는 방법으로서 여기서는 '극히 적은 양'에 중점이 두어지고 있다. 즉 동종요법적 그리스도교인이란 극히 적은 정도로만 그리스도교인이라는 의미다.

145) 라파엘이 그리스도교적인 그림을 많이 그렸지만 사실은 그리스도교에 무관심했으며 아마도 진정한 그리스도교인이 아닐 수 있다는 사실과 관련하여 니체 시대에 격렬한 논쟁이 벌어졌다. 야콥 부르크하르트도 저서 『치체로네(*Cicerone*)』(1869a, 3, 903)에서 라파엘을 극히 강력하고 건강한 영혼으로 묘사하면서 르네상스적 의지의 인간(Renaissance-Willensmensch)의 전형으로 보고 있다. Sommer, 위의 책, 433쪽 참조.

146) 니체는 『비극의 탄생』에서는 아폴론적 충동과 디오니소스적 충동을 각각 가상에의

(vision)을 볼 수 있게 한다. 화가, 조각가, 서사시인은 환상을 보는 데 탁월한 사람들이다. 이에 반해 디오니소스적 상태에서는 감정체계 전체가 흥분되고 고조된다. 그래서 감정체계 전체는 자신이 가지고 있는 모든 표현수단을 한꺼번에 분출하면서 표현, 모방, 변형, 변모의 힘, 모든 종류의 흉내내는 기술과 연기력을 동시에 발휘한다. 본질적인 점은 능란한 변신, 반응을 하지 않고는 못 배기는 능력이다(이는 아주 작은 암시에도 민감하게 반응하면서 어떠한 역할이든 다 하게 되는 어떤 종류의 히스테리 환자의 경우와 유사하다). 디오니소스적 인간에게는 어떤 종류의 암시든 이해하지 못하고 넘어가는 것은 불가능하다. 그는 감정이 보내오는 어떠한 신호도 간과하지 않는다. 그는 최고의 전달 기술을 갖는 것과 똑같이 이해하고 알아차리는 데서도 최고의 본능을 가지고 있다. 디오니소스적 인간은 어떠한 피부든 어떠한 감정이든 그것들 속으로 들어간다. 곧 그는 자신을 끊임없이 변모시키는 것이다. 우리가 오늘날 이해하고 있는 것과 같은 음악도 똑같이 감정들의 흥분이자 분출이지만 그럼에도 그것은 감정의 훨씬 더 풍부한 표현세계의 잔재에 불과하며 디오니소스적인 연기술의 찌꺼기에 불과하다. 음악을 하나의 독자적인 예술로 만들기 위해 사람들은 몇 개의 감각을, 그중에서도 특히 근육 감각을 작동하지 못하게 했다(적어도 상대적으로는 그렇다는 것이다. 왜냐하면 모든 리듬은 일정한 정도로 우리의 근육에 말을 걸어오기 때문이다). 그 결과

충동과 도취에의 충동으로 보면서 도취를 디오니소스적 예술과만 관련되는 것으로 보았다. 이에 반해 여기서는 도취를 아폴론적 예술까지도 포함하는 모든 예술의 근원으로 보고 있다.

인간은 이제 [음악에서는] 자신이 느끼는 모든 것을 곧장 신체로 모방하거나 표현하지 않게 된다. 그러나 **자신이 느끼는 것을 신체로 모방하거나 표현하는 것이야말로** 본래의 디오니소스적 정상(正常) 상태이며, 어떠한 경우에도 그것의 근원적 상태. 음악은 가장 가까운 혈연관계에 있는 능력들을 희생하고 그 상태를 서서히 특수화시킨 것이다.

11

배우, 광대, 무용가, 음악가, 서정시인은 그들의 본능 면에서 근본적으로 근친성을 가지고 있으며 원래는 하나다. 그러나 점차 전문화되고 서로 분리되어 서로 상반되는 지경에까지 이르렀다. 서정시인은 가장 오랫동안 음악가였고, 배우는 무용가였다. ― **건축가**는 아폴론적인 상태도 디오니소스적 상태도 표현하지 않는다. 건축의 경우 예술적 표현을 추구하는 것은 위대한 의지의 작용, 산을 들어 옮기는 의지,[147] 위대한 의지의 도취다. 가장 강력한 인간들은 건축가들에게 항상 영감을 불어넣어주었다. 건축가는 항상 권력의 영향 아래 있었다. 건축물에서는 긍지, 하중(荷重)에 대한 승리, 힘에의 의지가 자신을 가시화(可視化)하려고 한다. 건축은 일종의 권력의 웅변술로서 형태들을 통해 때로는 설득하고 때로는 비위를 맞추고 때로는 명령한다. 인간이 느낄 수 있는 최고의 힘과 확신의 느낌은 **위대한 양식**을 갖는 작품에서 표현된다. [자신에게

---

147) "너희에게 믿음이 겨자씨 한 알만큼만 있어도 이 산을 명하여 여기서 저리로 옮겨지라 하면 옮겨질 것이요"(「마태복음」 17장 20절)라는 성서의 말을 변용한 것이다.

힘이 있다는 사실을 입증하는] 어떠한 증명도 더 이상 필요로 하지 않는 권력, 남들의 기분을 맞춰주는 것을 경멸하고, 쉽사리 답변하지 않으며, 자기를 보고 있는 주변 사람들을 개의치 않으며, 자신에 대한 적대자가 있다는 사실을 의식하지 않고 자기 자신 안에 안식하는, 숙명적이며 법 중의 법인 권력, 바로 이것이 위대한 양식을 통해 자신에 대해서 말하고 있는 것이다.

12

나는 토머스 칼라일(Thomas Carlyle)의 생애에 관한 책[148]을 읽었다. 이 책은 무의식적이고 본의 아닌 익살극이며, 소화불량 상태에 지나지 않는 것에 대한 영웅적이고 도덕적인 해석이다. 칼라일, 강한 언어를 구사하는 동시에 강한 태도를 가진 인간, 강한 신앙을 갈망하면서도 그러한 신앙을 가질 수 없다는 느낌에서 생기는 위기감으로부터 웅변하는 자(그 점에서 전형적인 낭만주의자!). 강한 신앙을 갖고 싶다는 열망이 강한 신앙을 가지고 있다는 증거는 아니며 오히려 그 반대다. 강한 신앙을 가지고 있는 사람이라면 회의라는 아름다운 사치를 자신에게 허용해도 될 것이다. 그는 이러한 사치를 누려도 좋을 정도로 충분히 확실하고 충분히 확고하고 충분히 굳건하기 때문이다. 칼라일은 강한 신앙을 가진 인간[149]에 대한 열렬한 외경심과 덜 우직한 인간들에 대한 분노로 자신 안에 있는 어

---

148) James Anthony Froud가 쓴 칼라일 전기를 가리킨다. 이 책은 1887/1888년에 독일에서 *Das Leben Thomas Carlyles*라는 제목으로 출간되었다.
149) 강한 신앙을 가진 인간이 칼라일에게는 영웅이요 위대한 개인이다.

떤 것을 마취시키고 있다. 그는 소음을 **필요로 한다**. 자신에 대한 지속적이면서도 열정적인 **부정직성** — 이것이야말로 그의 특질이다. 그 때문에 그는 흥미로운 자이며 흥미로운 자로 남을 것이다. — 물론 영국에서 그는 정직하다는 이유로 찬탄을 받는다. … 그런데 그것이야말로 영국적인 것이다. 그것은, 영국인들이 극히 위선적인 민족이라는 사실을 고려해보면 이해할 수 있을 뿐 아니라 당연하기도 하다. 근본적으로 칼라일은 무신론자가 **아니**라는 점으로 존경을 받고 싶어 하는 영국의 무신론자다.

13

에머슨. — 칼라일보다는 훨씬 더 계몽되어 있고, 호기심이 많으며, 다양한 면을 가지고 있고, 세련되며, 무엇보다도 훨씬 더 행복한 인물. … 본능적으로 암브로시아[150]만을 먹고 살며 소화시킬 수 없는 것은 사물들 안에 남겨놓는 인간. 칼라일에 비하면 취미를 아는 인간. 칼라일은 에머슨을 매우 좋아했지만 그에 대해 이렇게 말했다. "그는 씹어볼 만한 것을 우리에게 별로 주지 않는다." 옳은 말일 수는 있지만 에머슨에게 결코 불리한 말은 아니다. 에머슨은 모든 진지함의 기를 꺾어버리는, 선량하면서도 기지 넘치는 명랑함을 지닌 인물이다. 그는 자신이 이미 얼마나 늙었는지 그리고 얼마나 더 젊어질지를 전혀 모른다. — 그는 로페 데 베가[151]의 말을 빌려 자신에 대해 "나는 나 자신을 따른다"라고 말할 수

---

150) 그리스 신화에 나오는 신들의 음식물로 '불사(不死)'라는 어원을 지녔다.
151) Lope de Vega(1562~1635), 스페인의 극작가이자 시인.

있을 것이다. 그의 정신은 만족스러워 하고 자신에 대해서 감사할 수 있는 근거들을 늘 발견한다. 그리고 가끔 그는 사랑의 밀회에서 돌아와 모든 일이 아주 잘 풀렸던 것처럼 감사하며 "힘은 없더라도 욕망은 찬양할 만하다"라고 말했던 저 훌륭한 신사의 명랑한 초월성을 보여준다.

14

반(反) 다윈. — 저 유명한 '생존을 위한 투쟁'에 관해서 말해보자면, 현재로서는 주장만 되고 있지 증명은 안 된 것 같다. 생존을 위한 투쟁이 일어나기는 하지만 예외로서 일어날 뿐이다. 삶의 전체적인 모습은 궁핍 상태나 기아 상태가 **아니라** 오히려 풍요와 충일(充溢)이며 심지어는 터무니없는 낭비이기도 하다. — 투쟁이 일어나기는 하지만 그 경우 그것은 힘을 위한 투쟁이다. … 맬서스와 자연을 혼동해서는 안 된다.[152] — 그런데 생존을 위한 투쟁이 일어나고 있다고 가정해보면 — 사실 일어나고 있지만 — 그 결과는 유감스럽게도 다윈학파가 바라거나 사람들이 다윈 학파와 함께 바라도 **된**다고 생각하는 것과는 정반대다. 즉 '생존을 위한 투쟁'은 강자나 특권자들이나 행복한 예외자들에게 불리하게 되는 결과로 끝나는 것이다. 종의 성장은 완전한 형태로 이루어지지 **않**는다. 약자가 항상 거듭해서 강자를 지배하게 된다. — 이는 약자가 다수이고 더 영

---

152) 주지하듯이 맬서스는 자연에는 살아 있는 것들의 생존을 위해 필요한 자원이 결핍되어 있다고 본다. 이와 관련하여 그는 '식량은 산술급수적으로(1, 2, 3, 4, … 배 식으로) 증대하는 것에 반해 인구는 기하급수적으로(1, 2, 4, 16, … 배 식으로) 증대한다'라는 유명한 말을 남겼다.

리하기조차 하기 때문이다. … 다윈은 정신을 망각하고 말았다(이것이야 말로 영국식이다!). 약자가 더 많은 정신을 가지고 있다는 사실을 말이다.[153] … 정신을 얻으려면 정신을 필요로 하지 않으면 안 된다. ─ 정신을 더 이상 필요로 하지 않게 되면 정신을 잃어버리게 된다. 힘을 소유한 자는 정신을 내버린다("사라져도 좋다! 그래도 제국은 우리 것으로 남아 있을 것이 틀림없다⟨lass fahren dahin! das Reich muß uns doch bleiben⟩").[154] 오늘날 독일에서 사람들은 그렇게 생각하고 있다. 여기서 말하는 정신이란 것으로 나는 ─ 이미 알고 있겠지만 ─ 신중함, 인내, 교활한 지혜, 위장, 강한 자제력 그리고 모든 종류의 의태(擬態)를(이 마지막 것이야말로 이른바

---

153) 니체는 『안티크리스트』 59절에서 이렇게 말하고 있다. "누가 혹시라도 그리스도교 운동의 지도자들에게 지성이 결여되어 있다고 가정한다면 그것은 철저하게 자신을 속이는 것이 될 것이다. ─ 그들은 정말 영리하다. 신성할 정도로 영리하다. 그들 교부들은! 그들에게 결여되어 있는 것은 전혀 다른 것이다. 자연이 그들을 만들었을 때 자연은 그들을 소홀히 했다. ─ 자연은 그들에게 존경할 만하고 점잖고 순수한 본능을 부여하는 것을 잊었던 것이다."(『안티크리스트』, 박찬국 옮김, 아카넷.)

154) "lass fahren dahin! das Reich muß uns doch bleiben"은 마르틴 루터의 「내 주는 강한 성이요(Eine feste Burg ist unser Gott)」라는 유명한 성가의 4절의 일부다. 이 부분의 전후를 함께 보면 다음과 같다. "친척과 재물과 명예와 생명을 다 빼앗긴대도 그것들은 사라져도 좋다. 그것들은 아무런 쓸모도 없는 것이다. 그러나 신의 나라(das Reich)는 우리 것으로 남아 있을 것이 틀림없다."

이 부분을 니체는 '정신은 사라져도 좋다. 그것은 아무런 쓸모도 없는 것이다. 그러나 제국은 우리 것으로 남아 있을 것이 틀림없다'라는 식으로 패러디하고 있다. 이 경우 제국은 빌헬름 황제 2세의 새로운 독일제국(das neue Deutsche Reich)을 가리킨다. 니체는 독일은 새로운 독일제국의 수립과 함께 국력과 군사력은 강해졌을지 모르지만 문화와 정신 면에서는 프랑스보다 더 뒤떨어졌다고 보았다.

덕의 대부분을 포함한다)[155] 의미하고 있다.

15

심리학자의 판결. ─ 이 사람은 인간에 대해 정통한 사람이다. 이 사람은 진정 무엇을 위해 인간을 연구하는 것일까? 그는 다른 사람들보다 약간 유리한 입장을, 때로는 크게 유리한 입장을 얻고 싶어 한다. ─ 그는 일종의 정략가(Politikus)다! 저기에 있는 저 사람도 인간에 대해 정통한 사람이다. 그리고 그대들은 이 사람은 자신을 위해서는 바라는 것이 아무것도 없으며 '개인적인 감정을 개입시키지 않는' 훌륭한 사람이라고 말한다. 그러나 좀 더 예리하게 살펴보라! 아마도 그는 [앞사람보다도] 성질이 훨씬 더 **나쁜** 유리한 입장을 얻고 싶어 하는 것일 수 있다. 즉 그는 자신이 다른 인간들보다 우월하다고 느끼면서 그들을 내려다보며 그들과 자신을 뒤섞고 싶어 하지 않을 수 있다. '개인적인 감정을 개입시키지 않는' 이 사람이야말로 인간을 **경멸하는** 자다.[156] 그리고 저 앞 사람이 더 인간적인 사람이다. 이러한 사실은 그의 외양만 보아도 분명히 드러난다. 그는 적어도 자신을 다른 사람들과 동등하다고 생각하며 다른 사람들 속에 끼어들려고 하니까⋯⋯.

---

155) 의태(mimicry)는 동물학에서 사용되는 용어로 자신을 위장하면서 환경에 적응하는 능력이다.

156) '다른 사람들을 비개인적으로 냉정하게 관찰하는 사람'은 아무런 이해관심 없이 사람들을 관찰하는 것처럼 보이지만, 사실은 다른 사람들과 섞이지 않으면서 그 사람들에 대해 우월감을 느끼고 싶어 하는 이해관심에 사로잡혀 있다는 의미다. 이 절과 관련해서는 이 책 「어느 반시대적 인간의 편력」 28절을 참조할 것.

16

독일인의 **심리적 분별능력**은 여러 실례를 살펴볼 때 의문스럽다. 나로서는 감히 그 실례들을 열거하지 못하겠지만 말이다. 그런데 다음 예는 나의 주장을 입증할 수 있는 아주 좋은 예가 된다. 나는 독일인들이 **칸트**와 그의 '뒷문 철학'(나는 칸트의 철학을 이렇게 부른다)의 본질을 제대로 파악하지 못한 것을 용서하지 못한다. — 그것[칸트의 철학]은 지적 성실성의 전형은 **아니었기** 때문이다.[157] — 내가 듣고 싶지 않은 또 하나의 것은 그 악명 높은 '-와(und)'이다. 즉 독일인들은 '괴테와 실러'라고 말한다.[158] — 그들이 '실러와 괴테'라고 말할까봐 걱정된다. 사람들은 아직도 실러라는 이 인간의 본색을 알지 못한단 말인가? 훨씬 더 좋지 않은 '와'의 예가 있다. 나는 내 귀로 직접 '쇼펜하우어와 하르트만'[159] 운운하는 것을 들었다. 물론 대학교수들 사이에서만 들은 것이지만.

17

가장 정신적인 인간들은, 그들이 만약 가장 용기있는 자들이라고 전

---

157) 칸트는 신이나 영혼과 같은 초감성적인 것들에 대한 학적인 파악은 불가능하지만 도덕적인 행위가 가능하기 위해서는 그것들의 존재를 요청할 수밖에 없다고 보았다. 독일인들은 초감성적인 것들에 대한 칸트의 이러한 견해를 지적 성실성의 전형이라고 파악했다. 그러나 니체가 보기에 칸트는 초감성적인 것들을 뒷문을 통해 은근슬쩍 들여오고 있는 것에 지나지 않았다. 이와 관련해서는 이 책「어떻게 '참된 세계'가 마침내 우화가 되었는가? 오류의 역사」중 역주 79번을 참조할 것.

158) 독일인들이 '괴테와 실러'라고 말한다는 것은 그들이 괴테와 실러를 동급으로 간주한다는 의미다.

159) 하르트만은 헤겔의 역사주의와 쇼펜하우어의 염세주의를 결합한 철학자다.

제할 경우, 단연코 가장 고통스런 비극을 체험하는 자들이기도 하다. 그러나 그들은 삶이 그들에게 가장 무섭고 적대적인 모습을 드러낸다는 바로 그 이유로 삶을 존경한다.

18

'지적인 양심'에 대해서. — 내가 보기에 오늘날 진정한 위선 만큼 드문 것은 없는 것 같다. 이 식물[위선]에게는 우리 문화의 부드러운 공기가 견딜 수 없는 것이 아닐까라는 의구심이 강하게 든다. 위선은 강한 신앙이 지배하는 시대에 속하는 것이다. 그러한 시대란 다른 신앙을 내보이지 않으면 안 되는 경우에도 원래 지니고 있던 신앙을 버리지 않는 시대다. 오늘날 사람들은 원래 지니고 있던 신앙을 버린다. 또는, 훨씬 더 흔하게 보이는 현상이지만 사람들은 제2의 신앙을 얻는다. — 어떠한 경우든 사람들은 정직한 태도를 견지한다. 오늘날에는 예전보다 훨씬 더 많은 수의 확신이 가능하다는 것은 의심할 여지가 없다. 가능하다는 것은 허용되었다는 것 그리고 무해하다는 것을 의미한다. 이로부터 자기 자신에 대한 관용이 생긴다. — 자기 자신에 대한 관용은 여러 확신을 갖는 것을 허용한다. 이 확신들은 서로 사이좋게 지낸다. — 그것들은 오늘날 모든 세상 사람이 그렇듯이 서로의 체면을 손상시키지 않으려고 조심한다. 오늘날 사람들은 어떻게 자신의 체면을 손상시키고 있는가? 일관성을 가짐으로써, 똑바로 나아감으로써, 덜 애매모호해짐으로써, 진정성을 가짐으로써. … 나는 현대인들이 몇 가지 악덕을 너무 안이하게 생각하기 때문에 이것들이 사멸해버리지 않을까 크게 우려하고 있다. 강한 의지에 의존하는 모든 악은 — 그리고 강한 의지 없이는 악은 존재하지 않는다 — 우리의 미지근한 대기 속에서 덕으로 변질되고 있다. … 내가 알게 된 소수의 위선자들은 위선을 흉내내고 있었다. 그들은 오늘날 거의 열 명 중 한 명이 그렇듯이 배우였다.

19

아름다움과 추함.[160] — 아름다움에 대한 우리의 감정보다 조건에 좌우되는 것, 더 제한되어 있는 것은 없다. 만약 인간이 자신에 대해 느끼는 기쁨으로부터 아름다움의 감정을 분리해 생각하려고 한다면, 사람들은 곧 자기 발밑의 근거와 지반을 상실하게 될 것이다. '아름다움 그 자체'라는 것은 단지 말에 불과하며, 개념도 되지 못한다. 아름다움에서 인간이 완전성의 척도로 정립하는 것은 자기 자신이다. 특별한 경우에 그는 아름다운 것을 찬탄할 때 실은 자기 자신을 찬탄한다. 이런 식으로만 인류는 자기 자신을 긍정할 수 있다. 인류의 가장 깊은 본능인 자기보존 및 자기확장 본능이 아름다움과 같이 고상한 것들에서도 빛을 발하고 있다. 인간은 세계 자체가 아름다움으로 가득 차 있다고 믿는다. 인간은 자신이 그 아름다움의 원인이라는 사실을 망각해버리는 것이다. 다름 아닌 인간이 세계에 아름다움을 선사한 것이다. 아아! 다만 아주 인간적이고-너무나 인간적인 아름다움만을 그는 세계에 선사했다. 인간은 근

---

160) schön und hässlich는 셰익스피어의 『맥베스』에 나오는 마녀들이 'fair and foul(아름답고 못난)'이라고 한 것을 번역한 것.

본적으로는 사물에 자기 자신을 반영하며, 자신의 모습을 되비추어주는 모든 것을 아름답다고 여긴다. '아름답다'는 판단은 **인류가 자신에 대해서 갖는 허영심인 것이다.** 이를테면 일말의 의혹이 회의주의자의 귀에 대고 이렇게 속삭일 수 있다. 인간이 세계를 아름답다고 여기는 것으로 과연 세계가 정말로 아름다워졌는가라고. 인간이 세계를 **인간화시킨 것이며, 이것이 전부다.** 그러나 다름 아닌 인간이 아름다움의 원형이라는 사실을 보증해주는 것은 아무것도 없다. 보다 고급의 취미 감정자(鑑定者)의 눈에 인간이 어떻게 보일지 누가 알겠는가? 대담무쌍한 존재로 보일까? 유쾌하게 해주는 존재로 보일까? 조금은 방자하게 보일까? … "오오, 디오니소스여, 거룩한 자여, 왜 내 귀를 잡아당기는 것입니까?"라고 아리아드네는 저 유명한 낙소스 섬[161]의 대화에서 자신의 철학자 애인에게 물은 적이 있다. "아리아드네여, 당신의 귀는 어딘가 우스운 데가 있소. 더 길었으면 좋았을 것이요."[162]

20

아무것도 아름답지 않고, 오직 인간만이 아름답다. 모든 미학은 이런 소박한 생각에 기초하고 있으며, 이것이야말로 미학의 **제일의 진리다.**

---

161) 낙소스(Naxos) 섬은 테세우스가 아리아드네를 남겨두고 떠난 섬이며 이 섬에서 디오니소스는 아리아드네를 자신의 아내로 삼았다.

162) 이 대화에서 디오니소스는 인간보다 고급의 취미를 가진 감정자(鑑定者)로서 나타나고 있으며 그러한 디오니소스에게는 아리아드네의 귀가 너무 작은 것으로 보인다는 것이다.

여기에 곧장 제2의 진리를 덧붙여보자. **퇴락한** 인간 이외에는 아무것도 추하지 않다. — 이와 함께 미적 판단의 영역이 규정된다. 생리학적으로 고찰해볼 때 모든 추한 것은 인간을 약화시키고 우울하게 만든다. 그것은 쇠퇴, 위험, 무력함을 상기시킨다. 사실 인간은 추한 것들 앞에서 힘을 상실한다. 추한 것이 갖는 영향력을 우리는 검력기(檢力器)로 측정할 수 있다. 어떤 식으로든 침울한 기분이 들 때, 인간은 무언가 '추한' 것이 가까이 있다는 사실을 감지하게 된다. 힘의 느낌, 힘에의 의지, 용기, 긍지 — 그것들은 추한 것의 출현과 함께 저하되며 아름다운 것의 출현과 함께 상승한다. 추함의 경우에도 아름다움의 경우에도 우리는 **하나의 추론을 행한다**. 그러한 추론을 행하기 위한 전제들은 본능 안에 엄청나게 쌓여 있다. 추한 것은 퇴락의 암시이자 징후로서 이해된다. 어렴풋하게라도 퇴락을 상기시키는 것은 우리에게 '추하다'라는 판단을 불러일으킨다. 소진, 힘듦, 늙음, 피로의 모든 징표, 경련이라든가 마비와 같은 모든 종류의 부자유, 특히 해체와 부패의 냄새·색깔·모양은 단순히 상징 정도로 약화되어 나타나더라도 모두 동일한 반응, 곧 '추하다'는 가치판단을 불러일으킨다. 이때 **증오감**이 일어난다. 그 경우 인간은 무엇을 증오하는가? 의심할 여지없이 '**인간이라는 전형의 쇠퇴**'를 증오한다. 그때 인간은 인류의 가장 깊은 본능으로부터 증오하게 된다. 이러한 증오에는 전율, 신중함, 심원함, 멀리 내다봄이 들어 있다. 이러한 증오는 세상에 존재하는 가장 깊은 증오다. 이러한 증오가 있기 때문에 예술은 **심오**한 것이다.

쇼펜하우어. — 최후의 문제적 독일인 쇼펜하우어(그는 괴테·헤겔·하인리히 하이네처럼 유럽적 사건이며 단순히 지역적·국가적 사건에 불과한 것이 아니다)는 심리학자에게는 연구해볼 만한 가장 좋은 사례다. 이렇게 말하는 이유는 쇼펜하우어는 총체로서의 생의 가치를 허무주의적으로 폄하하기 위해 정반대의 것들, 곧 '삶에의 의지'의 위대한 자기긍정이나 삶의 풍요로운 형식들을 제거하려 한 악의에 찬 천재이기 때문이다. 그는 **예술**, 영웅주의, 천재, 아름다움, 위대한 공감(共感), 인식, 진리에의 의지, 비극을 차례차례 '의지'의 '부정' 또는 '의지'를 부정하려고 하는 욕구의 결과로 발생하는 현상으로 해석했다. 이러한 시도는 그리스도교를 제외하면 역사상 존재했던 최대의 심리학적 날조다. 보다 자세히 보면, 쇼펜하우어는 이 점에서 그리스도교적 해석의 상속자에 불과하다. 다른 점이 있다면, 그는 그리스도교에 의해 **거부되었던** 인류의 위대한 문화적 사실들을 그리스도교적인, 즉 허무주의적인 의미로(즉 '구원'에 이르는 길로서, '구원'의 예비적 형식으로서, '구원'을 향한 욕구를 자극한 것으로서) **시인할 줄** 알았다는 것뿐이다. [163]

---

163) 쇼펜하우어는 그리스도교가 속된 것으로 거부했던 '예술, 영웅주의, 천재, 아름다움, 위대한 공감(共感), 인식, 진리에의 의지, 비극'을 긍정적으로 받아들였지만, 그것들의 목적을 삶에의 의지의 불꽃을 꺼뜨리는 데서 찾았다. 쇼펜하우어는 특히 비극예술의 본질은 사람들로 하여금 삶의 비참함을 깨닫게 함으로써 삶을 혐오하게 만들어 삶에 대한 체념에 빠지게 하는 데 있다고 보았다. 이런 의미에서 니체는 쇼펜하우어가 그리스도교가 거부했던 것들을 긍정적으로 수용하는 것 같지만 결국은 그것들을 그리스도교적인 의미로, 즉 허무주의적인 의미로 해석하고 있다고 말하

22

한 가지 예를 들어보겠다. 쇼펜하우어는 **아름다움**에 대해 우울한 열정을 가지고 말한다. — 이는 결국 무엇 때문인가? 그것은 그가 아름다움에서 하나의 다리, 즉 그것에서 더 나아가거나 더 나아가려는 갈증을 갖게 되는 다리를 보기 때문이다. … 그에게 아름다움이라는 다리는 '의지'로부터의 찰나적인 구원을 가져다주는 것이며 영원한 구원을 향하도록 유혹하는 것이다.[164] 특히 쇼펜하우어는 아름다움을 '의지의 초점'인 성욕으로부터의 구원자로서 찬미한다. — 아름다움에서 그는 생식충동이 **부정되고 있다**고 본다. … 기묘한 성자여! 누군가는 당신에게 항의할 것이다. 그것이 어쩌면 자연이 아닐지 염려된다. 아름다움이 자연의 소리, 색깔, 향기, 율동적인 움직임에 깃들어 있는 것은 도대체 **무엇을 위해서**일까? 무엇이 아름다움을 **나타내도록 내모는** 것일까? — 다행히도 그 역시 철학자인 한 사람이 그를 논박하고 있다. 다름 아닌, 저 신과도 같은 플라톤(쇼펜하우어는 이렇게 부른다)의 권위가 다른 명제를 내세우고 있다. 즉 모든 아름다움은 생식충동을 자극한다고 — 바로 이것이 감각적인 것에서부터 가장 정신적인 것에 이르기까지 아름다움의 고유한 작용이라고.

는 것이다.

164) 쇼펜하우어에 따르면, 아름다움은 우리가 아름다움을 느끼는 그 순간에만 맹목적인 의지와 욕망으로부터 벗어나게 해줄 뿐이며 의지와 욕망으로부터의 영원한 구원을 얻기 위해서는 금욕에 의해 욕망을 근절하고 부정해야만 한다.

플라톤은 보다 멀리 나아간다. 그는 그리스인만이 가질 수 있고 '그리스도교인'은 도저히 가질 수 없는 무구함과 함께 이렇게 말하고 있다. 아테네에 그토록 아름다운 청년들이 없었더라면 플라톤 철학은 있을 수 없었을 것이라고. 그들의 용모야말로 철학자의 영혼을 에로스의 도취 속에 빠뜨려놓으며, 철학자의 영혼이 모든 드높은 것들의 씨앗을 그토록 아름다운 토양[165] 속에 심어놓기까지는 그의 영혼에 안식을 허락하지 않는다고. 플라톤은 기이한 성자가 아닐 수 없다! 플라톤을 믿을 경우에조차도 [플라톤이 위와 같이 말하는 것을 듣고] 사람들은 자신의 귀를 의심할 것이다. 최소한 사람들은 아테네에서는 철학이 **다른 방식으로** 행해졌다는 사실, 즉 공적으로 행해졌다는 사실만큼은 짐작할 수 있다. 은둔자가 개념의 거미줄을 치는 것, 즉 스피노자 식의 신에 대한 지적인 사랑(amor intellectualis dei)만큼 비(非)그리스적인 것은 없다. 플라톤 식의 철학은 오히려 에로스적인 경쟁으로서, 즉 고대 체육 경기와 이것의 내적 **전제**를 발전시킨 것이자 내면화한 것으로서 규정되어야만 한다. …

플라톤의 이러한 철학적 에로티시즘으로부터 최종적으로 결국 무엇이 나왔던가? 그리스 식 경기의 새로운 예술 형식인 변증법이다. 또한 쇼펜하우어에는 **반대하지만** 플라톤에게는 경의를 표하면서 다음 사실을 상기시켜두고 싶다. 프랑스의 모든 **고전적** 고급문화와 문학도 성적 관심을 토대로 하여 성장했다는 사실을. 그것에서 우리는 여성들에 대한 친절과

---

165) 아테네의 아름다운 청년들을 가리킨다.

정중한 예의, 관능, 성적 경쟁, '여자'를 어디서든 발견할 수 있다. 찾아보면 헛수고는 아닐 것이다.

24

예술을 위한 예술. — 예술이 목적을 갖는 것에 대한 투쟁은 항상 예술의 **도덕화** 경향에 대항하는 투쟁이며, 예술이 도덕에 종속되는 것에 대한 투쟁이다. 예술을 위한 예술은 '도덕 같은 것은 꺼져버려라!'를 의미한다. — 하지만 이런 적개심조차 예술을 위한 예술이 여전히 [전통 도덕의] 편견에 의해 지배되고 있음을 드러내고 있다. 비록 도덕을 설교하고 인간을 개선한다는 목적을 예술에서 배제했다 하더라도, 이것으로부터 예술이 전혀 목적과 목표 그리고 의미를 갖지 않는 것이라는, 요컨대 예술을 위한 예술 — 자기의 꼬리를 물고 있는 한 마리의 벌레 — 이라는 결론이 나오지는 않는다. "도덕적인 목적을 갖느니 차라리 아무런 목적도 갖지 않는 것이 더 낫다!" 이렇게 말하는 것은 단순한 정열에 지나지 않는다. 이것에 반해서 심리학자는 이렇게 묻는다. 모든 예술은 무엇을 하고 있는가? 모든 예술은 칭찬하고 있지 않은가? 찬미하고 있지 않은가? 선별하고 있지 않은가? 끄집어내고 있지 않은가? 이 모든 것과 함께 예술은 일정한 가치평가를 **강화하거나 약화시킨다.** … 이것은 단지 부수적인 일에 불과한 것일까? 우연일까? 예술가의 본능이 전혀 개입하지 않는 어떤 것일까? 아니면 오히려 그것은 예술가가 예술가로서 존재할 수 있기 위한 전제조건일까? 그의 가장 깊은 본능은 예술을 향하고 있을까, 아니면 오히려 예술의 의미인 **삶**을, **소망할 만한 삶**을 향하고 있을까? — 예술은 삶의 위대한 자극제다. 그런데 어떻게 해서 그것을 목적과 목표가 없는 것으로서, 예술을 위한 예술로서 이해할 수 있단 말인가? 한 가지 물음이 남아 있다. 예술은 삶 속의 추하고 가혹하고 의문스러운 많은 것도 표현한다. — 이와 함께 예술은 사람들을 삶의 고통으로부터 벗어나게 하는 것처럼 보인다. — 그리고 실제로 예술에 이러한 의미를 부여했던 철학자들이 있었다. 쇼펜하우어는 '의지로부터의 해방'을 예술의 전체적 의도라고 설했으며, '삶에 대해 체념하게 하는 것'을 비극의 최대 역할로 보면서 비극을 경외했다. 그러나 이것은 — 내가 이미 암시했지만 — 염세주의자의 관점이며 '사악한 시선'이다. 우리는 예술가 자신에게 직접 물어보지 않으면 안 된다. '비극적 예술가는 자신의 무엇을 전달하는가?' 그가 보여주는 가공할 것과 의문스러운 것 앞에서 두려움이 없는 상태 아닌가? — 이러한 상태 자체가 소망할 만한 고귀한 것이다. 이런 상태를 알고 있는 자는 최고의 경의와 함께 그것을 존중한다. 그가 예술가라면, 그가 전달의 천재라면, 이 상태를 전달해야만 한다. 강력한 적, 커다란 재난, 전율을 불러일으키는 문제에 직면했을 때의 용기와 침착함. — 이렇게 승리감으로 충만한 상태야말로 바로 비극적 예술가가 선택하고 찬미하는 상태다. 비극 앞에서 우리 영혼 속에 있는 어떤 전사(戰士)적인 것이 자신의 사투르누스제[166]를 거행한다. 고통에 익숙한 자, 고통을 찾아다니는 자, 영웅적인 인간은 비극과 함께 자신의 존재를

166) 사투르누스제는 고대 로마에서 매년 12월에 열린 축제로, 그날 하루는 노예가 주인으로부터 섬김을 받았다.

찬양한다. — 오직 그에게만 비극 시인은 이 가장 달콤한 잔혹한 술[비극]을 권한다.

25

사람들에게 친절하게 대하는 것, 자신의 집 문을 활짝 열어둔다는 것, 그것은 리버럴한 태도지만 이러한 태도 이상의 것[고귀한 태도]은 아니다. 우리는 창문에 커튼을 내리고 덧문을 닫아두었지만 **고귀한** 마음으로 손님을 환대할 줄 아는 사람들을 알고 있다. 그들은 가장 좋은 공간을 비워두고 있다. 왜 그럴까? 그들은 '친절하게 대할' 필요가 **없는** 손님들을 기다리고 있기 때문이다.[167]

26

우리의 체험을 다른 사람들에게 전달할 때 우리는 우리 자신을 그다지 높이 평가하지는 않는 셈이다. 진정한 체험이란 전혀 수다스럽지 않은 것이다. 그것들은 자신을 전달하고 싶어도 전달할 수 없을 것이다. 그것들에는 말이 결여되어 있는 것이다. 어떤 것을 말로 표현할 수 있을 때 우리는 이미 그것을 훨씬 넘어서 있다. 모든 말에는 일말의 경멸할 만한 점이 들어 있다. 언어는 오직 평균적인 것, 중간의 것, 전달할 수 있는 것만을 위해서 고안되었다. 말하는 자는 말함으로써 자신을 **통속적으로 만**

---

167) 니체는 서로 간의 친절이 아니라 서로 채찍질함으로써 서로를 고양시키는 우정을 높이 평가하고 있다. 『차라투스트라는 이렇게 말했다』 I부 「벗에 대하여」 참조.

들어버린다. ― 귀먹은 자들과, 다른 철학자들을 위한 교훈으로부터.[168]

27

"이 그림은 황홀할 정도로 아름답다." … 불만에 차 있고, 초조해하며, 마음과 내장이 황폐해 있고, 자신의 몸 깊은 곳에서 "자식이나 문학 중 하나를 택하라"라고 속삭이는 명령에 매순간 고통스런 호기심으로 귀를 기울이는 여류 문학가. 자연이 라틴어로 이야기하는 소리까지 이해할 정도로 교육을 잘 받았고, 다른 한편으로는 "나는 나 자신을 보고, 나 자신을 읽고, 나 자신에게 황홀해할 것이고 이렇게 말할 것이다. 나는 왜 이렇게 영감이 풍부할까?"라고 남몰래 자신과 프랑스어로 이야기할 정도로 허영심 많고 어리석은 여류 문학가.

28

'사적인 이해관심이 없는 자들'이 말한다. ― "현명하고 인내하며 우월한 입장을 지키는 것보다 쉬운 것은 없다. 우리는 배려와 공감이라는 윤활유에 흠씬 젖어 있다. 우리는 터무니없을 정도로 공정하며 모든 것을 용서한다. 바로 그 때문에 우리는 우리 자신에게 좀더 엄격해져야만 한다. 바로 그 때문에 우리는 가끔 약간의 정념, 즉 약간의 정서적 악덕을 **육성해야만 한다**. 이것은 우리에게는 어려운 일일지도 모른다. 그리고 어

---

168) 귀먹은 자들은 말을 통해 자신을 통속화하지 않는다. 이 점에서 니체는 진정한 철학자를 귀먹은 자들에 비유하고 있다.

쩌면 우리들 자신도 우리의 그런 꼴[약간의 정서적 악덕을 육성하는 모습]을 보고 웃을지도 모른다. 그러나 그게 어쨌단 말인가. 우리는 다른 종류의 자기극복 방법을 더 이상 가지고 있지 않다. 바로 이것이 우리의 금욕이며 우리의 속죄다. '개인적이 된다는 것' — '사적인 이해관심이 없는 자들'의 덕……

29

어떤 박사학위 취득 시험에서 — "모든 고등교육의 사명은 무엇인가?" — 인간을 기계로 만드는 것입니다.[169] "그것을 위한 수단은 무엇인가?" — 권태를 견디는 법을 배우는 것입니다. — "그것은 어떻게 이루어지는가?" — 의무 개념을 통해 이루어집니다. — "누가 그 모범인가?" — 문헌학자입니다. 문헌학자는 **집요하게 파고드는 법**을 가르쳐줍니다. — "누가 완전한 인간인가?" — 공무원입니다. — "어떤 철학이 공무원을 위한 최고의 정식(定式)을 제공하고 있나?" — 칸트의 철학입니다. [칸트의 철학에서는] 물자체로서의 공무원이 현상계로서의 공무원에 대한 판

---

169) 니체는 『반시대적 고찰』에서 근대교육은 학생들을 돈 버는 기계로 만드는 것을 목표로 한다고 말하고 있다. "'지성과 소유의 결합'은 윤리적 요구로 간주된다. 고독하게 만들고, 돈과 영리를 넘어 목적을 숨기고 있는 그리고 많은 시간을 필요로 하는 모든 교육은 여기서 증오된다. 사람들은 그러한 교육을 '보다 높은 이기주의'로, '비윤리적 교육의 향락주의'로 간주한다. 여기서 적용되는 윤리에 따르면 물론 반대의 것이, 즉 빨리 돈을 버는 존재가 될 수 있도록 만드는 조급한 교육이 그리고 돈을 아주 많이 버는 존재가 될 수 있도록 만드는 근본 교육이 요구된다."(KSA, Bd.1, 647쪽.)

관으로 설정되고 있습니다.[170)

30

우둔할 수 있는 권리. — 선량한 눈빛으로 세상 일을 되어가는 대로 내버려두는, 지칠 대로 지쳐 천천히 숨을 몰아쉬는 노동자. 노동의 (그리고 '제국'의!) 시대인 오늘날 사회의 모든 계층에서 마주칠 수 있는 이러한 전형적 인물은 책, 무엇보다 저널을 포함해 예술까지도 자기네 것이라고 주장하고 있다. 그뿐인가, 아름다운 자연과 이탈리아는 말할 것도 없다. … 파우스트가 말하는 '잠들어 있는 야성적 충동'[171)을 가진 이 저물녘의 인간은 여름날의 피서지를, 해수욕을, 빙하를, 바이로이트[172)를 필요로 한다. … 이러한 시대에 예술은 정신과 지혜 그리고 마음을 위한 일종의 휴식으로서의 순수한 어리석음[173)이라는 성격을 가질 권리를 갖는다. 이러한 사실을 바그너는 잘 알고 있었다. 순수한 어리석음이 일종의 회복제 역할을 한다.[174)

---

170) 칸트의 의무 개념은 프로이센의 공무원이 갖고 있는 자기이해와 흡사하다는 말이다. 칸트, 『실천이성비판』 A 154. 칸트와 프로이센의 프리드리히 2세의 의무 개념에 결정적 배경이 된 것은 Cicero의 「의무론(De officiis)」이다. Sommer, 위의 책, 479쪽 참조.

171) 괴테의 Faust I, V, 1178~1185.

172) 바이로이트는 바그너 음악제가 열리는 독일의 도시로, 여기서는 바그너의 음악을 가리킨다.

173) 바그너의 오페라 『파르지팔』의 주인공 파르지팔은 순진한 바보로 묘사되는데, 이러한 순진성으로 그는 모든 유혹을 이겨낸다.

174) 니체는 『아침놀』 206절에서 근대 노동자들의 상황을 아래와 같이 묘사하고 있다.

31

섭생법이 갖는 또 하나의 문제. — 율리우스 카이사르가 병과 두통이 일어나는 것을 막는 데 사용했던 방법: 엄청난 행군. 지극히 간소한 생활방식, 끊임없는 노천(露天) 생활, 지속적인 혹사. — 이것들은 크게 보면 섬세하지만 최고의 압박을 받으면서 일하는, 천재라 불리는 저 기계의 그극단적인 취약성을 보호하기 위해 취하는 보존 조치이자 보호 조치다.

32

비도덕주의자가 말한다. — 소망하는 인간[175]보다 철학자의 비위를 거스르는 것은 없다. … 철학자가 활동 중에 있는 인간만을 본다면, 그리고 가장 용감하고 가장 교활하며 가장 끈질긴 이 동물이 미궁과 같은

"불가능한 계급. — 가난하면서도 즐겁고 독립적이라는 것! 그것들은 함께 가능하다. 가난하면서도 즐겁고 노예라는 것! 이것도 가능하다. 그리고 나는 공장노예제도의 노동자들이 이보다 더 좋은 상태에 있다고 생각할 수 없다. 만약 그들이 지금 상태처럼 기계의 나사로서, 또 말하자면 인간의 발명물에 대한 보완물으로서 소모되는 것을 치욕이라고 느끼지 않는다고 가정한다면 말이다! 높은 급여를 통해서 그들의 비참한 삶이 본질적으로 극복될 수 있다고 믿는 것은 어리석다. 임금이 높아진다고 하여 그들이 당하고 있는 비인격적인 노예화는 지양되지 않는다. 이러한 비인격성의 증대에 의해서 새로운 사회의 기계적인 체제 내에서 노예상태의 치욕이 하나의 미덕으로 변형될 수 있다는 말을 곧이듣는 것은 어리석다! 아! 인격이 아니라 나사가 되는 대가로 하나의 값을 갖게 되다니!"(『아침놀』, 박찬국 옮김, 책세상.) 니체는 현대의 저녁과 예술, 휴양, 특히 바그너의 음악은 이러한 노동자들이 피로한 삶에서 도피하는 수단이며 그것들은 노동자를 우둔하게 만드는 식으로 노동자에게 휴식을 선사하고 있다고 보았다.
175) 여기서 '소망하는 인간'은 피안이나 공산주의와 같은 유토피아 세계를 소망하거나 신이 자신의 소원을 들어주기를 기대하는 인간을 가리킨다.

곤경 속까지도 헤매 들어가는 것을 본다면, 인간은 그에게 얼마나 경탄스러운 존재로 보이는가! 이러한 인간은 철학자의 마음에 든다. … 그러나 철학자는 소망하는 인간을 경멸하며, 또한 '바람직한' 인간도 경멸한다. — 그는 소망할 만한 모든 것, 인간의 모든 **이상**을 경멸한다. 철학자가 허무주의자가 될 수 있다면 이는 그가 인간의 모든 이상의 배후에서 무를 보기 때문일 것이다. 혹은 무조차도 발견하지 못하며 오직 무가치한 것, 터무니없는 것, 병든 것, 비겁한 것, 피로한 것, 인간이 자신의 삶을 다 마셔버린 후 인생의 잔에 남은 온갖 종류의 찌꺼기를 보기 때문이다. … 실제로는 그처럼 경외할 만한 인간이, 소망할 때는 존경받을 가치를 완전히 상실하게 되는 것은 무엇 때문일까? 실제로는 그렇게 유능하다는 것에 대해 보상을 해야 하는 것일까? 그는 자신의 행위를, 자신의 모든 행위에 수반되는 두뇌와 의지의 긴장을 공상적이고 터무니없는 것 속에서 휴식을 취하는 것으로 상쇄해야만 하는 것일까? — 인간의 소망의 역사는 이제까지 인간의 치부였다. 따라서 이 역사를 너무 오래 읽지 않도록 조심해야 한다. 인간을 정당화하는 것은 그의 실재다. — 이것이 그를 영원토록 정당화할 것이다. 현실의 인간은 한갓 소망되고 꿈꾸어지고 새빨간 거짓말로 날조된 인간과 비교해볼 때 얼마나 더 큰 가치를 갖는가? **이상적인** 어떠한 인간과 비교해도 말이다. — 그러한 **이상적인** 인간만이 철학자의 비위에 거슬린다.

33

이기주의의 자연적 가치. — 이기심이 갖는 가치는 이기심을 갖는 자가 생리적으로 갖는 가치에 따라 달라진다. 즉 이기심은 매우 큰 가치를 가질 수 있고 무가치하고 경멸받을 만할 수도 있다. 모든 인간은 삶의 상승선을 나타내는지 아니면 하강선을 나타내는지에 따라 평가될 수 있다. 이 점이 결정되면 각 개인의 이기심이 어떤 가치를 갖는지 가늠할 수 있는 규준도 주어지는 셈이다. 어떤 사람이 상승선을 나타낸다면, 그의 가치는 실제로 비범하다. — 그리고 그와 함께 한 발짝 더 나아가게 되는 총체적 생을 위해, 그를 위한 최선의 환경조건을 유지하고 조성하는 데 최대한의 배려를 해도 좋다. 지금까지 민중이나 철학자가 이해했던 것과 같은 개인, '개체'는 하나의 오류다. 개인은 그 단독으로는 아무것도 아니다. 개인은 하나의 원자도 아니고 '사슬의 한 고리'도 아니며, 이전의 것을 단순히 상속한 자도 아니다. — 개인이란 그에게까지 이르는 인류의 전체적인 연속선이다. … 만약 그가 나타내는 것이 하강, 쇠퇴, 만성적 퇴락, 질병(병이라는 것은 크게 보면 쇠퇴의 원인이 아니라 쇠퇴의 결과적 현상이다)이라면, 그는 거의 가치를 갖지 못한다. 따라서 그가 건강한 자들로부터 가능한 한 적게 탈취하게 하는 것이 공정성의 제일 원리다. 그는 건강한 자들의 기생충에 불과하다.

34

그리스도교인과 무정부주의자. — 무정부주의자가 쇠퇴하는 사회계층을 대변하는 입이 되어서 의분(義憤)과 함께 '권리'와 '정의' 그리고 '동등한 권리'을 요구하는 것은 그가 무지몽매하기 때문이다. 이러한 무지몽매로 인해 그는 도대체 자신이 왜 고통을 겪는지 — 자신에게 어떤 점이 결여되어 있는지, 생이 결여되어 있는 것은 아닌지 알지 못한다. … 무정부주의자의 내면에서는 원인을 찾아내려는 충동이 강력하게 작용하고 있다. 즉 그 자신이 열악한 상태에 처해 있는 것은 누군가의 탓으로 돌려져야 한다. … 의분을 터뜨리는 것만으로도 그에게는 크게 도움이 된다. 애처로운 작은 악마들은 모두 [남이나 사회를] 욕하는 데서 즐거움을 느끼기 때문이다. 그것에는 권력에 대한 작은 도취감이 있다. 한탄과 불평조차도 삶에 자극을 줄 수 있으며, 이러한 자극만으로도 사람들은 삶을 견딜 수 있다. 모든 불평에는 조금씩의 **복수심**이 들어 있다. 사람들은 자신의 열악한 처지를, 경우에 따라서는 자신의 열등함 자체를 다른 사람들 탓으로 돌리면서 그들을 비난한다. 마치 이 다른 사람들이 불의를 범하고 있으며 **용인되지 않은** 특권을 누리고 있다는 듯이. '내가 천민이라면 너 역시 당연히 천민이어야 한다.' 이러한 논리에 따라 사람들은 혁명을 일으킨다. 불평은 어떤 경우에도 아무런 쓸모가 없다. 불평은 약함에서 생기기 때문이다. 자신의 열악한 처지를 다른 사람 탓으로 돌리든 **자신 탓으로 돌리든** — 전자는 사회주의자의 경우이며, 후자는 예를 들면 그리스도교인의 경우다[176] — 본질적인 차이는 없다. 두 경우의 공통된 점은 — 우리는 그것에 덧붙여서 그들의 '**품위 없음**'을 언급하고 싶지만 — 그들은 누군가가 자신의 고통에 **책임**을 져야만 한다고 생각한다는 것이다. 요컨대 고통을 받는 자가 자신의 고통을 제거하기 위해 복수의 꿀을 처방한다는 것이다. 일종의 **쾌감**에 대한 욕망으로서의 이

---

176) 그리스도인은 자신의 열악한 처지의 원인을 자신의 죄에서 찾는다.

런 복수욕이 향하는 대상은 우연한 원인들이다. 고통받는 자는 자신의 쩨쩨한 복수심을 식혀줄 수 있는 원인을 어디서든 찾아낸다. 다시 한 번 말하지만 그리스도교인이라면 그는 고통의 원인을 자기 자신에게서 찾아낸다. 그리스도교인과 무정부주의자 — 둘 다 데카당이다. 그리스도교인이 '세상'을 단죄하고 비방하고 더럽히지만, 그것은 사회를 단죄하고 비방하고 더럽히는 사회주의 노동자의 본능과 같은 본능에서 행해지는 것이다. '최후의 심판'이라는 것도 역시 복수심을 식혀주는 가장 달콤한 위안이다. — 그것은 사회주의 노동자가 기대하는 혁명을 약간 더 먼 미래에 올 것으로 생각한 것에 지나지 않는다. … '피안'이라는 것도 마찬가지다. '차안'을 더럽히는 수단이 아니라면 피안이 무엇을 위한 것이겠는가?

35

데카당스 도덕에 대한 비판. — '이타주의적' 도덕, 즉 이기심을 위축시키는 도덕은 어떠한 경우에도 좋지 않은 징조다. 이것은 개인에게도 그렇고 민족에게는 특히 그렇다. 이기심이 결여된다는 것은, 최선의 것이 결여되는 것이다. 자기 자신에게 해로운 것을 본능적으로 선택한다는 것, '이해관계가 없는' 동기에 의해 이끌린다는 것이 대체로 데카당스의 공식이다. '자신의 이익을 구하지 않는다는 것' — 그것은 전혀 다른, 다시 말해 다음과 같은 생리학적 사실, "나는 내 이익을 찾을 줄 모른다"는 사실을 은폐하는 도덕적 무화과 잎에 불과하다. … 그것은 본능의 분산이다! — 인간이 이타적으로 되면 종말을 맞게 된다. — "나는 이제 아무런 가치도 없다"라고 소박하게 말하는 대신 도덕은 데카당의 입을 빌려 이렇게 거짓말한다. "가치 있는 것은 아무것도 없다. — **삶**은 무가치하다." … 그러한 판단은 결국 엄청난 위험이 되며 전염성을 갖고 있다. — 그것은 사회의 병적인 토양 도처에서 어떤 때는 종교(그리스도교)의 형태로, 어떤 때는 (쇼펜하우어 류의) 철학의 형태로 무성하게 자라나 곧 개념의 열대우림(熱帶雨林)을 형성한다. 삶의 부패로부터 자라난 이러한 유독한 나무숲이 내뿜는 독기는, 경우에 따라서는 멀리 수천 년 후의 **삶**에까지도 해독을 끼친다.

36

의사들을 위한 교훈. — 병자는 사회의 기생충이다. 더 오래 산다는 것이 어떤 경우에는 부끄러운 일일 수 있다. 삶의 의미와 살아갈 권리가 상실되어버린 후에도 의사들과 그 처방에 비겁하게 의존하며 식물인간의 삶을 근근이 이어간다는 것은 사회로부터 심한 경멸을 받아야 마땅하다. 의사들은 다시 이러한 경멸을 전달하는 자가 되어야 한다. 처방전을 줄 것이 아니라 매일매일 새로운 **혐오감**을 환자들에게 내비쳐야 할 것이다. … 삶, **상승하는** 삶의 최고의 관심이 **퇴화하는** 삶을 가차 없이 억누르고 제거할 것을 요구하는 경우에 대해 — 예를 들면 생식의 권리, 태어날 권리, 살 권리에 대해 — 하나의 새로운 책임, 의사가 가져야 할 책임을 창출하는 것…… 더 이상 긍지를 갖고 살 수 없을 때 당당하게 죽는 것. 자발적으로 선택한 죽음, 명료한 의식을 갖고 기뻐하면서 자식들과 다른 사람들이 보는 가운데 적시에 이루어지는 죽음, 그리하여 떠나는 자가 아직 살아 있는 동안에 제대로 작별을 고하는 것이 가능한 죽음, 또한 생전에 성취한 것과 원했던 것에 대한 진정한 평가와 삶에 대한 총결산이 가능한 죽음 — 이 모든 것은 그리스도교가 임종의 시간에 연출해온 가련하고 전율할 만한 코미디와는 정반대되는 것이다. 그리스도교에 대해서 절대로 잊지 말아야 할 점은, 그리스도교는 죽어가는 사람의 약점을 악용하여 양심을 능욕해왔다는 것,[177] 심지어는 죽는 방식을 악용하여 인간과 과거에 대한 가치판단을 내려왔다는 것이다! — 여기서 무엇보다 중요한 것은 온갖 비겁한 편견에 대항하여 이른바 **자연사**에 대한 올바른 평가, 즉 생리학적인 평가를 내리는 일이 필요하다는 점이다. 자연사도 결국은 일종의 '부자연사', 즉 일종의 자살에 불과하다. 사람은 자기 이외의 어느 누구에 의해서도 죽지 않는다. 자연사는 다만 가장 경멸한 만한 조건들 아래에서의 죽음이며, 즉 자유롭지 않은 죽음, **제때를 놓친 죽음**, 비겁한 자의 죽음이다. 삶을 사랑하는 사람이라면 이와는 달리 죽기를 바라야 할 것이다. 우연하거나 돌연히가 아니라 자유로우면서도 의식적으로……. 마지막으로 나는 그대들 염세주의자와 그 외의 데카당에게 한 마디 충고를 하려고 한다. 우리가 우리의 출생을 막을 방법은 없다. 그러나 그 잘못을 다시 바로잡을 수는 있다. 태어나는 것은 때로는 잘못이니까 말이다. 이 경우 사람들이 자기를 **제거**한다면, 그것은 세상에서 가장 존경스런 일을 하는 것이다. 그럼으로써

---

177) 그리스도교가 진리이기 때문이 아니라 죽음 이후의 세계에 대한 두려움 때문에 죽어가는 사람이 그리스도교를 받아들이도록 했다는 의미.

그는 살 만한 자격을 획득하게 된다. … 사회, 아니! 삶 자체는 그렇게 해서 체념과 빈혈증 그리고 그 외의 덕을 가졌던 종류의 '삶'을 통해서보다 더 많은 이득을 얻게 된다. — 그는 다른 사람들이 그의 모습을 보지 않아도 되게끔 해방시킨 것이며 삶을 그것에 대한 하나의 **이의제기**로부터 해방시킨 것이다……. 순수한 염세주의는 그대들 염세주의자의 자기 부정에 의해서만 **비로소 입증된다**. 염세주의자들은 쇼펜하우어처럼 단순히 '의지와 표상'을 가지고 삶을 부정하지 말고, 자신들의 논리에서 한 걸음 더 나아가야만 한다.[178] **무엇보다도 먼저 쇼펜하우어와 같은 사람들을 부정해야 한다.**[179] … 그런데 덧붙여 말하자면, 염세주의는 그것이 아무리 전염성이 강하더라도 시대 혹은 민족 전체의 병적 상태를 증대시키지는 않는다. 이는 염세주의 자체가 이 병적인 상태의 표현이기 때문이다. 사람들은 콜레라에 걸리듯이 염세주의에 빠진다. 다시 말해 그것에 빠질 정도로 체질이 이미 병들어 있었음이 틀림없다. 염세주의는 그 자체만으로는 단 한 명의 데카당도 증가시키지 못한다. 콜레라가 창궐했던 해에도 총사망자 수는 다른 해와 다르지 않았다는 통계를 나는 기억하고 있다.

---

178) 쇼펜하우어는 『의지와 표상으로서의 세계』라는 책을 썼다. "쇼펜하우어처럼 단순히 '의지와 표상'을 가지고 삶을 부정하지 말고, 자신들의 논리에서 한 걸음 더 나아가야만 한다"라는 말은 '쇼펜하우어처럼 단순히 책으로만 혹은 사상적으로만 삶을 부정하지 말고 자살을 통해서 삶을 부정해야 한다'는 의미다.

179) 쇼펜하우어와 같은 염세주의자들을 제거해야 한다는 의미.

과연 우리는 옛날보다 더 도덕적으로 되었는가. — '선악을 넘어서'라는 나의 개념에 대해, 이미 예상했던 일이지만, 주지하듯이 독일에서 도덕 자체로 간주되고 있는 도덕적 어리석음이 극히 격렬하게 전력을 다하여 공격을 가해왔다. 이에 관해서 나는 몇 가지 은근한 이야기를 하지 않으면 안 될 것이다. 무엇보다 사람들이 나에게 깊이 생각해보라고 충고했던 것은, 윤리적 판단에서 우리 시대가 부정할 수 없을 정도로 우월하며 그 방면에서 진정한 진보가 이루어졌다는 것이었다. 그들에 의하면, 내가 했던 것처럼 체사레 보르자[180]와 같은 인물을 우리 현대인과 비교해 '보다 높은 인간'으로, 일종의 초인으로 내세워서는 절대로 안 된다는 것이다. …『동맹(Bund)』[181]의 편집자인 한 스위스인은 그렇게 대담한 주장을 제기할 수 있는 나의 용기에 약간의 경의를 표하면서, 내 저서가 모든 점잖은 감정의 제거를 제안했다는 것을 '이해하는' 데까지는 나아갔다.[182] 참으로 고마운 일이다(verbunden)![183] 이에 대한 답변으로서 나는 우리가 정말 옛날보다 더 도덕적이 되었는가라는 물음을 던지려 한다.

---

180) Cesare Borgia(1475 ?~1507)는 잔인하고 책략에 능했던 르네상스 시대의 추기경이자 정치가로서, 마키아벨리가 이상적 군주의 전형으로 평가했다.

181) 당시 베른에서 발행되던 일간신문.

182) Joseph Viktor Widmann의 서평 Nietzsches gefährliches Buch, in: *Der Bund*, Jg. 37, Nr. 256, 1886. 『이 사람을 보라』, 「왜 나는 이렇게 좋은 책을 쓰는가」 1을 참조할 것.

183) 니체는 여기서 잡지 Bund와 어근이 동일한 verbunden이라는 표현을 써서 비꼬고 있다. verbunden에는 '고마워할 만한'이라는 의미도 있지만 '결합되어 있다'라는 의미도 있다. 그 스위스인이 그래도 자신을 조금은 이해했기 때문에 자신과 '결합되어 있다'고 비꼬는 것이다.

온 세상 사람들이 그렇게 믿고 있다는 사실이 이미 그것을 반박하는 증거다. … 우리 현대인은 매우 섬세하고 상처받기 쉬우며, 오만 가지 배려를 주고받는다. 그러면서 우리 모두가 하나같이 이렇게 섬약(纖弱)한 인간성을 갖고 있다는 것, 즉 서로 돌보고 도우며 믿는 상태에 도달했다는 것이 하나의 긍정적인 진보라고 생각하며 그 때문에 우리는 르네상스 시대의 인간들을 훨씬 능가하고 있다고 생각한다. 그러나 모든 시대가 그렇게 생각하며 그렇게 생각하지 않을 수 없다. 확실한 것은 우리가 우리 자신을 르네상스의 시대 상황에 두지 않으리라는 것, 우리가 그러한 상황에 처해 있다고 생각조차도 하지 않으리라는 것이다. 우리의 근육은 말할 것도 없고 우리의 신경은 르네상스의 현실을 견딜 수 없을 테니까. 그런데 이러한 무능력과 함께 입증되는 것은 진보가 아니라 오히려 다른 것, 즉 더 말기적이고 더 약하며 더 섬약하고 더 상처받기 쉬운 성질이다. 이러한 성질로부터 필연적으로 배려로 가득한 도덕이 발생한다. 우리의 섬약함과 말기(末期)성, 곧 우리의 생리적 노화를 고려하지 않는다면, 이른바 '인간화'라는 우리의 도덕도 당장 가치를 상실하게 될 것이다. ― 이렇게 말하는 것은 어떠한 도덕도 그 자체로는 가치를 지니지 못하는 법이기 때문이다. 그러한 도덕은 우리의 경멸을 받게 될 것이다. 다른 한편으로 우리 현대인은 돌멩이 같은 것에라도 부딪혀서 손상을 입지 않기 위해[184] 솜을 잔뜩 넣어 부풀린 인도주의와 함께 체사레 보르자 시대의 사람들에게는 포복절도할 희극으로 보이리라는 점은 의심할 나위가

---

184) 어떠한 손상도 입고 싶어 하지 않는다는 것.

없다. 사실 우리는 우리의 근대적 '덕목들' 때문에 의도하지는 않았지만 더할 나위 없이 우스꽝스러운 모습이 되어 있다. … 적의를 품고 불신을 불러일으키는 본능들의 감소는 — 이것이야말로 우리 현대인이 '진보'라고 부르고 싶어 하는 것인데 — **생명력**의 전반적인 쇠퇴에 따른 결과 가운데 하나를 나타낼 뿐이다. 그 정도로 제약을 받고 있고 그 정도로 말기적인 생존을 유지하려면 [르네상스 시대보다도] 백배나 더 많은 노고와 신중함이 필요하다. 이러한 상태에서는 사람들은 서로 도우며, 누구나 어느 정도는 병자이며 어느 정도는 간호인이 된다. 그러고는 바로 이것이 '덕'이라고 불리게 되는 것이다. — 그러나 삶을 이것과는 다른 형태로 알고 있었던 사람들, 즉 더 풍부하고 더 낭비적이고 더 넘쳐흐르는 형태로 알고 있었던 사람들 사이에서는, 그것은 다른 이름으로 불렸다. 아마도 '비겁함'이라든가 '비참함'이라든가 '늙은 여인네들의 도덕'과 같은 이름으로. … 우리의 관습이 유약해진 것은 쇠퇴의 결과다. — 이것이 나의 명제이고, 나의 **혁신**이라고 할 수 있다. 가혹하고 끔찍한 관습은 반대로 삶의 과잉이 가져온 결과일 수 있다. 삶의 과잉상태에서는 이를테면 많은 것이 감행되고 도전받고 **낭비되어도** 좋기 때문이다. 예전에는 삶의 양념이었던 것이 오늘날의 우리에게는 **독**이 될 수 있다. 무관심한 것, 그것도 강함의 한 형태이지만, 우리는 무관심하게 있을 수도 없을 정도로 너무 늙었으며 너무 말기적이다. 내가 [그 위험성을] 최초로 경고했던 동정, 다시 말해 **도덕적 인상주의**[185]라고도 부를 수 있는 이 도

---

185) 니체가 연민의 도덕을 도덕적 인상주의라고 부르는 것은 연민이 사람들의 비참한

덕은 모든 데카당적인 것들에 특유한 생리적 신경과민의 또 하나의 표현이다. 쇼펜하우어의 **연민의 도덕**을 가지고 학적인 체제를 갖추려고 했던 저 운동은 — 대실패로 끝났던 시도! — 도덕에서의 진정한 데카당스 운동이며, 그러한 것으로서 그것은 그리스도교 도덕과 깊은 혈연관계에 있다. 강력한 시대와 **고귀한** 문화는 연민과 '이웃사랑'과 자아와 자기신뢰의 결여를 경멸스러운 것으로 본다. — 각 시대는 그 시대가 갖고 있는 **적극적인** 힘에 따라서 평가되어야만 한다. — 그리고 그런 식의 평가에 의하면 르네상스라는 힘이 남아돌고[낭비적이고] 숙명적인 불행으로 가득 찬 시대는 최후의 **위대한** 시대로 드러나고, 자신에 대한 소심한 염려와 이웃사랑, 노동과 겸손과 공정성과 과학성이라는 덕을 지닌 — 수집하고 절약하며 기계적인 정신을 갖는 — 우리 현대인은 **연약한** 시대의 인간으로 드러난다. … 우리의 덕은 우리의 약함을 원인으로 하여 생겨난 것이고 **요청된** 것이다. … '평등'은 어떤 것들이 사실상 유사하게 된다는 것을 의미하거니와 — '권리의 평등'에 관한 이론은 그것의 표현에 불과하다 — 그것은 본질적으로 쇠퇴에 속한다. 인간과 인간, 신분과 신분 사이의 거리, 유형의 다양성, 자기 자신으로 존재하려는 의지, 탁월한 존재가 되고 싶어 하는 의지, 즉 내가 **거리의 파토스**라고 부르는 것은 모든 **강한** 시대에 특유한 것이다. 오늘날에는 양 극단 사이의 긴장과 거리가

외적인 모습을 보고 일어나기 때문이라고 여겨진다. 니체는 연민을 품기보다는 그 사람이 스스로 일어날 수 있도록 채찍질할 것을 요구하고 있다. 니체의 이러한 태도는 그 사람의 외적인 모습보다는 그 사람에게 잠재하는 자립심과 힘에의 의지에 호소하는 것이라고 할 수 있다.

점점 더 줄어들고 있다. 극단 자체가 사라지고 마침내 유사한 것이 되고 있는 실정이다. … 우리의 모든 정치이론과 헌법은 — '독일제국'까지 포함해서 하는 이야기지만 — 쇠퇴의 결과이자 필연적인 귀결이다. 데카당스의 무의식적 영향이 개별 학문의 이상까지 지배하게 된 것이다. 내가 영국과 프랑스의 사회학 전체에 이의를 제기하는 것은, 그것이 경험적으로 알고 있는 것은 사회의 **쇠퇴 형태**뿐이며 자신의 쇠퇴 본능을 너무나도 순진하게 사회학적 가치판단의 **규준**으로 삼고 있기 때문이다. **쇠퇴**하고 있는 삶, 조직하는 힘의 감퇴, 즉 분리하고 간격을 벌리며 위아래로 등급을 정하는 힘의 감소가 오늘날의 사회학에서는 정식화되었으며 이상이 되고 있다. … 오늘날의 사회주의자들은 데카당이며, 허버트 스펜서 씨도 또한 일개 데카당에 지나지 않는다. — 그는 이타주의의 승리를 바람직한 것으로 여긴다!

38

나의 자유 개념. — 어떤 일의 가치는 때로는 그 일에 의해 달성되는 것에 있지 않고 그것을 위해 치러지는 것에, 즉 우리가 얼마나 **비용을 치러야 하는가**에 있다. 예를 하나 들어보자. 자유주의적 제도는 그것이 세워지자마자 자유주의적이기를 그친다. 나중에 보면 그런 자유주의적 제도만큼 지독하고 철저하게 자유를 손상시키는 것은 없다. 자유주의적 제도가 **무엇을** 초래하는지는 잘 알려져 있다. 그것은 힘에의 의지를 서서히 무너뜨려버린다. 그것은 산과 골짜기를 평준화하면서 이러한 평준화를 도덕으로까지 격상시킨다. 그것은 인간을 왜소하게 만들고, 비겁하게 만들며, 향락을 추구하는 존재로 만든다. ─ 이러한 제도에 의해 매번 개가를 올리는 것은 무리 동물이다. 자유주의, 이것은 독일어로 말하자면 Heerden-Vertierung(무리 동물로 만드는 것)이다. … 동일한 자유주의 제도가 아직 쟁취되어야 할 대상으로 존재하는 한 그것[자유주의]은 전혀 다른 작용을 초래한다. 그 경우 그것은 자유를 사실상 강력하게 촉진한다. 좀 더 자세히 살펴보면, 그러한 작용을 초래하는 것은 투쟁이다. 그러한 투쟁은 자유주의적 제도를 쟁취하기 위한 투쟁이며 그것은 투쟁으로서 **비자유주의적인** 본능을 존속하게 한다. 그리고 이러한 투쟁이 인간을 자유로운 존재로 교육시킨다. … 그렇다면 자유란 무엇인가? 자기를 책임지려는 의지를 갖는다는 것, 고난·시련·궁핍 심지어 생명의 위협에 대해서까지도 무관심하게 되는 것, 자신의 대의를 위해 자기자신을 포함하여 다른 사람들을 언제라도 희생할 용의가 있다는 것이다. 그리고 자유란 전쟁과 승리를 즐기는 남성적 본능이 '행복'을 추구하는 본능과 같은 다른 본능들을 지배하게 되었다는 것을 의미한다. **자유롭게 된** 인간은 ─ 자유롭게 된 **정신**은 더욱 그렇지만 ─ 소상인, 그리스도교인, 암소, 부녀자, 영국인 그리고 그 외의 민주주의자들이 꿈꾸는 그 경멸할 만한 평안을 짓밟아버린다. 자유로운 인간은 **전사다.** … 개인에게서나 민족에게서 자유는 어떻게 측정되는가? 극복해야 하는 저항의 크기, **높은 곳에** 머무르기 위해 치러야 하는 노고의 정도에 의해 측정된다. 가장 자유로운 인간 유형은 가장 큰 저항이 끊임없이 극복되고 있는 곳에서 찾아져야 할 것이다. 곧 폭군의 정치에서 다섯 걸음쯤 떨어진 곳에서, 그리고 예속이라는 위험의 문턱 가까이에서. 이것은 특히 '폭군'이라는 말이 일종의 무자비하고 끔찍한 본능으로 그리고 자기 자신에게 최대의 권위와 규율을 요구하는 본능으로 이해됐을 때, 심리학적으로 참이다. ─ 폭군의 가장 아름다운 전형은 율리우스 카이사르다. 그런데 그것은 정치적으로도 참이다. 확인해보려면 역사를 한 번 둘러보기만 해도 된다. 어느 정도라도 가치가 있었거나 가치를 갖게 된 민족은 자유주의적 제도 아래서 그렇게 된 것이 아니었다. 그들을 외경할 만한 무엇인가로 만들었던 것은 커다란 위험이었다. 우리에게 우리의 구조수단을, 우리의 덕을, 우리의 방어수단과 공격무기를, 우리의 정신을 비로소 알게 하고 우리로 하여금 강해지도록 강요하는 것은 위험인 것이다. … 제1원칙, 강해지려고 절실하게 원해야 한다. 그렇지 않으면 결코 강해지지 못할 것이다. ─ 강한 인간을 위한, 이제까지 있을 수 있었던 가장 강한 종류의 인간을 위한 위대한 온실이었던 로마나 베네치아의 귀족 공동체는 내가 이해하는 것과 동일한 의미로 자유를 이해하고 있었다. 즉 사람이 갖고 있으면서도 갖고 있지 않은 어떤 것, 사람이 원하고 쟁취하는 어떤 것으로서.

39

현대성 비판. ─ 우리의 제도는 더 이상 쓸모가 없다. 이 점에 대해 사람들은 모두 동의하고 있다. 그러나 우리의 제도가 더 이상 쓸모가 없게 된 것은 제도 탓이 아니라 우리 탓이다. 제도들이 자라나온 모든 본능이 우리에게서 사라져버린 후에 제도들이 우리에게서 사라지고 있는 것이다. 이는 우리가 더 이상 제도에 맞지 않게 되었기 때문이다. 민주주의라는 정치 형태는 항상 조직화하는 힘이 쇠퇴할 때 나타났다. 나는 이미 『인간적인 너무나 인간적인 I』, 318절에서 근대민주주의를 '독일제국'과 같은 그것[근대민주주의]의 어중간한 형태들과 함께 **국가의 쇠퇴 형태**라고 규정했다. 제도들이 존재하기 위해서는 악의적이라고까지 말할 수 있는 반(反)자유주의적 의지, 본능, 명령이 존재해야 한다. 전통에 의 의지가, 권위에의 의지가, 수세기에 걸쳐 책임을 지려는 의지가, 과거와 미래로 무한히 연결되어 있는 세대들 사이의 **연대성**이 있어야만 한다. 이러한 의지가 존재할 경우 로마제국과 같은 것이 건립된다. 또는 오늘날 자체 내에 지속성을 지니고 있고 기다릴 수 있으며 무언가를 여전히 약속할 수 있는 **유일한** 권력인 러시아와 같은 것이 건립된다. ─ 러시아는 독일제국의 건립과 함께 위기 상태에 들어선 저 가련한 유럽의 소국적(小國的) 정치나 신경쇠약과 정반대되는 개념이다. … 서구 전체는 제도들을 자라나게 하고 **미래를** 자라나게 하는 본능을 더 이상 갖고 있지 않다. 아마도 그것만큼 서구의 '현대적 정신'에 거슬리는 것도 없을 것이다. 사람들은 오늘을 위해 살고 있고, 아주 재빠르게 살고 있으며, 아주 무책임하게 살고 있다. 그리고 바로 이것을 '자유'라고 부르고 있다. 제도를 제도로 **만드는** 것은 경멸받고 증오되며 거부된다. '권위'라는 말을 듣기만 해도 사람들은 자신들이 새로운 노예 상태의 위험에 처해 있다고 믿는다. 우리의 정치가와 정당들은 가치 본능의 데카당스가 너무나 심해져서, 그들은 해체시키고 종말을 재촉하는 것을 **본능적으로 선호한다.** … 현대식 결혼이 그 증거다. 현대식 결혼에서는 모든 이성이 사라져버린 것이 분명하다. 그러나 이는 결혼이 잘못되었다는 것은 아니고 현대성이 잘못되었다는 것이다. 결혼이 이성적인 것이 될 수 있었던 것은 남성이 단독으로 법적인 책임을 떠맡기 때문이었다. 그럼으로써 결혼은 무게중심을 가질 수 있었다. 이에 반해 오늘날 결혼은 두 다리로 절뚝거리고 있다. 결혼이 이성적인 것이 될 수 있었던 것은 그것이 원칙적으로 해체될 수 없기 때문이다. 이와 함께 그것은 감정·열정과 순간의 우연에 대해 **자신을 주장할 수 있는** 강조점을 획득했던 것이다. 결혼이 이성적인 것이 될 수 있었던 것은 또한 배우자의 선택에 대해 가족이 책임을 지기 때문이었다. 그런데 **연애결혼**에 점점 관대해지면서 사람들은 결혼의 토대, 즉 결혼을 비로소 하나의 제도로 **정립하는** 요소를 제거해버렸다. 하나의 제도는 결코 어떤 개인들의 특이한 성질에 기초하지 않는다. 결혼은 성충동과 재산 소유에의 충동(아내와 자식은 재산이다) 그리고 **지배에의 충동**에 기초한다. 지배에의 충동은 이룩해놓은 권력·영향력·부를 생리적으로 유지하기 위해서 그리고 장기적인 과제를 준비하고 수세기에 걸치는 본능들 사이의 연대를 준비하기 위해서 끊임없이 최소 지배 형태인 가족을 조직하며 자식과 후계자들을 **필요로 한다**. 제도로서의 결혼은 가장 오랫동안 지속하는 최대의 조직 형태에 대한 긍정을 이미 자체 안에 포함하고 있다. 만일 사회 자체가 전체로서 가장 멀리 떨어져 있는 세대에 이르기까지 자기 자신에 대한 **보증**을 설 수 없다면, 결혼은 사실 아무런 의미도 갖지 못한다. — 현대식 결혼은 결혼의 의미를 **상실해버렸으며** 그 결과 그것은 폐지되고 있는 중이다.

노동문제. ― 노동문제가 존재한다는 바로 그 사실에 우매함이, 곧 오늘날의 모든 우매함의 원인인 본능의 타락이 존재한다. 어떤 특정한 것들에 대해서는 **문제를 제기를 하지 않는다는** 것, 이것이 본능의 첫 번째 명령이다. ― 사람들이 유럽의 노동자들을 하나의 문제로 만들어놓은 후, 이제 그들을 어떻게 하려는지 나는 도저히 알 수가 없다. 유럽의 노동자는 너무나 좋은 상태에 있어서, 점진적으로 더 많은 것을 그리고 더 뻔뻔스럽게 요구하고 있다. 그들은 결국 대다수를 자기편으로 갖고 있다. 여기서 겸손하고 자족적인 종류의 인간들, 중국인과 같은 유형의 인간들이 하나의 신분으로 형성될 가망은 완전히 사라져버렸다. 만약 그러한 신분이 형성되었다면, 그것이야말로 분별있는 일이었을 것이며 정말로 필요한 일이었을 것이다. 그런데 사람들은 무슨 짓을 했는가? ― 그런 일을 위한 전제조건들을 그 싹부터 파괴하기 위해 온갖 짓을 다 했다. ― 사람들은 책임있는 사려분별을 전혀 갖지 못했기 때문에, 노동자는 하나의 신분이 되었으며 **자기 자신이** 되는 데 필요한 본능들을 철저하게 파괴해버렸다. 노동자들이 군에 복무하는 것을 가능하게 했고 그들에게 단결권과 참정권을 부여했다. 노동자들이 오늘날 자신의 상태를 이미 극히 곤궁한 상태(도덕적으로 말하면 **불의의** 상태라고 할까)라고 느끼는 것도 이상한 일이 아니다. 그러나 다시 묻지만, 사람들은 무엇을 **원하**는가? 목표를 원한다면, 수단도 원하지 않으면 안 된다. 노예를 원한다면서 노예를 주인으로 교육한다면 바보가 아닐 수 없다.

내가 염두에 두고 있지 **않은** 자유.[186] — 오늘과 같은 시대에 자신의 본능들에 내맡겨져 있다는 것은 또 하나의 숙명적 불행이다. 이 본능들은 서로 모순되고 서로 방해하며 서로를 파괴하기 때문이다. 근대라는 것을 나는 이미 생리적인 자기모순으로 정의한 바 있다. 이성적으로 이루어지는 교육이라면, 이러한 본능체계들 가운데 적어도 하나가 냉혹한 압력을 받고 **무력해져서** 그 결과 다른 하나의 체계가 힘을 얻고 강해져 지배하게 되기를 원할 것이다. 오늘날에 개인의 존재가 가능할 수 있는 유일한 방법은 개인을 **잘라내서 다듬는**(beschneiden) 방법일 것이다. 이 경우 개인의 존재가 가능해진다는 것은 그 개인이 **전체적으로** 된다는 의미다. … 그러나 오늘날 일어나고 있는 일은 정반대의 것이다. 즉 **아무리 엄격한 고삐로도** 제어되지 않을 자들이 독립과 자유로운 발전과 방임을 가장 열렬히 요구하고 있는 것이다. — 정치에서도 그렇고, 예술에서도 마찬가지다. 이것은 데카당스의 한 징후다. '자유'라는 우리의 근대적 개념은 본능의 퇴화를 입증하는 또 하나의 증거다.

42

신앙이 필요한 곳. — 도덕가들과 성직자들 사이에서 정직함보다 드문 것은 없다. 이들은 아마도 이와는 정반대로 말할 것이며 또한 그렇게

---

186) Max von Schenken의 시 「내가 말하는 자유(Freiheit, die ich meine)」에 빗대어 말하고 있다.

믿을 것이다. **의식적인 위선**보다 신앙이 더 유익하고 효과적이며 설득력을 갖는다면, 위선은 본능적으로 즉시 **무구한 것**(Unschuld)이 되기 때문이다. 이것이 위대한 성자들을 이해하기 위한 첫 번째 명제다. 다른 종류의 성자인 철학자들의 경우에도 그들이 일정한 진리만을, 즉 그것으로 인해 그들의 작업이 **공적인 재가**(裁可)를 받을 수 있는 진리만을 — 칸트적으로 말해서 **실천이성의 진리만을** — 인정한다는 것을 그들의 작업 전체가 요구한다. 그들은 자신들이 무엇을 증명**해야만 하는지**를 알고 있으며 그 점에서 그들은 실천적이다. — 그들은 '진리'에 관해 서로 의견 일치를 보고 있기 때문에 서로를 알아본다. — '그대는 거짓말해서는 안 된다.' — 이것은 솔직하게 말하면 '친애하는 철학자여, 진리를 말하지 않도록 **조심하라**'이다.

43

보수주의자들의 귀에 대고 말한다. — 사람들이 이전에 알지 못했지만 오늘날은 알고 있고 알 수 있을 만한 것은 **역전**(逆轉), 어떤 의미에서건 그리고 어떤 정도에서건 [과거로의] 귀환은 전혀 불가능하다는 사실이다. 적어도 우리 생리학자들은 이러한 사실을 알고 있다. 그러나 모든 성직자와 도덕가는 그러한 역전과 귀환이 가능하다고 믿었다.[187] — 그들은 인류를 억지로 이전의 덕의 수준으로 되돌려보내고 **싶어 했다**. 도덕

---

187) 예를 들면 오늘날에도 성직자들이나 도덕가들이 젊은이들로 하여금 혼전순결을 서약하게 하는 것 등을 가리킨다.

은 항상 프로크루스테스의 침대[188]였다. 이 점에서는 정치가들조차 덕의 설교자들을 흉내내왔다.[189] 오늘날에도 모든 것이 게처럼 뒷걸음질 치기를 바라며 그것을 목표로 삼는 정당들이 있다. 그러나 아무도 마음대로 게가 될 수 없다. 별 도리가 없다. 앞으로 나아가야만 한다. 말하자면 데카당스 속에서 한 걸음 한 걸음 더 나아가야만 한다(이것이 현대식 '진보'에 대한 나의 정의다). 사람들은 이러한 전개를 저지할 수 있으며, 저지함으로써 퇴화 자체를 가로막아 고이게 만들어서 더욱 격렬하고 더욱 갑작스러운 것으로 만들 수는 있다. 그러나 그 이상은 할 수 없다.

44

나의 천재 개념. ― 위대한 인물들은 위대한 시대와 마찬가지로, 거대한 힘이 내부에 축적되어 있는 폭발물이다. 그들의 전제는 항상 역사적으로나 생리적으로 오랜 기간 그들에게로 힘이 모이고 축적되었으며 절약되었고 보존되어왔다는 것 그리고 오랫동안 폭발이 일어나지 않았다는 것이다. 이렇게 [힘이 폭발하지 않고 축적되기만 하면서] 긴장이 지나치게 커지면, 아주 우연한 자극만으로도 '천재', '[위대한] 행위', 위대한

---

188) 프로크루스테스(Procrustes)는 고대 그리스 신화에 나오는 자로 '늘이는 자' 또는 '두드려 펴는 자'를 의미한다. 나그네를 집에 초대한다고 데려와 침대에 눕힌 후, 그 사람의 키가 침대 길이보다 짧으면 다리를 잡아 늘이고 길면 잘라버렸다고 한다. 이 신화에서 '프로크루스테스의 침대'라는 말이 생겨났는데, 자기가 세운 일방적인 기준에 다른 사람들의 생각을 억지로 맞추려는 아집과 편견을 비유하는 말로 쓰인다.

189) 예를 들면 그리스도교 정당이 그리스도교적인 덕을 다시 회복하려 하는 것을 가리킨다.

운명을 세상에 불러낼 수 있다. 그렇다면 환경도, 시대도, '시대정신'도, '여론'도 [천재의 탄생과는] 아무런 관계도 없다! 나폴레옹의 경우를 살펴보자. 혁명기의 프랑스라면, 더욱이 혁명 전의 프랑스라면 나폴레옹과는 정반대의 유형을 자신으로부터 산출했을 것이다. 아니 실제로 그러한 유형을 산출했다. 그런데 나폴레옹은 **달랐다**. 프랑스에서 스러져가고 분열되고 있었던 문명보다 더 강할 뿐 아니라 더 길게 지속되었으며 더 오래된 문명의 계승자였기 때문에, 그는 그곳에서 지배자가 되었으며 그만이 그곳에서 지배자**였던** 것이다.[190] 위대한 인간이라는 것은 필연적이지만, 그들이 출현한 시대는 우연한 것이다. 위대한 인간들이 거의 항상 자신이 출현한 시대의 지배자가 되는 것은 오직 시대**보다** 그들이 강하며 더 오래되었고 그들을 향해 더 오랫동안 힘이 축적되었기 때문이다. 천재와 그의 시대 사이에는 강함과 약함, 혹은 늙음과 젊음의 관계가 성립한다. 시대 쪽이 상대적으로 항상 천재보다 더 젊고, 더 얕고, 더 미숙하고, 더 불안정하고, 더 유치하다. 이 점에 대해 프랑스인들이 오늘날 **크게 다르게** 생각하고 있다는 것(독일인들도 마찬가지다. 그러나 이는 중요하지 않다), 프랑스에서는 정녕 신경증 환자의 이론이라고 할 만한 환경이론이 신성시되고 있고 거의 과학적이라고까지 간주되고 있으며, 생리학

---

190) 나폴레옹이 고대 그리스·로마 문명과 르네상스를 계승했다는 의미다. 이와 관련해 니체는 『즐거운 학문』 362절에서 이렇게 말하고 있다. "근대적 이념과 문명을 자신의 적으로 여겼던 나폴레옹은 이러한 적의를 통해서 자신이 르네상스의 가장 훌륭한 계승자 가운데 하나라는 사실을 입증했다. 그는 고대적 본질의 전체, 아마도 그것의 가장 결정적인 것, 화강암 조각 같은 것을 다시 불러일으켰다."

자들 사이에서도 신뢰를 얻고 있다는 것, 이것은 '좋지 않은 냄새를 풍기며'[191] 슬픈 생각마저 들게 만든다.[192] — 영국인들의 생각도 다르지 않지만, 이 점에 대해서는 누구도 우울하게 생각하지는 않을 것이다. 영국인에게는 천재나 '위대한 인간'을 수용하는 데 오직 두 가지 길만이 열려 있다. 버클[193] 식으로 **민주주의적으로**든가 아니면 칼라일 식으로 **종교적으로**든가.[194] 위대한 인물이나 시대에 존재하는 **위험**은 특별하다. 온갖 종류의 탈진과 불모(不毛)가 그들을 뒤따른다. 위대한 인간이란 하나의 종점인 것이다.[195] 위대한 시대, 예를 들어 르네상스는 하나의 종점이다. 천재란 — 업적이나 행위에서 — 필연적으로 낭비하는 자다. **자신을 다 내준다**는 것에 그의 위대성이 있다. … 자기보존의 본능은 이를테면 그 활동이 중지되어 있다. … 내부로부터 솟아나는 힘들의 압도적인 압력이

---

191) 천민의 냄새를 풍긴다는 의미다.

192) 프랑스의 실증주의자인 오귀스트 콩트(Auguste Comte)와 이폴리트 텐(Hyppolyte Taine), 에밀 졸라 등은 사람들의 성격을 형성하는 데 환경이 결정적인 역할을 한다고 보았다.

193) 헨리 토머스 버클(Henry Thomas Buckle, 1821~1862)은 기후, 토지, 식물 등의 자연조건을 문화 발달의 중요한 요인으로 생각했던 문명사가다. 여기서 니체는 무엇보다 '위대한 인간이나 천재의 본질은 대중을 움직이는 힘, 즉 대중에 미치는 작용에 있다'라는 버클의 견해를 염두에 두고 있다. 버클의 견해에 반대하면서 니체는 위대한 인간의 본질은 '대중과 다르다'는 데, '대중과 위계를 달리 한다'는 데 있다고 본다.

194) 칼라일은 그의 『영웅숭배론』에서 마호메트나 루터 그리고 크롬웰 등에서 보이는 것과 같은 '종교적 사명에 대한 확신과 결합된 힘'을 숭배하고 있다.

195) 여기서 우리는 니체가 역사가 진보한다고 보는 진보사관에 반대하고 있음을 알 수 있다.

그에게 자신을 신중하게 보호하는 것을 금하는 것이다. 사람들은 그것을 '희생적 행위'라고 부른다. 사람들은 이 점에서 그의 '영웅성'과 자신의 안위에 대한 무관심, 어떤 이념이나 어떤 대의 혹은 조국을 위한 그의 헌신을 찬양한다. 그러나 그 모든 것은 다 오해다. … 그는 다만 내부로부터 솟아나고 넘쳐흐르며 자신을 탕진하고 자신을 아끼지 않는다. 그는 필연적으로, 숙명적으로 그렇게 할 수밖에 없으며, 강물이 강둑을 넘어서 흐르듯이 아무런 생각 없이 그렇게 하는 것이다. 그런데 사람들은 그렇게 폭발적인 인간들로부터 많은 덕을 입고 있기 때문에, 그 보답으로 많은 것을 선사했다. 이를테면 일종의 보다 높은 도덕과 같은 것을.[196] … 이것이야말로 바로 감사를 표하는 인간적인 방식이다.[197] 즉 그것은 은인을 오해하는 것이다.

45

범죄자 그리고 그와 근친관계에 있는 것. ― 범죄자 유형이라는 것, 이것은 불리한 조건 아래 처해 있는 강한 인간의 유형, 즉 병이 들어버린 강한 인간이다. 그에게 결여되어 있는 것은 야성(野性)이다. 야성이란 어떤 종류의 보다 자유롭고 보다 위험한 본성과 존재형식이다. 이러한 본성

---

196) 천재들이 '민족이나 인류에 대한 사랑 때문에 자신을 희생했다'라는 식으로 그들의 행위를 도덕적으로 미화한다는 의미다.

197) 여기서 '인간적인' 방식이란 '초인적인' 방식의 반대라고 할 수 있다. 천재의 행위를 도덕적인 행위로 오해하면서 찬탄하는 것은 천재를 이해하지 못하는 범용한 인간들이 천재에게 감사를 표하는 방식이라는 뜻이다.

과 존재형식에서는 강한 인간의 본능에서 공격무기와 방어무기가 되는 모든 것이 자신의 힘을 제대로 발휘할 수 있다. 그러한 본성과 존재형식이 결여되어 있기 때문에 강한 인간의 미덕은 사회로부터 배척되었으며, 그가 지녔던 가장 생기발랄한 충동들은 시의(猜疑)·공포·치욕과 같은 억압적인 정념들과 곧 뒤섞이게 된다. 그러나 이것이야말로 생리적인 퇴화를 촉진하는 처방이다. 가장잘 할 수 있는 일, 가장 좋아하는 일을 은밀히 해야만 하는 사람, 그런 일들을 장기간에 걸쳐 긴장에 차서 조심스럽고 교활하게 해야만 하는 사람은 빈혈증에 걸리게 되는 것이다. 그리고 그가 자신의 본능으로 인해 얻는 것은 위험·박해·재앙뿐이기 때문에, 그의 감정조차도 그러한 본능들에 대해 등을 돌리게 된다. 그는 그러한 본능들을 치명적인 것으로 느끼게 되는 것이다. 자연스럽게 성장한 인간, 즉 산으로부터 혹은 바다의 모험으로부터 나온 인간이 필연적으로 범죄자로 퇴화하게 되는 곳은 사회, 우리들의 길들여지고 범용하고 거세된 사회다. 필연적이라고 말했지만, 거의 필연적이라고 말하는 것이 좋을지도 모르겠다. 왜냐하면 그러한 인간은 사회보다 더 강하다는 것이 입증되는 경우가 있기 때문이다. 코르시카인인 나폴레옹이 가장 유명한 경우다. 여기서 제기되고 있는 문제에 대해서는 도스토예프스키의 증언[198]이 중요하다. 말이 나온 김에 말하는 것이지만, 도스토예프스키야말로 내가 무언가 배울 것이 있었던 유일한 심리학자였다. 그를 알게 된 것은

---

198) 도스토예프스키의 『죽음의 집의 기록』을 가리킨다. 이 책에서 도스토예프스키는 시베리아 유형 당시 접했던 동료 포로들을 관찰한 내용을 기록하고 있다.

내 생애 가장 아름다운 행운 가운데 하나다. 그것은 스탕달을 발견한 것보다 더 아름다운 행운이었다. 이 **심오한** 인간은 피상적인 독일인을 경멸할 권리를 10배나 갖고 있거니와, 오랜 기간 함께 지낸 시베리아의 죄수들, 다시 말해 이제는 사회로 복귀가 불가능하게 된 중범죄자들이 자신이 기대했던 것과는 매우 다르다는 사실을 발견했다. ― 그는 그들이 러시아의 대지에서 자라나는 가장 좋고 가장 강하고 가장 가치 있는 목재로 만들어진 인간들이라는 사실을 발견했다. 범죄자의 경우를 일반화해보자. 즉 어떤 이유로든 공중의 승인을 얻지 못했으며 [자신이] 세상으로부터 유용하고 유익한 존재로 여겨지지 않고 있다는 사실을 아는 사람들의 감정, 자신이 동등한 인간으로 간주되지 않을 뿐 아니라 무가치하며 더럽히는 존재로 간주되어 배척당하고 있다고 생각하는 저 찬달라적인 감정을 생각해보자. 그런 사람들의 생각과 행동은 지하적인 색채를 띤다. 그들에게 모든 사물은 햇빛을 받고 사는 사람들의 경우보다 창백하게 된다. 그러나 우리가 오늘날 특별한 것으로 여기는 거의 모든 생활형식, 예를 들면 과학자·예술가·천재·자유정신·배우·상인·위대한 발견자는 그 전에는 이렇게 반쯤은 무덤 속 같은 분위기에서 살았다. … **사제**가 최고의 유형으로 여겨졌기 때문에 **모든** 유형의 가치 있는 인간은 가치를 박탈당했던 것이다. 내가 약속하지만 ― 사제가 **최하의** 인간으로서, **우리의** 찬달라로서, 가장 기만적이고 가장 비천한 종류의 인간으로 여겨질 시대가 오고 있다. … 내가 주목하는 것은, 일찍이 있었던 관습 가운데 가장 유화적인 관습이 지상을, 적어도 유럽을 지배하고 있는 오늘날과 같은 상황에서도 여전히 소외되어 있고 오랫동안 너무나 오랫동안 밑바닥 신세로 있는 상태가 이례적이고 불투명한 모든 존재형식을 범죄자에 의해 완성되는 저 유형에 가깝게 만든다는 사실이다. 정신을 혁신시켰던 모든 사람은 한동안은 찬달라라는 저 창백한 숙명적 낙인을 자신의 이마에 찍고 다닌다. 그들이 세상 사람들에게 그렇게 느껴지기 때문이 아니라 그들 자신이 옛날부터 내려오고 존중을 받아온 모든 것으로부터 그들을 갈라놓는 가공할 간극을 느끼기 때문이다. 거의 모든 천재는 자기발전의 한 단계로서 '카틸리나적인 존재'[199]를, 즉 이미 존재하고 있고 더 이상 생성하지 않는 모든 것에 대한 증오와 복수 그리고 반역의 감정을 잘 알고 있다. 카틸리나 — 모든 카이사르의 선행형식.[200]

46

여기에서는 전망이 자유롭다.[201] — 철학자가 침묵한다면 그것은 그의 영혼이 드높기 때문일 수 있다. 철학자가 모순된 말을 한다면, 그것은 사랑 때문일 수 있다. 인식하는 자가 거짓말을 한다면 그것은 예의 때문일 수 있다. "자신이 느끼는 불안이나 고뇌를 토로하는 것은 위대한 영혼에는 어울리지 않는 일이다"라는 말이 있는데, 섬세한 말이기는 하다.

---

199) Lucius Sergius Catilina(B.C. 108?~B.C. 62)는 로마 공화정 말기의 야심적 음모가로서 원로원에 대항하여 반란을 일으켰지만 키케로의 탄핵을 받고 실패했다. 원로원에 대한 그의 입장은 카이사르의 입장과 유사하지만 원로원에 대항하는 방식은 서로 크게 달랐다.

200) 여기서 카이사르는 역사적인 특정한 인물로서의 카이사르를 가리킨다기보다는 가장 풍요롭고 독립적인 인간 일반에 대한 상징으로 쓰였다고 할 수 있다.

201) *Faust II*, V. 11189f에서 인용.

다만 그것에 다음과 같은 말을 덧붙여야만 할 것이다. 즉 가장 **무가치한** 것 **때문에** 걱정하지 않는 것도 똑같이 영혼의 위대함일 수 있다는 것이다. 사랑하는 여인은 자신의 명예를 희생한다. '사랑하는' 인식자는 아마도 자신의 인간성을 희생한다. 사랑했던 신은 유대인이 되었다.[202)]

47

아름다움은 우연이 아니다. — 어떤 종족이나 어떤 가족이 갖는 아름다움, 그들의 모든 품행에서의 우아함과 자애로움 역시 습득된 것이다. 천재와 마찬가지로 아름다움은 여러 세대에 걸쳐 축적된 작업의 최종산물이다. 훌륭한 취미를 위해 사람들은 큰 희생을 치렀음이 틀림없으며, 그것을 위해 많은 것을 행하고 많은 것을 포기했음이 틀림없다. — 17세기의 프랑스는 이 두 가지 점에서 찬탄할 만하다. — 17세기에는 사교·주거·의상·성적인 만족을 위한 선택의 원리가 존재했음이 틀림없으며, 이익·습관·의견·나태보다는 아름다움을 택했을 것임에 틀림없다. 최고의 지침은 혼자 있을 때에도 '자신을 멋대로 두어서는' 안 된다는 것이다. 훌륭한 사물이란 엄청나게 비용이 드는 것이다. 그리고 훌륭한 것을 소유한 자는 그것을 **획득하는** 자와는 다르다는 법칙은 항상 타당하다. 모든 훌륭한 것은 상속된 것이다. 상속되지 않은 것은 불완전하며 시작에 불과한 것이다. … 키케로 시대의 아테네에서는 성인 남성들과 청년들이 아름다움 면에서 여자들을 훨씬 능가했다. 키케로도 이 점에 대해

---

202) 신이 인간을 사랑하여 예수라는 유대인으로 태어났다는 것이다.

놀라움을 나타냈다. 그러나 아테네의 남성들은 아름다워지기 위해 수세기에 걸쳐서 얼마나 애쓰고 노력했던가! 내가 말하고 싶은 것은 이 점과 관련하여 방법론을 잘못 파악해서는 안 된다는 점이다. 단순히 감정과 사상을 훈련하는 것은 아무런 효과도 없다(바로 여기에 독일 교육의 커다란 오해가 존재한다. 독일 교육은 크게 착각하고 있다). 가장 먼저 설득시켜야 하는 것은 바로 **신체**다. 중요하고 선택된 품행을 엄격하게 견지하는 것, '자신을 되는대로 방치하지' 않는 사람들 사이에서만 살아야 한다는 의무를 지키는 것, 이것들만으로 중요하고 선택된 인물이 되기에 완전히 충분하다. 이런 식으로 두세 세대만 지나면 모든 것이 이미 **내면화**되어버린다. 민족과 인류의 운명과 관련하여 결정적인 것은 도야[Cultur(문화)]를 **올바른** 장소에서 시작하는 것이다. (사제들과 절반쯤 사제인 자들[203]의 숙명적인 미신이 그랬던 것처럼) '영혼'에서 시작해서는 안 된다. 올바른 장소는 신체 · 품행 · 섭생법 · 생리학이며, **나머지는** 그것으로부터 저절로 따라 나오는 것이다. … 이 때문에 그리스인들은 역사상 **최고의 문화적 사건**으로 남아 있다. — 그들은 필요한 것이 무엇인지를 알고 있었고 그 것을 **실행했다**.[204] 신체를 경멸했던 그리스도교는 이제까지 인류 최대의 불행이었다.

---

203) 절반쯤 사제인 자들이란 플라톤이나 칸트 그리고 독일관념론 철학자들과 같은 이상주의 철학자들을 가리킨다고 볼 수 있다.

204) 니체는 『반시대적 고찰』에서 근대인들이 머릿속에 많은 교양을 갖고 있지만 그러한 교양이 철저하게 내면화되어 품행으로 나타나지는 않고 있다고 말하고 있다. 이와 관련하여 니체는 그리스인들이 어떻게 걷고 말했는지를 학생들이 배우고 실행해 보아야만 한다고 말하고 있다.

48

내가 의미하는 진보. — 나도 또한 '자연으로 돌아가라'라고 말하지만, 그 경우 나는 실은 돌아가라고 말하는 것이 아니라 **상승하라**고 말하고 있다. — 즉 드높고 자유로우며 심지어는 두렵기까지 한 자연과 자연성으로. 큰 과제와 유희하며 유희하는 것이 **허락되어 있는** 자연과 자연성으로 상승하라고. … 비유를 들어 말해보자면, 나폴레옹은 내가 이해하는 의미에서 '자연으로 돌아간 자'였다(예를 들어 책략 면에서, 또 군인들이 알다시피 전략적인 면에서는 더욱 그렇다). 그런데 루소 — 그는 정녕 어디로 돌아가고 싶어 했는가? 루소, 이 최초의 근대적 인간, 이상주의와 천민이 함께 깃들어 있는 인물, 자신의 외관(Aspek)을 그럴듯하게 유지하기 위해 도덕적 '위엄'을 필요로 했던 인물, 고삐 풀린 허영심과 고삐 풀린 자기경멸에 병든 자. 새로운 시대의 문턱에 드러누웠던 이 기형아조차도 자연으로의 복귀를 원했다. — 나는 프랑스혁명**과 관련해서도** 루소를 증오한다. 그 혁명은 이상주의와 천민이라는 루소 식 이중성의 세계사적 표현이기 때문이다. 이 혁명에 의해 연출된 잔인한 익살극, 그것의 '비도덕성'은 나에게는 아무래도 좋은 것에 지나지 않는다. 내가 증오하는 것은 그 혁명을 규정하고 있는 루소 식의 **도덕**이며, 아직도 여전히 영향력을 행사하면서 온갖 천박하고 범용한 것들을 설득하는 이른바 혁명의 '진리'다. 만민평등설이라니! … 이것보다 더 유해한 독은 결코 존재하지 않는다. 왜냐하면 평등이란 정의의 **종말**이면서도 정의 자체에 의해 설(說)해진 것처럼 보이기 때문이다. "동등한 자들에게는 평등을, 동등하지 않은 자들에게는 불평등을. — **이것이야말로** 참된 정의의 말이라고 할 수 있을 것이다. 그리고 이로부터 따라 나오는 것은 동등하지 않은 자들을 결코 평등시하지 말라는 것이다." 저 만민평등설을 둘러싸고 그처럼 끔찍하고 살벌한 사건들이 일어났다는 것은 이 특별한 '근대적 이념'에 일종의 영광과 불빛을 부여했으며, 그 결과 혁명은 하나의 연극으로서 가장 고귀한 정신조차도 유혹했던 것이다. 그렇다고 해서 이것이 혁명에 조금이라도 더 경의를 표할 근거는 못 된다. 혁명을 그것이 의당 체험되어야 했던 바대로 체험했던 사람, 즉 구토를 느끼면서 체험했던 사람은 내가 보기에는 단 한 사람뿐이었다. 그 사람은 괴테였다.

49

괴테. ─ 독일적인 사건이 아니라 유럽적인 사건. 자연으로 회귀함으로써, 즉 르네상스 시대의 자연성으로 상승함으로써 18세기를 극복하려는 위대한 시도이자 18세기의 시각으로 볼 때는 일종의 자기극복. ─ 그는 자신 안에 18세기의 가장 강한 본능들, 즉 감수성, 자연숭배, 반역사적인 것, 이상주의적인 것, 비현실적이고 혁명적인 것을(혁명적인 것은 비현실적인 것의 한 형식일 뿐이다) 지니고 있었다. 그는 역사·자연과학·고대 또한 스피노자[205]의 도움을 받았으며, 무엇보다 실천적 활동이 그에게 도움이 되었다. 그는 자신을 완전히 완결된 지평들로 둘러쌌다. 그는 자신을 삶으로부터 분리하지 않고 그 안으로 진입했다. 그는 어떤 것도 겁

---

205) 괴테는 "스피노자의 정신이 자신의 정신보다 더 깊고 순수하지만 스피노자에 매우 가깝다고 느낀다"라고 말했으며 경우에 따라서는 스피노자를 '성자'라고 불렀다. Sommer, 위의 책, 553쪽 참조.

내지 않고 가능한 많은 것을 자신에게, 자신의 위에, 자신의 내부에 받아들였다. 그가 원했던 것은 **전체성**이었다. 그는 이성 · 감성 · 감정 · 의지의 분리와 맞서 싸웠다(이러한 분리는 괴테와 정반대인 **칸트**가 더할 나위 없이 끔찍하게 현학적으로 설교했다). 그는 자신을 전체성으로 단련시켰으며 자기 자신을 **창조해냈다.** 괴테는 비현실적인 성향을 가지고 있던 시대의 한가운데에서 확신으로 가득 찬 현실주의자였다. 그는 이 점에서 자신과 관련된 모든 것을 긍정했다. — 그에게는 나폴레옹이라는 최고로 실재적인 존재(ens realissimum)[206]보다 더 큰 체험은 없었다. 괴테가 마음속에 그린 것은 강하고 교양이 높은 인간이었다. 이 인간은 신체적으로 능수능란하며 자신을 통제하고 존중하면서 자연성의 모든 범위와 풍요로움을 자신에게 과감하게 허용하는 인간, 이런 자유를 누릴 수 있을 만큼 충분히 강한 인간, 평균적인 인간에게는 파멸을 가져올 것을 자신에게 이롭게 이용하는 법을 알고 있기 때문에 약함이 아니라 강함에서 비롯되는 너그러움을 가진 인간, **약함** — 이것이 악덕이라고 불리든 미덕이라고 불리든 — 을 제외하고서는 그 어떤 것도 금지되어 있지 않은 인간이다. …이렇게 **자유롭게** 된 정신은 오직 개별적인 것만이 비난받을 수 있으며 모든 것은 전체성 속에서 구원받고 긍정된다고 **믿으면서** 기뻐하고 신뢰하는 운명론과 함께 우주의 한가운데에 서 있다. — **그는 더 이상 부정하지 않는다.** … 그러나 이런 믿음은 인간이 가질 수 있는 믿음 가운데 최고의

---

206) 중세 스콜라 철학에서는 신을 '가장 실재적인 존재(ens realissimum)'라고 불렀다. 신은 아름다움과 선, 진리와 같이 함께 존립 가능한 모든 실재성이 최고도로 내재하는 존재라는 의미다.

믿음이다. 나는 그 믿음에 디오니소스라는 이름을 주었다.

50

어떤 의미에서는 19세기도 괴테가 개인으로서 추구했던 모든 것, 즉 이해와 긍정에서의 보편성, 모든 것을 자신에게 다가오게 하는 것, 대담한 현실주의, 사실적인 모든 것에 대한 존중을 추구했다고 말할 수 있을 것이다. 그런데 전체적인 결과를 보면 괴테와 같은 인물이 아니고 하나의 혼돈, 허무주의적인 탄식, 어디서 와서 어디로 갈지 모르고 갈피를 못 잡는 모습, 실질적으로는 끊임없이 18세기로 되돌아가려는 피로한 본능으로 나타나게 된 것은 무엇 때문인가?(예를 들면 감정의 낭만주의로서, 이타주의와 과도한 감상성으로서, 취향 면에서는 여성주의로서, 정치면에서는 사회주의로서의 18세기로 말이다.) 19세기는 특히 그것이 끝나갈 무렵에는 강화되고 거칠어진 18세기, 즉 데카당스의 세기에 지나지 않는가? 그래서 괴테는 독일뿐 아니라 유럽 전체에 대해 단순한 우발적 사건이자 아름다운 헛수고에 지나지 않는 것이 아닐까? — 그러나 위대한 인물들을 공공의 이익이라는 시시한 관점으로부터 보면 그들을 오해하게 된다. 그들에게서 어떠한 이익도 끌어낼 수 없다는 **사실이야말로** 아마도 위대성에 속하는 것일 것이다.

51

괴테는 내가 경외하는 최후의 독일인이다. 그는 내가 느끼고 있는 세 가지 것을 느꼈을 것이다. — 우리는 '십자가'에 대해서도 동일한 견해를 가지고 있다.[207] … 나는 종종, 왜 굳이 **독일어로** 쓰느냐는 질문을 받는다. 왜냐하면 내 글이 내 조국에서보다 잘못 읽히는 곳은 없기 때문이다. 그러나 나는 내 글이 오늘날 읽혀지기를 **바라지도** 않는다. — 시간의 이빨을 견뎌내는 것들을 창조하는 것. 형식과 **내용에서** 하나의 작은 불멸성을 추구하는 것. — 나는 나 자신에게 그 이하의 것을 요구할 정도로 겸손해본 적은 한 번도 없었다. 나는 아포리즘과 잠언을 쓰는 것과 관련해서는 독일인 가운데 최초의 대가다. 이러한 아포리즘과 잠언은 '영원성'의 형식이다. 나의 야심은 다른 사람들이 한 권의 책으로 말하는 것을, — 혹은 다른 사람들이 한 권의 책으로도 말하지 **못하는** 것을 — 열 개의 문장으로 말하는 것이다.

나는 인류에게 그들이 소유하고 있는 책들 중에서 가장 심오한 책인 『차라투스트라는 이렇게 말했다』를 주었다. 나는 머지않아 인류에게 가장 독립적인 책[208]을 선사할 것이다.

---

207) 괴테는 「베네치아의 경구」에서 자기가 도저히 참을 수 없는 네 가지 중 하나가 십자가라고 말하고 있다. 나머지 세 가지는 마늘, 담배연기, 빈대다.
208) 니체가 말년에 계획하고 있던 책인 『모든 가치의 재평가』나 『안티크리스트』를 가리킨다고 할 수 있다. 이 책의 역주 8번을 참고할 것.

내가 옛 사람들에게 빚지고 있는 것

1

마지막으로 내가 지금까지 접근할 수 있는 길을 찾아왔고 새로운 길을 아마도 발견했다고 생각되는 저 세계, 즉 고대세계에 대해 한마디 하고 싶다. 내 취향은 모든 것을 너그럽게 받아들이는 것과는 정반대이지만, 고대의 세계와 관련해서도 모든 것을 긍정하는 것과는 거리가 멀다. 긍정보다는 부정하는 쪽이 대체로 내 취향과 맞으며 아무 말도 하지 않는 것이 내 취향에는 가장 맞다. … 모든 문화와 책들의 경우에도 마찬가지다. — 장소와 풍경에 대해서도 그렇다. 결국 내 생애에서 고려할 만한 가치가 있는 책들은 극히 소수의 고서뿐이다. 가장 유명한 책들은 그것에 포함되어 있지 않다. 문체에 대한 나의 감각, 문체로서의 잠언시(Epigramm)는 살루스티우스(Sallust)[209]와 접했을 때 거의 순간적으로 일깨워졌다. 나의 존경하는 스승 코르센 선생[210]이 그동안 라틴어를 가장 못했던 학생에게 최고점을 줄 수밖에 없었을 때 그분이 보였던 놀라움을 나는 잊은 적이 없다. — 나는 단번에 모든 것을 해내고 만 것이다. 간결하면서도 엄밀하고 가능한 한 많은 내실을 근저에 포함하고 있으며, '미

---

[209] Gaius Sallutius Crispus는 기원전 68~34년경의 로마의 역사가이자 정치가이며, 『역사』『카틸리나 전쟁기(*Bellum Catilinarium*)』『유구르타 전쟁기(*Bellum Jugurthinum*)』를 남겼다. 서술은 간결·우아했고 사태의 핵심을 잘 찌르고 있으며, 투키디데스의 스타일을 본받고 있다.

[210] Paul Wilhelm Corssen(1820~1875)은 포르타 김나지움 시절 니체의 담임선생이었으며 라틴어 학자였다.

사여구'와 '아름다운 감정'을 차갑게 적대시하는 것. — 이것에서 나는 나 자신을 발견했다. 사람들은 **로마적인 문체**, 즉 문체에서 '청동보다도 영원한 것(aere perennius)'[211]을 추구하는 매우 진지한 야심을 『차라투스트라는 이렇게 말했다』에 이르는 나의 글들에서 발견할 수 있을 것이다. 호라티우스와 처음으로 접했을 때도 나는 같은 경험을 했다. 오늘날까지 나는 호라티우스의 송가에서 내가 처음으로 느꼈던 것과 같은 예술적인 황홀경을 다른 어떠한 시인으로부터도 맛보지 못했다. 호라티우스의 송가에서 달성되고 있는 것은 어떤 종류의 언어들에서는 **바랄 수조차** 없다. 낱말들의 이러한 모자이크, 거기서는 낱말 하나하나가 소리로서, 장소로서, 개념으로서, 좌우로 그리고 전체 위로 자신의 힘을 분출하고 있다. 기호들의 범위와 수가 이렇게 최소한에 그치면서도 그것들이 실현하려고 하는 기호의 에너지를 이렇게 최대한에 이르기까지 실현하고 있다는 것. — 이 모든 것이 로마적인 것이다. 사람들이 내 말을 믿을 의향이 있다면, 그 모든 것은 뛰어나게 **고귀한** 것이다. 이에 반해 호라티우스 이외의 시문학은 너무나 통속적이며 감정을 수다스럽게 노출하고 있다.

2

그리스인에게서 나는 위에서 말한 것과 유사한 인상을 받은 적이 한 번도 없다. 그리고 솔직히 말하자면, 그리스인은 우리에게 로마인이 가

---

211) Quintus Horatius Flaccus(B.C. 65~B.C. 8), 『카르미나(*Carmina*)』 III, 30, 1. "Exegi monumentum aere perennius / regalique situ pyramidum altius(나는 청동보다 오래 가고 피라미드의 왕좌보다도 더 높은 기념비를 세웠다)."

질 수 있는 의미와 동일한 의미를 가질 수 없다. 그리스인에게서는 배울 것이 없다. — 그리스인의 양식은 너무 낯설고 또한 너무 유동적이어서 우리에게 명령하는 식으로, 곧 '고전적으로' 작용하지 못한다. 일찍이 누가 글 쓰는 법을 그리스인에게서 배울 수 있었겠는가! 로마인이 없었더라면 일찍이 누가 글 쓰는 법을 배울 수 있었겠는가! … 플라톤을 거론하면서 나에게 이의를 제기할 생각은 하지 말라. 플라톤에 대해 나는 철저한 회의를 품고 있으며, 학자들 사이에서는 **예술가로서의** 플라톤을 찬미하는 것이 관례가 되고 있지만 나는 거기에 동참할 수 없다. 이 점과 관련해 나는 고대인 가운데 가장 세련된 취미 판정자들을 내 편으로 갖고 있다. 플라톤은 내가 보기에는 모든 형식의 문체를 뒤섞고 있다. 즉 그는 문체 면에서 **최초의** 데카당이다. 그는 『메니포스의 풍자(*satura Menippea*)』[212]를 만들어냈던 견유학파와 유사한 것을 만든 데 대한 책임이 있다. 플라톤의 대화록이라는 이 끔찍할 정도로 자기만족적이고 유치한 변증법은 퐁트넬[213]처럼 훌륭한 프랑스인들의 글을 결코 읽지 않은

---

212) 견유학파에 속하는 메니포스(Menippos von Gadara, B.C. 3세기)가 쓴 글로 산문과 운문을 뒤섞어 쓴 잡록(雜錄). 해학적인 문체로 여러 윤리적 문제를 논하고 있으며 당시의 세상을 풍자하고 있다. 여기서 니체가 말하는 것과 동일한 내용이 니체의 처녀작인 『비극의 탄생』에도 나온다. "플라톤의 대화편은 기존의 모든 형식과 문체를 혼합함으로써 형성되었기 때문에 이야기, 서정시, 연극 사이에서, 산문과 운문 사이에서 부유(浮游)하고 있으며 통일된 언어형식이라는 이전의 엄격한 법칙을 깨뜨리고 있다. 이러한 방향에서 더 나간 사람들이 견유학파의 작가들이었다." (『비극의 탄생』, 박찬국 옮김, 아카넷, 2013년, 180쪽 이하.)

213) Bernard Le Bovier de Fontenelles(1657~1757). 프랑스의 문필가이자 사상가. 극작가인 코르네유 형제의 조카로 처음에는 시, 오페라, 비극 등 문학작품을 썼다가

사람들에게만 매력적으로 작용할 수 있다. 플라톤은 지루하다. 결국 플라톤에 대한 나의 불신은 깊은 곳에까지 이르고 있다. 내가 보기에 그는 그리스인이 갖는 모든 근본 본능에서 크게 일탈해 있으며, 도덕에 너무 감염되어 있고, 너무나도 그리스도교를 선취(先取)하고 있어서 — 그는 이미 '선'이란 개념을 최고의 개념으로 만들고 있다 — 플라톤이라는 현상 전체에 대해 나는 어떤 다른 말보다 차라리 '고등 사기'라는 혹독한 말을 사용하고 싶다. 또는 사람들이 원한다면 '이상주의'라는 말을 사용하고 싶다. 이 아테네인이 이집트인들 사이에서(아니면 이집트의 유대인들 사이에서였던가?) 배웠기 때문에 우리는 비싼 대가를 치렀다. 그리스도교라는 숙명적인 큰 불행에서 플라톤은 '이상'이라고 불리던 애매하고도 매혹적인 존재였다. 플라톤은 고대의 보다 고귀한 천성을 소유했던 자들로 하여금 자신에 대한 오해에 빠지게 하고, '십자가'로 통하는 다리에 발을 들여놓게 한 존재였다. … 그리고 '교회'라는 개념, 교회의 구조와 조직과 관습에 플라톤이 아직도 얼마나 많이 깃들어 있는지! 그 모든 플라톤주의로부터 나를 회복시키고 치료한 것은 항상 **투키디데스**였다. 그 때문에 나는 투키디데스를 선호하게 되었다. 투키디데스 그리고 마키아벨리의 『군주론』이 나와 가장 많은 근친성을 갖는 것은 그들이 자신을

나중에 뉴턴의 천문학과 우주론 등의 과학사상을 우아한 문체로 풀어쓰는 책들로 성공을 거두었다. 니체는 『인간적인 너무나 인간적인』 II, 「방랑자와 그의 그림자」 24절에서 5명의 프랑스인, 즉 퐁트넬 · 몽테뉴 · 라로슈푸코 · 라 브뤼에르 · 보브나르 · 샹포르에 대해 이렇게 말하고 있다. "어떤 다른 민족의 그와 비슷한 그룹보다 이들을 읽을 때 우리는 더 고대에 가까워진다. 그들의 책은 독일 철학자들의 책을 다 합친 것보다도 더 많은 현실적 관념을 포함하고 있다."

기만하지 않고 현실 속에서 이성을 보려고 하는 무조건적인 의지를 지녔기 때문이다. 그들은 이성을 '이성' 속에서 찾으려고 하지 않으며 더군다나 '도덕' 속에서는 더욱 찾으려고 하지 않는다. '고전 교육을 받은' 청년이 중등학교 식 훈련을 받은 결과 저지르는 작태, 곧 그리스인을 이상이라는 물감으로 미화하는 저 통탄스러운 작태를 철저하게 치유하는 것은 투키디데스다. 우리는 그의 글을 한 줄 한 줄씩 들춰보면서 그의 말뿐 아니라 그의 숨은 생각까지도 분명하게 읽어내야만 한다. 숨은 생각이 그렇게 풍부한 사상가도 거의 없다. 투키디데스에서는 소피스트의 문화, 이를테면 현실주의 문화가 완성된 표현을 얻고 있다. 그것이야말로 소크라테스학파가 사방팔방으로 벌이기 시작했던 도덕과 이상의 사기 행각의 와중에서 일어났던 귀중한 운동이었다. 그리스철학은 그리스적 본능의 데카당스였다. 투키디데스는 고대 그리스인의 본능에 존재했던 강력하면서도 엄격하고 냉혹한 사실성의 총화였으며 마지막 계시였다. 현실에 대한 용기가 궁극적으로 투키디데스와 플라톤 같은 천성을 구별 짓는다. 플라톤은 현실에 대해서 비겁했다. — 그래서 그는 이상으로 도망치고 만다. 투키디데스는 자신을 지배하고 있다. 따라서 그는 사물도 지배하고 있다.

3

그리스인에게서 '아름다운 영혼'과 '황금의 중용'[214] 그리고 그 외의 완

---

214) '황금의 중용'이란 말은 아리스토텔레스의 『니코마코스 윤리학』에 나오는 중용이론

전성의 냄새를 맡아내는 것, 예를 들어 그들의 조용한 위대성, 이상적인 지조, 고귀한 단순성[215]을 찬미하는 것. — 결국 독일적인 어리석음에 지나지 않는 이런 '고귀한 단순성'에 내가 빠지지 않은 것은 나의 심리학자적 기질 때문이었다. 나는 그리스인의 가장 강렬한 본능인 힘에의 의지를 보았으며, 그들이 이러한 충동이 갖는 제어하기 어려운 강력한 힘 앞에서 몸을 떠는 것을 보았다. 나는 그들의 모든 제도가 그들 자신이 내부에 품고 있는 **폭발물**에 대해 서로 안전하게 몸을 지키기 위한 보호조치로부터 자라나오는 것을 보았다. 그러고 나서 내부의 엄청난 긴장은 가공할 만하고 무자비한 적의로 변하면서 외부를 향해 폭발했다. 도시국가들이 서로를 갈기갈기 찢는 전쟁을 벌였던 것은 자신의 시민들에게 평안을 보장하기 위해서였다. 사람들은 강해질 필요가 있었다. 위험은 가까이에 있었으며 도처에 잠복해 있었다. 유연하기 그지없는 멋진 신체, 그리스인에게 특유한 대담한 현실주의와 비도덕주의는 **필요에서** 생긴 것이었지 그들의 '본성'이 아니었다. 그것은 결과로서 비로소 생긴 것이지 원래부터 있었던 것은 아니었던 것이다. 그리고 축제와 예술을 통해 그들이 노렸던 것은 자신들이 **우위를 점하고** 있다고 느끼고 우위를

에서 비롯된 것이다.

215) 그리스 정신의 특성을 '조용한 위대성과 고귀한 소박성'이라고 규정한 사람은 독일의 미술사가이자 미학자인 빙켈만(Johann Joachim Winckelmann, 1717~1768)이다. 그는 『회화 및 조각에서 그리스 미술품의 모방에 관한 고찰』(1755)을 출판하여, 그 당시 일고 있던 고전주의(古典主義) 사상의 선구자로 인정받았다. 그리스 문화에 대한 그의 견해는 괴테에게 큰 영향을 미쳤으며 18세기 전체에 걸쳐 독일 지성계의 인정을 받았다. 괴테는 『빙켈만과 그의 세기』(1805)라는 책을 썼다.

점하고 있음을 과시하는 것이었다. 축제와 예술은 자기 자신을 찬미하고 사정에 따라서는 자신들에 대해 두려움을 느끼도록 만들기 위한 수단이었다. … 독일인들이 하는 것처럼 그리스인을 그리스 철학자들을 기준으로 하여 평가하고, 예를 들면 그리스적인 것이 근본적으로 무엇인지를 해명하기 위해 소크라테스학파의 속물성을 끌어들이는 것은 말도 안 된다! … 그리스 철학자들은 정녕 그리스정신의 데카당이며, 오랜 고귀한 취미(경쟁적 본능, 폴리스, 종족의 가치, 전통의 권위)에 대한 반대 운동이다. 소크라테스적 덕목들이 설파되었던 이유는, 그것들이 그리스인에게서 사라져버렸기 때문이다. 그리스의 철학자들은 모두 과민했고 겁이 많았으며 변덕스런 희극배우들이었으며, 도덕적인 설교를 들어야 할 몇 가지 이유를 충분히 가지고 있었다. 이러한 도덕적 설교가 조금이라도 도움이 되었다는 것은 아니다. 그러나 거창한 말과 몸짓은 데카당들에게 너무나 잘 어울린다.

4

고대 그리스의 너무나 풍요로워서 넘쳐흐르기까지 하는 본능을 이해하기 위해, 나는 디오니소스라는 이름을 갖는 저 놀라운 현상을 최초로 진지하게 다루었다. 그 현상은 힘의 과잉으로부터 설명될 수 있다. 그리스인을 탐구하는 사람이라면, 이를테면 현존하고 있는 사람들 중에서 그리스 문화에 가장 깊이 정통한 사람인 바젤 대학의 야콥 부르크하르트와 같은 사람이라면, 나의 이러한 접근방식이 갖는 가치를 곧바로 알아차릴 것이다. 부르크하르트는 자신의 저서 『그리스인의 문화』

에 디오니소스라는 현상에 관한 장을 특별히 삽입했을 정도다. 부르크하르트와는 반대되는 경우를 보고 싶으면, 독일 문헌학자들이 디오니소스적인 것에 가까이 갈 때 보여주는 우스꽝스러운 본능의 빈곤을 보라. 특히 저 유명한 로벡[216]은 책들 사이에 끼어서 말라버린 벌레와 같은 존경할 만한 자신감을 가지고, 비밀로 가득 차 있는 디오니소스의 세계로 기어들어가 자신의 역겨울 정도로 경박하고 유치한 탐구를 과학적인 것이라며 스스로를 설득했다. 그러나 그가 엄청난 박식을 과시하면서 사람들에게 분명히 하려고 했던 것은 [디오니소스라는 현상에 포함되어 있는] 이 모든 진기한 것들이 아무런 의미도 없다는 것이었다. 예를 들면 포도주는 흥겹게 만든다든가, 경우에 따라서 사람들은 과일만 먹고도 살 수 있다든가, 식물은 봄에 꽃이 피고 가을에 시든다든가 하는 가치 없지는 않은 몇 가지 것들이 주신(酒神)제에 참여한 사람들에게 사제들에 의해서 실제로 전해졌을지도 모른다는 것이다. 고대세계를 그야말로 문자 그대로 뒤덮고 있는, 주신제에서 유래하는 기이할 정도로 풍부한 의식·상징·신화와 관련하여 말하자면, 로벡은 그것들에서 약간 더 영민하게 될 수 있는 기회를 찾아낸다. 그는 『아글라오파무스(Aglaophamus)』[217] I권 672쪽에서 이렇게 말하고 있다. "그리스인은 할 일이 없을 때 웃거나 뛰거나 여기저기 질주하거나, 혹은 사람이란 때로는 그러고 싶은 때가 있기에 주저앉아 울거나 탄식했다. 나중에 다른 인종

---

216) Christian August Lobeck(1781~1860)은 당시 지도적인 지위를 갖고 있던 고전문헌학자였다.
217) 신화학에 관한 로벡의 주저로서 1829년에 발간되었다.

이 와서 이 기묘한 행동에 대한 어떤 근거를 찾아내려고 했다. 이에 따라 저 관습들을 설명하기 위해 저 무수한 축제와 신화가 생겨났다. 다른 한편 사람들은 축제날에 어쩌다 한 번 일어났던 그 익살스러운 법석이 축제에 필연적으로 속한다고 믿으면서 그것을 신에 대한 경배의식의 불가결한 일부로서 확정했다." 이러한 주장은 가소로운 요설에 지나지 않는다. 로벡과 같은 사람의 말을 한 순간이라도 진지하게 받아들일 사람은 없을 것이다. 우리가 빙켈만과 괴테가 형성해낸 '그리스적'이라는 개념을 검토해보고 이 개념이 디오니소스적 예술의 모태인 저 요소, 즉 주신제와 조화될 수 없다는 사실을 알게 되면 우리는 [로벡의 경우와는] 전혀 다른 느낌을 받게 된다. 사실 나는 괴테가 디오니소스적 예술의 모태가 되는 주신제와 같은 것을 그리스적 영혼의 가능성들로부터 원칙적으로 배제해버렸으리라는 점을 의심치 않는다.[218] **따라서 괴테는 그리스인을 이해하지 못했던 것이다.** 왜냐하면 디오니소스적 비밀제의에서야, 디오니소스적 상태의 심리학에서야 비로소 그리스적 본능의 근본적 사실, 즉 '생에의 의지'가 드러나고 있기 때문이다. 그리스인은 이런 비밀제의에 의해 **무엇을** 보장했는가? 영원한 삶, 삶의 영원회귀였다. 과거 속에서 약속되고 신성시된 미래였다. 죽음과 변화를 넘어서 있는 삶에 대한 의기양양한 긍정이었다. 그리고 생식과 성의 신비를 통한 총체적 생명의 존속으로서의 **진정한** 삶이었다. 이 때문에 그리스인에게 성

---

[218] 니체는 괴테가 그리스 문화의 본질을 빙켈만과 동일한 방식으로 파악함으로써 디오니소스적인 것을 간과했다고 보았다.

적 상징은 경외할 만한 상징 자체였고, 모든 고대적 경건성에 내재한 심오한 의미였다. 생식·수태·출산의 행위에 속하는 세부적인 하나하나의 일이 최고의 엄숙한 감정을 불러일으켰다. 비밀제의의 가르침에서는 **고통**이 신성한 것으로 선포되고 있다. '산모의 통증'은 고통 일반을 신성한 것으로 만든다. — 모든 생성과 성장, 미래를 보증하는 모든 것이 고통을 **일으키는** 원인이다. … 창조의 기쁨이 존재하려면, 삶에의 의지가 자신을 영원히 긍정할 수 있으려면, '산모의 고통'도 영원히 존재해야만 한다. … 이 모든 것을 디오니소스라는 말이 의미하고 있다. 나는 이러한 **그리스적** 상징, 디오니소스 축제의 상징보다 더 고귀한 상징을 알지 못한다. 그것에서는 삶의 가장 깊은 본능, 곧 삶의 미래와 삶의 영원성을 향하는 본능이 종교적으로 체험되고 있다. 삶으로 향하는 길 자체가, 곧 생식이 **신성한** 길로 체험되고 있는 것이다. … 그리스도교가 삶에 **대한** 원한을 토대로 하여 성(性)을 처음으로 불결한 것으로 만들었다. 그리스도교는 우리 삶의 발단에, 다시 말해 삶의 전제가 되는 것에 **오물**을 끼었었던 것이다.

5

넘쳐흐르는 생명과 힘의 느낌으로서의 주신제에서는 고통조차 하나의 자극제로서 작용하고 있지만, 그것에 관한 심리학이야말로 나에게 아리스토텔레스뿐 아니라 특히 오늘날의 염세주의자까지도 오해했던 비**극적 감정**이라는 개념을 이해할 수 있는 열쇠를 주었다. 비극은 쇼펜하우어가 말하는 의미의 염세주의에 그리스인이 빠져 있었음을 보여주는 증거가 아니라,[219] 오히려 그러한 염세주의에 대한 결정적인 거부와 반증으로 간주되어야 한다. 가장 낯설고 가혹한 삶의 문제들과 직면해 있으면서도 삶을 긍정하는 것, 자신의 무궁무진성에 기쁨을 느끼면서 삶의 최고의 전형[220]을 희생하는 것도 불사하는 생에의 의지. — 이것이야말로 내가 디오니소스적이라고 불렀던 것이며, 비극 시인의 심리학에 이르는 교량으로서 인식한 것이다. 공포와 연민에서 벗어나기 위해서가 아니라, 그리고 아리스토텔레스가 해석하는 것처럼 공포와 연민을 격렬하게 방출함으로써 그 위험한 정념으로부터 정화되기 위해서가 아니라[221] 공포와 연민을 초월하여 생성의 영원한 기쁨 자체로 존재하기 위해서 — 파괴에 대한 기쁨까지도 포함하는 기쁨으로 존재하기 위해서. … 이와 함께 나는 일찍이 내가 출발했던 곳으로 다시 돌아온다. —『비극의 탄생』은 모든 가치에 대해 내가 최초로 시도한 재평가였다. 이와 함께 나는 나의 의지와 능력이 자라나오는 토양 안에 다시 뿌리를 박는다. 철학자 디오니소스의 최후의 제자인 나 — 영원회귀의 스승인 나는…….

---

219) 쇼펜하우어는 그리스 비극은 삶의 고통을 보여줌으로써 관객에게 삶의 의지에 대한 체념과 부정을 가르친다고 보았다.

220) 비극의 영웅들을 가리키는 것 같다.

221) 아리스토텔레스는 비극의 효과는 주인공의 비극적 운명을 그림으로써 관중의 마음에 '두려움'과 '연민'의 감정을 격렬하게 유발하다가 결말에서 이러한 감정을 한꺼번에 폭발시킴으로써 마음속에 쌓여 있던 정념의 응어리를 정화하는 것, 즉 카타르시스라고 보았다.

쇠망치(Hammer)는 말한다.

『차라투스트라는 이렇게 말했다』 3, 90[222]

"그대는 왜 그렇게 단단한가?"라고 숯이 언젠가 다이아몬드에게 말한 적이 있다. "우리는 가까운 친척이 아닌가?"

그대들은 왜 그렇게 약한가? 오, 나의 형제들이여, 그대들에게 나는 이렇게 묻는다. 그대들은 내 형제가 아닌가?

왜 그렇게 약하고 고분고분하며 굴복하려 드는가? 그대들의 가슴에는 부정과 포기가 왜 그토록 많은가? 왜 그대들의 눈길에는 운명이 그토록 적은가?

그리고 그대들이 운명으로 존재하기를 바라지 않고 혹독한 자로 존재하기를 바라지 않는다면, 그대들은 어떻게 장차 나와 함께 승리할 수 있겠는가?

그리고 그대들의 단단함이 섬광처럼 내리치면서 자르고 분쇄하려고 하지 않는다면 그대들은 어떻게 장차 나와 함께 창조할 수 있겠는가?

모든 창조자는 단단하지 않은가. 마치 밀랍에 찍듯이 그대들의 손을 수천 년 위에 찍는 것을 그대들은 지복으로 여겨야 한다.

마치 청동에 써넣듯이 수천 년의 의지에 써넣는 것을 그대들은 지복으로 여겨야 한다. 그대들은 청동보다 단단하고 청동보다 고결하게 수천 년의 의지 위에 써넣어야 한다. 가장 고귀한 것만이 가장 단단하다.

---

222) 「쇠망치는 말한다」 부분은 『차라투스트라는 이렇게 말했다』 III부 29절과 동일하다.

오 나의 형제들이여, 이 새로운 서판(書板)을 나는 그대들 머리 위에 내건다. 단단해져라!

I. 『우상의 황혼』은 어떤 책인가?

　『우상의 황혼』에는 「또는 어떻게 쇠망치로 철학을 하는가」라는 부제가 붙어 있다. 『우상의 황혼』은 1888년 니체가 미치기 1년 전에 쓰인 후기 저작 중 하나로서, 역시 1888년에 쓰인 『안티크리스트』와 함께 니체가 말년에 도달한 사상을 담고 있다. 이 책의 제목이 시사하듯이 니체는 여기서 서양인들이 숭배해온 우상에 황혼이 임박했음을 고지하고 있으며, '쇠망치'로 우상을 분쇄하는 작업을 통해 이러한 우상의 황혼을 앞당기려 하고 있다.

　니체가 이 책에서 파괴하려고 하는 우상은 소크라테스와 플라톤으로 대표되는 전통 형이상학과 그리스도교를 규정하고 있는 이원론적 사고방식, 이러한 이원론적 사고방식과 연관된 반자연적 도덕으로서의 금욕주의, 공상적 원인에 불과한 것을 실제의 원인이라고 착각하는 것, 영원불변하고 자유로운 실체라는 개념, 주어와 술어로 이루어진 언어구조에 현혹되어 자유로운 주체를 상정하는 것, 염세주의라는 우상, 자연주의

나 낭만주의와 같은 예술적 우상, 자유주의·사회주의·민주주의·무정부주의·평등주의와 같은 정치적 우상 등 서양의 전통문명과 아울러 현대를 지배하고 있는 사고방식들이다. 이 점에서 니체는 서양문명의 거의 모든 영역, 즉 철학·정치·문화·도덕·예술 등의 영역을 지배해온 사고방식이 한낱 우상에 불과하다는 것을 폭로하면서 그것들을 가차 없이 분쇄하고 있다고 할 수 있다.

니체가 우상을 파괴하려 하는 이유는 그것이 데카당한 성격을 갖고 있기 때문이다. 다시 말해 우상은 사람들의 맹목적인 숭배를 받으면서도 실질적으로는 사람들의 삶을 병들게 하고 생명력을 약화시키고 있다. 니체는 이렇게 우상을 파괴하는 작업을 '모든 가치의 재평가'라고도 부르고 있다. 그것은 선과 행복 그리고 신 등과 같은 전통적인 가치를 재평가하면서 새로운 정의를 내리는 작업이다. 『우상의 황혼』은 『안티크리스트』와 함께 니체가 가장 치열하게 모든 가치를 재평가하는 책이라고 할 수 있다.

니체는 우상 파괴와 모든 가치의 재평가를 10개의 장으로 나누어 행하고 있으며 여기에 「쇠망치는 말한다」라는 후기를 덧붙이고 있다. 『우상의 황혼』이라는 책을 집필하고 출간하게 된 배경에 대해서는 백승영의 말을 인용해본다.

『우상의 황혼』은 1888년 6월 말에서 9월 초까지 집필되었다. 1888년 여름, 니체는 그의 주저로 기획되었지만 결국 포기되는 '힘에의 의지' 혹은 '모든 가치의 전도'를 위해 작성되어 있던 글들의 일부를 정리하여,

소책자의 형태로 정돈한다. 『안티크리스트』의 23번 글까지가 먼저 정리된 후, 『우상의 황혼』이라는 이름을 얻게 될 내용들 또한 정돈된다. 니체는 이 책의 제목으로 『어느 심리학자의 휴식』을 생각했었고, 이것은 니체의 구상이 담겨 있는 유고를 통해서도 확인해볼 수 있다. 하지만 그 제목은 하인리히 쾨셀리츠(예명: 페터 가스트)의 만류로 포기되었고, 좀더 인상적인 '우상의 황혼'이라는 제목으로 대체된다. '우상의 황혼'이라는 제목은 니체 스스로 밝히고 있듯이(페터 가스트에게 보낸 1888년 9월 27일자 편지) 「신들의 황혼(Götterdammerung)」을 작곡한 바그너에 대한 적의가 서려 있는 제목이다. 이 책은 11월 25일에 니체가 첫 교정쇄를 받아보지만, 1889년 초에 이루어진 책의 출판을 니체는 명료한 의식으로는 경험할 수 없었다. [223]

---

223) 백승영 지음, 『토픽맵에 기초한, 철학 고전 텍스트들의 체계적 분석 연구와 디지털 철학 지식지도 구축: 니체 『우상의 황혼』』, 《철학사상》 별책 제7권 제16호, 12쪽 이하 참조.

II. 『우상의 황혼』 해설

1. 소크라테스 문제

『우상의 황혼』을 니체는 소크라테스에 대한 비판과 함께 시작하고 있다. 니체는 『우상의 황혼』에서 서양 형이상학과 종교를 우상으로 보면서 파괴하는 작업을 수행한다. 따라서 니체가 이러한 우상 파괴를 소크라테스에 대한 비판과 함께 시작하는 것은 당연한 것이라고도 볼 수 있다. 소크라테스야말로 서양 전통 형이상학의 초석을 놓은 사람이기 때문이다. 이런 의미에서 니체의 소크라테스 비판은 소크라테스 개인에 대한 비판이 아니라 소크라테스의 사상에 의해 규정되어 있는 서양 전통 형이상학 전체에 대한 비판이라고 할 수 있다.

니체는 우선 소크라테스를 염세주의자로 보면서 소크라테스에 대한 비판을 다음과 같은 말로 시작하고 있다.

어느 시대에서든 최고의 현인들은 삶에 대해 똑같은 판단을 내린다. **삶은 무가치하다**고 …….

니체는 소크라테스가 죽을 때 제자들에게 한 다음과 같은 말로 소크라테스가 삶에 대한 염증으로 가득 차 있었다는 사실을 증명하고 있다.

산다는 것 ─ 그것은 오랫동안 병들어 있는 것이지.

그런데 니체에 따르면 살아 있는 인간이 '삶이 가치가 있다든가 무가치하다든가'와 같은 삶에 대한 가치판단을 내리는 것은 불가능하다. 우리가 삶의 가치에 대해 판단하려면 삶의 바깥에 위치해야 하지만, 우리가 살아 있는 존재인 한 우리는 삶 속에 있기 때문이다. 인간의 삶뿐 아니라 세계 전체에 대해 어떤 객관적인 판단을 내리는 것도 무모한 일이다. 이것 역시 우리가 세계로부터 떨어져 세계를 객관적으로 판단할 수 있는 위치에 설 수 있을 때 가능하지만 우리 인간은 항상 세계 속에서 존재할 수밖에 없기 때문이다. 따라서 어떤 철학자가 삶이나 세계의 가치에 대한 문제를 하나의 철학적 문제로서 논의하려고 할 경우 그는 철학자라고 할 수가 없게 되며, 그것은 그의 무지를 폭로하는 것에 불과한 것이 된다.

삶과 세계에 대한 가치판단은 그러한 판단을 내리는 사람들의 생리적인 상태를 반영할 뿐이다. 다시 말해 그것은 단지 증후로서만 가치를 지니며, 증후로서만 고려될 수 있다. 사람들은 흔히 현인이라 불리는 자들이 한결같이 인생이 무가치하다고 말하는 것을 보면서 그러한 판단이 진리라고 생각한다. 그러나 니체는 현인들이 그렇게 의견일치를 본다는 것은 실은 그들 모두가 생리적으로 병들어 있다는 사실을 의미한다고 말한다. 니체는 이렇게 말하고 있다.

그들은 두 다리로 제대로 서지 못하는 자들이 아니었을까? 아니면 발육부진이거나 절뚝거리거나 데카당이 아니었을까? 지혜란 썩은 짐승의 시체가 풍기는 희미한 냄새에도 도취하는 까마귀처럼 지상에 나타난 것이 아닐까?

니체는 여기서 현인들의 지혜란 삶을 혐오하면서 죽음을 사랑하는 것이고 따라서 그것은 짐승의 시체가 풍기는 냄새에도 도취하는 까마귀와 같다고 말하고 있다. 이런 의미에서 니체는 이 위대한 현인들이란 실은 쇠퇴의 전형이라고 본다. 소크라테스는 병들어 있었기 때문에 현세의 삶을 무가치한 것으로 판단할 수밖에 없었다. 소크라테스는 그 자신의 순수한 이성에 따라 인생에 대해 객관적인 판단을 내리고 있다고 생각하지만, 이러한 객관적 판단은 사실 그의 생리적 상태의 반영이고 징후에 불과하다. 그의 생리적 구조가 병들어 있기 때문에 그는 그렇게 판단을 내릴 수밖에 없다.

더 나아가 니체는 소크라테스가 추남이었다고 말하면서 이와 함께 소크라테스가 과연 그리스 사람이었는지에 대해서도 의문을 표하고 있다. 그리스인에게 아름다움이란 건강한 생명력의 표현이며 사람이 추하다는 것은 그가 이미 병들어 있고 천박하다는 것을 드러내는 징표였다는 것이다. 따라서 소크라테스의 퇴락성은 이미 그 추한 외모에서부터 증명된다.

소크라테스는 출신 성분으로 볼 때 가장 낮은 민중, 즉 천민이었다. 따라서 그는 지배계급인 귀족에 대한 질투와 시기에 사로잡혀 있었다. 니체는 소크라테스의 변증법은 이러한 시기심의 표출이며 복수의 수단이었다고 본다. 소크라테스의 변증법은 반어법과 산파술로 이루어진다. 이 중 반어법은 상대방의 주장에 내포된 모순을 드러냄으로써 상대방으로 하여금 무지를 폭로하게 하는 수법이다. 니체는 소크라테스의 반어법(Ironie)은 당시의 지배계급에 대해 천민이 가졌던 원한과 반항의 표현이라고 본다. 억압받는 자로서 그는 삼단논법이라는 예리한 비수로 상대방을 찌르면서 복수한다. 그는 변증법에 의해 폭군으로 군림한다. 변증가는 자신의 논쟁 상대로 하여금 그 자신이 천치가 아님을 증명하게 한다. 그는 상대방을 분노로 떨게 하는 동시에 무력하게 만들어버린다. 변증가는 상대방의 지성에서 힘을 제거해버린다.

그러나 소크라테스 이전의 훌륭한 사회에서는 변증법적 수법이 배척되었다. 변증법은 하류의 수법으로 여겨졌다. 자신의 진리를 논증에 의해 증명하는 것은 거의 무가치한 것으로 간주되었다. 그 자체로 자신의 진리를 입증하는 것이야말로 참으로 가치 있는 것이었다. 따라서 소크라테스 이전에는 논증에 입각하지 않으면서도 사람들을 사로잡고 지배하는 훌륭한 권위가 존재했다. 이렇게 '논증하지 않고' 명령을 내리는 곳에서 변증가라는 것은 일종의 어릿광대에 불과할 뿐이었다.

그리스인들이 소크라테스를 우스꽝스럽게 보지 않고 진지하게 대하게 되었다는 것은 그리스 문화가 쇠퇴하고 병들었다는 징조다. 또한 소크라테스는 아테네 귀족들의 이면을 꿰뚫어보고 있었고 자기와 같은 특이체질이 이미 예외가 아니라는 사실을 파악한 상태였다. 도처에서 그와 동일한 종류의 퇴락이 은밀히 준비되고 있었다. 옛 아테네는 이제 종말을 고하고 있었다.

당시의 아테네 사회는 병들어 있었고 데카당스의 상태에 빠져 있었다. 도처에서 본능들은 혼란에 빠졌고 서로를 적대했다. 사람들은 본능에 대한 통제력을 상실한 채 지나친 방종에 빠져 들었다. 이러한 본능의 혼란 상태를 소크라테스는 이른바 이성을 통해 본능을 억압하고 제거함으로써 극복하려 했다. '본능들이 폭군으로 군림하려 한다. 우리는 그것에 대항하는 더 강한 폭군을 고안해내야 한다'라고 소크라테스는 생각했다. 즉 소크라테스는 이성을 폭군으로 만드는 방식으로 본능의 혼란을 해결하려 했다. 그러나 이것은 본능들의 혼란의 극단적인 경우에 지나지 않았다.

본능들이 혼란에 처해 있는 상태에서는 합리성이 구세주로 여겨졌다. 소크라테스에게도 그의 '환자들'에게도 합리적으로 되는 것은 자기들 마음대로 할 수 있는 것이 아니었다. 그것은 어쩔 수 없는 것이었으며 최후의 수단이었다. 그리스인들이 합리성에 자신을 광적으로 내던졌다는 것은 그들이 위급한 상황에 처해 있었다는 사실을 드러낸다. 그들은 위험에 처해 있었고, 그들에게는 한 가지 선택밖에 존재하지 않았다. 몰락하든가 터무니없이 합리적으로 존재하든가.

따라서 소크라테스 이후 그리스 철학자들의 금욕주의적 도덕은 병리학적인 원인에 의해 발생한 것이다. 변증법에 대한 그들의 존중도 마찬가지다. 소크라테스는 이성과 미덕 그리고 행복을 동일한 것으로 보았다. 이것이 의미하는 것은 소크라테스를 모방해 어두운 욕망들에 대항하여 밝은 이성으로 존재해야 한다는 것이다. 그러나 가장 눈부신 햇빛, 어떤 대가를 치르더라도 합리적으로 존재한다는 것, 밝고 냉철하고 신중하고 의식적이며 본능이 결여되어 있으면서 본능에 저항하는 삶은 그 자체가 일종의 병, 또 하나의 병에 지나지 않는다. 그리고 그것은 결코

'미덕'과 '건강'과 행복으로 되돌아가는 길이 아니다. 본능과 싸워서 이겨야만 한다는 것은 데카당스, 즉 쇠퇴한 생명력의 공식이다. 삶이 상승하고 있는 한, 행복은 본능과 동일한 것이다.

2. 철학에서의 '이성'

니체는 여기서 서양철학을 지배해온 이성중심주의를 비판하고 있다. 이러한 이성중심주의는 감각과 본능 그리고 정념을 무시하고 억압한다. 이러한 이성주의는 생성·변화하는 것은 가상일 뿐이며 영원불변하게 존재하는 것만이 실재한다고 본다. 니체에 따르면, 소크라테스와 플라톤에서 비롯된 이원론적 세계관은 이러한 이성중심주의 논리의 기반 위에 형성된 것이다. 플라톤 철학에서 이데아계는 이성에 의해서만 포착되는 참되고 완전한 세계다. 이러한 이데아계에 진입하기 위해 우리는 현상계에 속하는 감각과 육체로부터 벗어나 순수한 이성과 정신을 실현해야 한다.

그러나 니체는 전통 철학자들이 실재라고 생각하는 세계는 생명이 사라진 죽음의 세계라고 본다. 살아 있는 세계는 끊임없이 생성·변화하는 세계다. 그리고 감각이야말로 이러한 실재의 세계를 그 자체로서 드러내는 것이다. 이에 반해 전통 철학자들은 영원불변하게 존재하는 것은 생성하지 않으며 생성하는 것은 존재하지 않는다고 믿는다. 그들은 우리로 하여금 생성·소멸하는 것을 실재라고 믿게 하는 것은 감각이라고 본다. 따라서 철학자가 따라야 할 도덕은 감각의 기만에서 벗어나는 것이며 생성과 역사, 거짓에서 벗어나는 것이다.

이성주의자는 실재는 불변적이고 완전한 것이라고 주장하면서 감각은 생성하고 불완전하기 때문에 그러한 실재를 보지 못한다고 주장한다. 그러나 그러한 실재가 감각에 의해 포착되지 않는 것은, 감각이 우리를 기만하기 때문이 아니라 그것들이 실제로는 존재하지 않기 때문이다. 따라서 '이성'이야말로 우리로 하여금 감각의 증언을 왜곡하게 하는 원인이다. 감각이 생성·소멸·변천을 보여주는 한, 그것은 거짓말하지 않는다. 오히려 이성이 감각의 증언에 통일성이라는 거짓말, 사물성·실체·영속성이라는 거짓말을 투입한다. 니체는 우리의 감각이 얼마나 정교한 관찰의 도구인지를 코를 예로 들어 보여준다. 코야말로 우리가 마음대로 사용할 수 있는 도구 가운데 가장 섬세한 도구로서 그것은 분광기(分光器)조차도 확인할 수 없는 미세한 움직임의 차이까지 분간해낸다.

니체는 철학자들이 현실에서 생성·소멸하는 생명을 제거함으로써 모든 것을 박제화하는 특이체질을 가지고 있다고 보는 한편, 이제 철학자들은 최후의 것과 최초의 것을 혼동하는 특이체질까지 지녔다고 본다. 그들은 최후에 오는 것, 즉 박제화된 개념들을 모든 현상의 궁극적 원인으로 간주하면서 살아 있는 구체적 현상들이 그것에서 비롯되었다고 여긴다. 즉 선의 이데아나 존재 자체와 같은 가장 일반적이고 가장 공허한 최고 개념들은 증발하는 실재의 마지막 연기에 불과한 것인데도 철학자들은 그것들을 오히려 최초의 것으로 간주하면서 맨 앞에 놓는다. 니체는 '신'이라는 개념도 이와 같은 방식으로 생겼다고 본다. 즉 그것은 생성·소멸하는 현실에서 추상된 최후의 것, 가장 희박한 것, 가장 공허한 것이지만 그것이 최초의 것으로서, 원인 그 자체로서, 가장 실재하는 것 (ens relissmum)으로서 정립된다. 니체는 전통 형이상학은 공허한 추상을 참된 실재로 여기는 병든 거미들인 형이상학자들의 뇌질환에서 생긴 것이라고 본다.

이들은 높은 것은 낮은 것에서 생겨나서는 안 된다고 보면서 최고의 지위를 갖는 것은 자기원인(causa sui)이어야 한다고 본다. 다른 어떤 것에서 비롯된다는 것은 결점을 갖는 것이며 그 가치가 의심스러운 것으로 간주된다. 모든 최고의 개념들, 존재자·무조건자·선·진리·완전함 — 이 모든 것들은 다른 것에서 생성된 것일 수 없으며 따라서 자기원인이지 않으면 안 된다. 그런데 이 모든 것은 서로 다른 것들일 수 없고 서로 모순될 수 없으며 서로 변환 가능한 것이다.

니체는 우리의 이성이 통일성·동일성·지속·실체·원인·사물성·존재를 상정하는 것에는 우리의 언어구조가 크게 영향을 미친다고 본다. 언어는 심리학이 가장 초보적 형태를 갖던 시기에 발생했다. 니체는 우리의 언어는 원시적인 주물숭배(Fetischwesen)에 빠져 있다고 본다. 주어와 술어로 이루어져 있는 언어구조에 현혹되어 우리는 도처에서 행위자와 행위를 본다. 그리고 우리는 의지가 행위를 일으키는 원인 일반이라고 믿는다. 원래 처음부터 존재했던 커다란 재앙이라고 할 만한 오류는 의지가 자유롭게 작용을 가하는 어떤 것이라는 것, 의지가 하나의 능력이라고 보는 오류다. 오늘날 우리는 자유의지가 하나의 낱말에 불과한 것이라는 사실을 알고 있다. 이렇게 자유의지를 행위를 일으키는 원인 일반이라고 믿으면서 우리는 그러한 의지를 소유한, 독립적이고 자유로운 실체로서의 '나'가 있다고 믿는다.

존재로서의 나, 실체로서의 나를 믿으면서 우리는 나라는 실체에 대한 이러한 믿음을 모든 사물에 투영한다. 이와 함께 우리는 또한 '사물'이라는 개념을 만들어낸다. 영원불변한 실체인 원자라는 개념도 이렇게 해서 생긴 것이다. 도처에서 영원불변한 존재가 원인으로 고안되어 은근슬쩍 밑으로 밀어넣어진다. '나'라는 개념에서 비로소 파생된 것으로서 '존재'라는 개념이 발생한다. 세계 전체는 신이라는 불변적이고 자유로운 정신적 실체 내지 존재에 의해 창조된 것으로 간주된다. 이런 의미에서 니체는 말한다. "우리가 아직 문법을 믿고 있기 때문에 신에게서 벗어나지 못하는 것은 아닌가라고 나는 염려한다."

더 나아가 니체는 심리분석을 통해 실재를 영원불변의 존재로 보는 사고방식이 어떻게 발생하는지를 고찰한다. 니체는 모든 인식의 동기에 대해 심리학적인 해명을 시도한다. '미지의 것에는 위험, 불안, 근심이 따른다.' 따라서 이러한 괴로운 상태를 제거하고 싶어 하는 최초의 본능이 생겨나며, 이러한 본능이야말로 앎이 시작되는 최초의 동기다. 이 본능을 해결함에 있어서 가장 첫 번째 원칙은 그 타당성 여부와는 관계없이 어떤 방식을 통해서든 미지의 것을 해명해내는 것이다. 인식의 근본적인 동기는 앎 자체가 아닌 미지의 것으로 인한 불안감을 제거하는 것이다. 그러므로 그 설명의 타당성 여부는 어디까지나 부차적인 문제로 여겨진다. 이로 인하여 사람들은 미지의 것을 해명해주는 설명에 대해 너무나 고마움을 느낀 나머지 그 참·거짓과는 관계없이 그것이 옳다고 생각해버리는 것이다.

니체는 형이상학 역시 이러한 심리적 경향에서 비롯된다고 본다. 인간이 감각하는 현상은 끊임없이 생성·변화하며 그것에 대해서는 완전한 인식이 불가능하다. 이러한 인식 불가능성은 인간에게 심리적으로 불안한 상태를 야기한다. 따라서 사람들은 우리가 지각하는 생성·소멸의 세계를 가상으로 보고 불변적인 세계가 있다고 생각하면서 이것을 진정한 실재로 보게 된다. 이와 함께 사람들은 우리에게 세계를 생성·소멸의 세계로서 드러내는 감각을 기만의 원천으로 보게 된다. 새롭고 변화하는 것들은 괴로움을 야기하기 때문에, 새롭고 변화하는 것들은 없다고 단정되며 모든 것은 영원불변의 존재에 입각하여 해석된다.

사람들이 영원불변의 존재를 상정하는 이유를 니체는 궁극적으로 생명력의 약화에서 찾는다. 생명력이 약화된 상태에서는 생성·소멸하는 세계를 그대로 수용하기 힘들다. 따라서 사람들은 이 세계를 가상으로 보면서 폄하한다. 이 경우 우리는 영원불변의 세계를 실재로 보면서 생성·소멸하는 세계에 복수한다. 세계를 실재세계와 현상세계로 나눈다는 것은 쇠퇴하고 있는 삶의 한 징후다.

니체는 예술가들이 표현하는 가상은 형이상학자들이 내세우는 가상과는 다르다고 본다. 예술이 그리는 가상은 생성·소멸하는 세계와 무관한 것이 아니다. 그러한 가상은 생성·소멸의 현실을 부정하는 것이 아니라 생성·소멸의 현실을 선택하고 강화하고 교정할 뿐이다. 이런 의미에서 니체는 비극적 예술가는 염세주의자가 아니라고 본다. 비극적 예술가는 생성·소멸하는 현실에서 일어나는 의심스럽고 끔찍한 것을 모두 긍정한다. 그는 디오니소스적이다.

그러나 이렇게 이성중심주의를 비판한다고 해서 니체가 이성 자체를 부정하는 것은 아니며 이성 자체가 오류를 범한다고 생각하지도 않는다. 이는 니체 자신의 철학적 사유도 이성에 의한 것임을 생각하면 당연한 일이다. 따라서 이성이 실재가 아니라 가상을 실재로 내세우고 있다고 비판할 때 니체가 염두에 두고 있는 이성은 특정한 종류의 이성이다. 이것은 이성을 감성과 대립적인 것으로 내세우는 이성이다.

3. 어떻게 '참된 세계'가 마침내 우화가 되었는가?: 오류의 역사

니체는 이 장에서 전통 형이상학이 지향하던 초감성적 세계가 신빙성을 점차로 상실해가면서 한갓 우화로 전락하는 한편, 형이상학에 의해 그동안 무시되어왔던 차안의 감성적 세계가 본래의 심원한 의미를 회복해가는 과정에 대해 묘사하고 있다.

니체는 초감성적인 세계를 실재로 정립하는 형이상학의 역사가 플라톤에서부터 시작되었다고 본다. 니체는 다른 곳에서는 플라톤적인 이원론과 그리스도교적인 이원론 그리고 칸트식 이원론을 본질적으로 동일한 것으로 보면서 그것들 사이에 존재하는 뉘앙스의 차이를 분명히 드러내지 않았다. 그러나 이 장에서는 그것들 사이의 차이를 상당히 섬세하게 파악하고 있다.

플라톤이 말하는 이데아의 세계, 즉 진정한 초감성적 세계는 인간에게 도달 불가능한 피안이 아니라 인간이 도달해야 하고 도달할 수 있는 세계다. 참된 세계는 아직은 피안의 세계로 생각되고 있지 않다. 플라톤은 이데아 세계를 인간이 신과 같은 타력(他力)에 의지하지 않고도 자신의 지혜와 덕을 닦음으로써 충분히 도달할 수 있는 세계로 보고 있다는 것이다.

그러나 그리스도교에서는 참된 세계 혹은 실재세계는 인간이 도달할 수 없는 피안이 되었다. 이러한 세계는 하나의 약속된 세계로서 사람들을 유혹하는 것으로 나타난다.

니체는 종종 그리스도교를 민중을 위한 플라톤주의라고 규정한다. 즉 플라톤 철학의 이원론적 교설을 그리스도교는 민중이 이해할 수 있는 신화적인 이야기로 표현하고 있다는 것이다. 이러한 사실을 염두에 두면 니체는 그리스도교와 플라톤주의를 내용상으로는 동일하고 표현상으로만 다른 것으로 보고 있는 것 같지만, 사실은 그 둘을 구별하고 있는 것이다. 플라톤주의에서 참된 세계는 인간이 '자신의 노력을 통해서' 도달할 수 있는 세계이며, 인간이 도달할 수 없는 피안으로서 상정되고 있지는 않다는 것이다. 이 점에서 니체는 플라톤주의를 아직은 남성적인 강함과 자신감이 남아 있는 철학으로 본다. 이에 반해 그리스도교는 인간의 구원을 신의 은총에서 구한다는 점에서 의존적인 성격을 갖고 있으며 여성적인 연약함에서 비롯된 것이다.

그리스도교에서 신에 의해 약속된 세계로 간주되었던 참된 세계는, 칸트 철학에서는 생각할 수는 있지만 우리가 경험할 수는 없는 세계로 간주된다. 그것은 한갓 희망사항, 즉 '이념'이 된다. 인간의 경험은 감각적으로 지각 가능한 세계에 제한된다. 소위 참된 세계, 즉 실재세계는 하나의 이념으로 존재하면서 인간이 감각적인 경험세계에서 겪는 불안과 허망함에 대한 위안을 제공할 뿐이다. 참된 세계는 또한 도덕법칙이 제시하는 무조건적인 명령과 그것에 복종하는 의무의 세계로서 나타난다. 칸트에 와서 피안이 실재성을 상실하고 단순히 희망의 영역으로 격하된 것은 하나의 진보이기는 하다. 그러나 칸트의 철학이 세계를 여전히 현상계와 물자체(예지계)로 나누고 있다는 것은 칸트 철학 역시 허약한 생명력에서 비롯된 것임을 증명한다.

19세기에 들어와 실증주의가 대두하면서 초감성적인 세계는 완전히 허구로 간주되게 되었다. 실증주의자들에게는 감각적으로 경험 가능한 세계만이 존재할 뿐이다. 칸트가 무조건적인 차원으로서 입증하려 했던 도덕의 세계도 이들 실증주의자에게는 하나의 사회적 관습에 불과한 것이었다. 칸트는 무조건적인 도덕법칙에 따른 인간의 복종이 가능하기 위해서 필연적인 인과율이 지배하는 세계로부터의 자유가 요청된다고 했으나, 실증주의에 자유의지란 존재하지 않는다. '순수이성'도 그리고 그것에서 비롯되는 '도덕율'과 의무도 모두 허구일 뿐이다.

실증주의의 대두와 함께 어떤 현상을 신이나 초감성적 이념을 끌어들여 설명하려는 모든 시도가 오류로 드러나면서 바야흐로 시대는 초감성적인 이념들이 더 이상 사람들의 관심을 끌지 못하는 상황으로까지 나아가게 된다. 이제 실증주의적인 논박도 필요 없을 정도로 사람들은 그러한 관념에 대해 무관심해졌다. 그러한 이념들은 사람들을 끌어들이는 매력을 상실해버렸다. 따라서 니체는 '결과적으로' 그러한 이념들은 불필요하게 되었다고 말하고 있다. 그러한 이념들은 이제 실증주의적 논박을 통해서가 아니라 사람들이 실제의 삶에서 그러한 이념에 무관심하게 된 결과로 불필요하게 되어버린 것이다.

이제 사람들은 생성·변화하는 생성의 세계에 자족하며 거기서 기쁨을 느낀다. 사람들은 더 이상 우울해 하면서 초감성적 차원을 바라보지 않는다. 생성·소멸하는 세계를 지배하는 것은 밝음뿐이다. 참된 세계를 제거했을 경우 남는 것은 과거의 형이상학이 현상계 내지 가상계라고 단정했던 생성·변화의 세계뿐이다. 그러나 전통 형이상학의 참된 세계가 오히려 허구적인 세계라고 드러난 이상, 이제 생성·변화의 세계만이 유일한 참된 세계, 즉 실재하는 세계로서 남는다. 이렇게 생성·변화의 세계만을 유일하게 참된 세계로서 긍정하는 인간 역사의 최고 정점에서 차라투스트라가 등장한다. 그와 함께 초인의 지배가 도래한다.

전통 형이상학에서 현실세계는 어두움으로 묘사되고 초감성적 차원이 태양 내지 빛과 동일시되었지만 현실세계를 철저히 긍정하는 초인에게는 세계 그 자체가 빛이며 세계는 어둠이 아니라 정오의 밝음이 지배한다. 또한 전통 형이상학에서 현상계는 아무런 의미도 충만함도 없는 공허한 생성·소멸의 세계에 불과했다. 하지만 전통 형이상학이 말하는 참된 세계와 함께 현상계도 사라진 이상, 우리가 살아가는 세계는 여전히 생성·소멸하는 세계이지만 이 세계에는 의미와 충만함 그리고 영원이 깃들어 있다. 이원론에 의해 서로 분리되었던 순간과 영원은 결합된다. 이렇게 매순간 영원한 충만을 경험하는 자야말로 니체가 지향했던 진정한 의미에서의 건강한 자이며 초인이다.

4. 자연에 반하는 것으로서의 도덕

니체는 흔히 이성을 무시하고 열정을 중시하는 철학자로 알려져 있다. 그러나 니체도 우리가 열정에 눈이 멀어 돌이킬 수 없는 화를 초래할 수 있다는 사실을 인정한다. 따라서 니체도 우리 자신을 열정에 내맡겨야 한다고 주장하는 것이 아니라 열정의 정신화를 주창한다. 그러나 전통 도덕은 열정이 갖는 어리석음에만 주목하면서 열정 자체와 싸우고 열정을 죽이려고 했다. 니체는 이렇게 열정 자체를 제거하려고 했던 전통 도덕을 도덕적 괴물(Moral-Unthiere)이라고 보았다.

특히 니체는 이렇게 열정을 적대시하고 그것을 뿌리 뽑으려 가장 적극적으로 나선 것이 그리스도교라고 지적한다. 그리스도교 교회는 열정을 절멸하려 한다. 특히 그리스도교는 성욕과 관련하여, 우리가 이웃집 여인을 보고 마음이 동할 경우 다음과 같이 해야 한다고 지시한다. "만약 네 눈이 죄를 짓거든 그것을 빼버려라." (「마태복음」, 5장 29절) 교회는 어느 시대에나 관능·금지·지배욕·소유욕·복수심과 같은 것을 근절하는 것에 계율의 중점을 두었다. 그러나 니체가 보기에 이러한 정열이야말로 삶의 지반을 형성하는 것이다. 따라서 그러한 정열들을 뿌리부터 공격한다는 것은 삶을 뿌리부터 공격하는 것과 같다. 성욕을 불결한 것으로 파악하는 그리스도교적인 도덕은 성관계에 의해 시작되고 이어지는 우리의 삶과 그 발단에 오물을 퍼붓는 것이다. 그리스도교적인 도덕은 '삶에 대한 원한'에 사로잡혀 있다.

니체는 단순히 정열과 욕망이 갖는 어리석음과 그러한 어리석음이 초래하는 바람직하지 못한 결과를 예방하기 위해 정열과 욕망을 근절한다는 것은 치통을 막기 위해 치아를 뽑아버리는 것처럼 어리석은 짓이라고 본다. 그리스도교는 맹목적인 신앙을 내세우고 지성을 폄하하기 때문에 그리스도교적인 지반에서는 열정의 정신화, 즉 열정과의 지능적인 싸움은 일어날 수 없다. 그리스도교에게 허락된 것은 열정의 무조건적인 근절뿐이다. 교회가 제시하는 처방과 '치료법'은 거세다.

정념을 없애버리려는 사람들은 이미 너무나 의지가 박약하고 너무나도 퇴락하여 병들어 있는 자들이다. 즉 이미 퇴락해 있어서 유연하게 정념을 제어할 수 없는 사람들만이 정념이 가져오는 부정적 결과를 이유로 정념 자체를 근절하려 한다. 이 점에서 열정을 제거할 것을 주장하는 도덕은 퇴락한 삶의 징후다.

노쇠한 인간들의 경우에는 어차피 삶의 지반인 열정이 사그라졌기 때문에 굳이 금욕해야 할 이유도 없다. 또한 관능을 비롯한 열정을 자유롭게 통제할 수 있는 자는 굳이 열정과 싸우고 그것을 제거할 이유가 없다. 다만 감성의 욕구를 완전히 떨쳐버리지 못하면서도 그 욕구를 자유롭게 지배할 수 없는 자들이 감성을 제거하려는 전략을 구사한다. 이들에게 감성은 자신들이 자유롭게 통제하고 이용할 수 없는 것이 아니라 자신을 항상 위협하는 두려운 것이기 때문이다.

이들은 열정의 움직임에 대해 반응하지 않을 수도 있는 능력을 갖지 못한다. 한 마디로 이들은 의지가 박약한 자들이다. 우리는 우리가 압도하지 못하고 두려움을 느끼는 것은 제거하고 싶어 한다. 우리는 힘없는 어린애가 겁도 없이 우리에게 덤빌 때 그 어린애를 제거하려고 하지 않고 달래고 설득해서 껴안으려고 한다. 이에 반해 우리가 마음대로 제어할 수 없는 사람에 대해서는 겁을 내며 제거하고 싶어 한다.

니체는 반자연적인 도덕의 기원 역시 생리학적으로 설명한다. 반자연적 도덕은 퇴락한 삶의 징후라는 것이다. 반자연적인 도덕은 삶과 삶의 뿌리인 열정에 대한 증오에 입각해 있는 바 그것은 삶에 지쳐 피로한 생리적 상태의 표현에 불과하다.

반자연적인 도덕이 인간을 어떤 보편적 인간상에 맞추어 주조하려 하는 반면, 니체는 개개인의 특수성을 강조한다. 개인이란 자신의 미래와 과거에 있어서의 한 가닥 운명이며 현재 존재하고 있고 앞으로 존재할 모든 것에 대한 하나의 법칙이자 하나의 필연성이다. 따라서 그에게 이른바 보편적인 도덕을 내세우면서 달라지라고 말하는 것은 모든 것에 대해 심지어는 과거의 모든 것에 대해 달라지라고 하는 셈이다. 인간은 그의 과거의 전체이며, 이러한 과거의 전체는 또한 세계 전체와 연결되어 있기 때문에, 인간이 그 자신을 보편적인 도덕에 따라 송두리째 바꾼다는 것은 불가능하다.

니체는 반자연적인 도덕에 맞서 자연적인 도덕을 내세운다. 니체는 본능의 억제나 절멸이 아니라 본능을 정신화할 것을 요구하면서 관능의 정신화를 사랑이라고 부르고 있다. 니체는 또한 적의의 정신화를 예로 든다. 이것은 적을 제거하려 하지 않고 오히려 적의 존재를 자기 발전의 계기로 삼는 것이다. 니체는 오늘날 정치의 세계에서도 적의는 훨씬 정신적인 것이 되었고, 훨씬 신중하고 사려 깊은 것이 되었다고 말하고 있다. 어느 당파든 반대당의 세력을 쇠퇴시키지 않는 것이 자신의 보존과 강화에도 유리하다는 사실을 깨닫게 되었다. 니체는 국가의 경우에도 적국을 갖는 것이 그 국가의 성장을 위해 유리하다고 본다. 우리 자신의 내부에서도 많은 비판세력들을 허용해야 영혼을 성장시킬 수 있다. 이 점에서 니체는 영혼의 평안과 같은 그리스도교적인 소망이 우리를 쇠퇴시킨다고 본다.

물론 니체는 영혼의 평안 자체를 부정적으로 보지는 않는다. 영혼의 평안은 불확실성으로 오랫동안 긴장과 고통을 겪은 뒤 무서운 확실성이 들어선 상태, 이와 함께 행동·창조·노력·의욕의 한가운데서 나타내 보이는 원숙함과 숙달의 표현, 조용한 숨결의 호흡, 획득된 의지의 자유에서 비롯된 것일 수 있으며, 이러한 영혼의 평안을 니체는 높이 평가한다.

5. 네 가지 커다란 오류

흔히 니체는 인과율을 부정한 철학자로 이해된다. 실로 실재의 본질을 창조적인 생성 과정으로 보는 니체의 사상과 인과율은 서로 양립할 수 없는 것처럼 보인다. 그러나 니체가 인과율 자체를 부정했다고 볼 수는 없을 것 같다. 니체 자신도 자신의 사상을 개진할 때 끊임없이 인과율을 사용하고 있다. 예를 들어 그는 서양 형이상학이 이원론에 빠진 이유는 서양인들의 힘에의 의지가 허약했기 '때문'이라고 보면서 인과율에 입각하여 말하고 있는 것이다. 니체가 비판하는 인과율은 특정한 형태의 인과율, 즉 원인을 자유롭고 독립적인 실체로 보는 인과율이다. 따라서 니체는 인과율 자체를 부정하기보다는 인과관계에 대한 특정한 형이상학적 이론을 부정하고 있을 뿐이다.

니체는 「네 가지 커다란 오류」에서 인과율과 관련해 일반적으로 범해진 네 가지 오류를 검토하고 있다.

1) 원인과 결과를 혼동하는 오류

니체가 지적하는 첫 번째 오류는 '결과를 원인으로 잘못 보는 오류'다. 결과를 원인으로 혼동하는 오류는 역사적으로 아주 오래 전부터 최근에 이르기까지 인류가 습관적으로 범하고 있는 것이다. 니체는 이러한 오류가 특히 종교와 도덕의 영역에서 가장 전형적으로 나타나고 있다고 본다.

도덕과 종교에서 결과를 원인으로 잘못 보는 오류가 어떻게 범해지고 있는가를 검토하기 이전에 니체는 일상적인 삶에서 그러한 오류가 어떻게 쉽게 범해지고 있는지를 보여준다. 니체는 우선 당시에 장수의 비결로 '소식'을 추천했던 코르나로(Cornaro)의 책에서 결과에 해당하는 것이 원인으로 간주되고 있다고 본다. 코르나로는 자신이 장수하게 된 원인을 소식에서 찾고 있지만 니체는 코르나로의 경우 소식은 하나의 결과에 불과한 것이었다고 본다. 즉 코르나로는 자신의 신진대사가 비정상적으로 느렸기 때문에 소식을 할 수밖에 없었던 것이다. 그는 자신이 자유의지에 따라 소식을 한다고 생각했지만 사실 그는 많이 먹으면 병에 걸렸기 때문에 소식을 하지 않을 수 없었다. 그러나 코르나로처럼 신진대사가 느린 사람이 아니라면 소식은 오히려 치명적인 해를 초래할 수 있다. 소식이란 코르나로에게는 하나의 징후에 불과한 것이다. 그것은 생리상태의 결과에 지나지 않는다.

니체는 더 나아가 도덕과 종교에서 원인과 결과를 혼동하는 사례들을 제시하고 있다. 교회와 도덕은 '종족이나 민족은 악덕이나 사치 때문에 망한다'라고 말하지만, 니체는 오히려 한 민족이 생리적으로 퇴락해 갈 때 그 결과로 악덕과 사치가 발생한다고 본다. 생리적으로 건강하다는 것을 니체는 힘에의 의지가 충일한 상태라고도 표현하는데, 이렇게 힘에의 의지가 충일하지 않은 상태에서는 사람들은 자신을 흥겹게 하는 외부적인 자극에 탐닉하게 되고 도덕적으로 타락하게 된다.

또한 사람들은 어떤 정당이 과오를 저질렀기 때문에 망했다고 말하지만 니체에 따르면 그 정당은 이미 건강한 본능을 가지고 있지 않기 때문에, 즉 이미 쇠락하게 되었기 때문에 그러한 과오를 저지른 것이다. 모든 과오는 의지가 해체되고 본능이 퇴락하게 된 결과다.

니체에게서 행복이란 인간이 신체적으로나 정신적으로 건강한 상태, 즉 힘에의 의지가 충일한 상태를 말한다. 다시 말해서 행복은 우리가 종교적·도덕적 행위를 통해 구현해야 할 어떤 것이 아니라 '생리적' 상태에 불과하다. 따라서 어떤 도덕적 행위가 행복의 원인이 되는 것이 아니라, 반대로 인간의 행복이 원인이 되어 도덕적 행위가 결과로서 나타나는 것이다. 종교와 도덕에서는 어떤 사람이 악덕한 행동을 하면 결과적으로 그 사람은 타락할 것이며 불행할 것이라고 말하지만, 니체에게는 그 사람이 악덕한 것은 그가 이미 타락하고 불행에 빠진 결과다. 니체는 이를 사람들이 병에 들게 되는 것과 유사한 것으로 본다. 사람들은 어떤 사람이 병 때문에 몸이 약해졌다고 말하지만, 니체가 보기에 그 사람은 몸이 약해져서 병이 든 것이다.

일반적으로 종교와 도덕의 명제들은 '너는 신을 숭배하면 행복할 것이다'라든가 '도덕적으로 선한 행위를 하면 행복할 것이다'라는 식으로 '이러저러한 것을 하라, 이러저러한 것을 하지 마라. ― 그러면 너는 행복할 것이다'라고 말한다. 그러나 니체는 그 반대가 옳다고 본다. 건강한 인간, '행복한 사람'이란 어떤 종류의 행위는 하지 않을 수 없으며 어떤 종류의 행위는 본능적으로 피한다.

덕의 결과 사람들은 행복하다고 말한다. 이에 반해 니체는 육체와 정신이 건강해서 행복한 결과 사람들은 덕을 행한다고 말한다. 사람들은 미덕을 내적인 충만으로부터 행할 수 있지만 단순히 미덕이 덕이라는 이유로 행할 수도 있다. 미덕이 내적인 충만에서 비롯된 것이 아니라면 그것은 외면적으로는 미덕의 탈을 쓰고 있어도 사실은 갖가지 악덕을 바탕으로 한 것일 수 있다. 사람들은 다른 사람들의 시선이나 비난이 두려워 미덕을 행할 수도 있으며, 맹목적·무비판적 정신에서 행할 수도 있다. 아니면 미덕을 행함으로써 다른 사람들에 대해 우월감을 느끼기 위해서 행할 수도 있다.

2) 원인이란 무엇인지를 잘못 파악하는 오류

니체가 두 번째로 지적하는 오류는 '원인이란 무엇인지를 잘못 파악하는 오류'이다. 니체에 의하면 사람들은 원인이란 무엇인지를 '내면적인 사실들'의 영역, 즉 의지·동기·자아를 통해 파악하게 된다. 우리는 우리의 의식 속에 존재하는 의지가 어떤 행위의 원인이라고 믿으며, 또한 이러한 의식과 의지는 주체적인 자아에 속한다고 생각한다. 우리는 이러한 주체적인 자아가 자신의 의식적인 의지에 따라 어떤 행동을 일으킨다고 생각하는 것이다. 이렇게 어떤 주체적인 자아가 자신의 의식적 의지에 따라 어떤 행동을 일으키지 않는다면, 우리에게는 그렇게 행동할 수 있는 자유도 없게 되고 따라서 자신의 행위에 대한 책임도 질 수 없을 것이라고 생각하는 것이다.

그러나 니체는 의지와 의식 그리고 자아라는 내면적 사실들에 대한 믿음은 다만 우리 언어의 오류에 의해 발생한 산물에 불과하다고 본다. 우리의 언어는 주어-술어의 구조로 되어 있는데, 이러한 언어구조로 인해 우리의 이성은 술어에 해당될 수 있는 어떤 행위에 그것의 원인이자 주체로서 주어에 해당되는 실체를 찾게 된다. 이성의 이러한 특징으로 인해 이성은 도처에서 어떤 행위의 원인으로서 실체로서의 '자아'를 찾게 된다. 그러나 자유로운 의식적 의지의 주체로서의 자아라는 개념은 허구에 불과하다. 우리의 의식적 의지는 사실 우리가 의식하지 못하는 생리적 차원의 힘에의 의지에 의해 규정된다. 힘에의 의지가 병약하면 사람들은 서양 형이상학이나 그리스도교처럼 이원론적으로 생각하고 행동하게 된다. 물론 이들은 자신이 세계에 대한 객관적인 관찰에 입각해서 그렇게 생각하고 생동한다고 생각하겠지만 말이다.

그런데 사람들은 자유로운 의지를 갖는 실체로서의 자아를 원인의 모델로 여기면서 외부세계에서 일어나는 모든 사건도 실체로서의 자아와 같은 성격을 갖는 원인에 의해 야기되는 것으로 생각한다. 우리는 원인이라는 것이 무엇인지를 자유로운 의식적 의지를 갖고 생각하고 행동하는 실체로서의 자아로부터 이해하는 것이다. 즉 사람들은 외부세계에서 일어나는 모든 사건의 원인을 원자·물자체·신과 같은 것에서 찾는다. 사람들은 자아와 같이 독립적이고 상주하는 실체성을 갖는 원자가 모든 사건들의 원인이라고 생각한다. 원인으로서의 원자라는 개념이 당시 기계론적 물리학의 근간을 이룬 개념이라고 할 때, 니체가 이러한 원자 개념을 부정함으로써 기계론적 물리학을 부정하려 했음을 짐작할 수 있다.

다음으로 니체는 칸트가 말하는 물자체, 즉 생성·소멸하는 현상계의 이면에 존재하는 사물 자체라는 개념 역시 외적인 행동의 이면에 그것의 원인으로서의 실체적인 자아가 존재한다고 보는 사고방식의 연장이라며 비판하고 있다. 자기원인적 존재이자 모든 것의 제일 원인으로서의 신이라는 개념 역시 내면적 사실들이 투영된 것에 불과하다.

물론 니체는 여기서 원인이라는 개념 자체를 부정하지는 않는다. 니체가 부정하는 원인은 그 스스로가 자신의 원인으로 간주되는 원인이며 그 이상의 어떠한 조건에 의해서도 규정되지 않은 원인이다. 니체는 우리가 어떤 행위를 우리의 자발적인 의지에서 비롯된 것이라고 생각하는 경우에도, 그러한 이른바 자발적인 의지에 대해서도 우리가 의식하지 못하는 선행조건이 있다고 본다. 니체는 이 세계는 원자와 같은 실체들로 이루어진 것도 아니고 신이나 자아와 같은 정신적 실체들로 이루어진 것도 아니며, 끊임없이 서로 영향을 주고받는 무수한 힘에의 의지에 의해 이루어져 있다고 본다.

3) 공상적인 원인을 끌어들이는 오류

니체가 세 번째로 지적하는 오류는 '공상적인 원인을 설정하는 오류'다. 예를 들어 사람들은 어떤 사람이 겪고 있는 불행을 그 사람이 과거에 저지른 죄에 대한 신의 형벌로 생각할 수 있다. 이 경우 신과 신의 형벌이라는 개념은 하나의 공상적인 원인에 불과한 것이며, 그 사람이 겪고 있는 불행을 제대로 설명할 수 없다.

니체는 사람들이 이렇게 공상적인 원인들을 끌어들이는 이유를 심리학적으로 설명한다. 사람들은 어떤 감각이 자신을 자극할 때 그 감각에 대한 원인을 찾고 싶어 한다. 사람들은 감각을 결과로서 경험하고 그것에 대한 원인을 찾는다는 것이다. 그리고 이 경우 우리는 보통 '이전의 비슷한 종류의 상황들과 그것들로부터 생겨난 원인 해석들을 떠올린다.' 새로운 것에 대한 의식은 기억에 의해 이전에 경험했던 유사한 상황과 그 상황에 적용되었던 인과관계의 적용을 받는다. 따라서 기억에 의해 특정한 원인 해석이 익숙해지는 심적 '습관'이 생기게 된다. 이러한 습관에 의해 우리는 새로운 경험을 할 때에도 기존의 원인 해석을 적용하며, 심지어 새로운 원인을 분석하는 것조차 시도하지 않게 된다.

그러면 사람들은 왜 기억과 습관을 통해 잘못된 인과관계를 상정하게 되는가? 니체는 그 이유를 새롭고 낯선 것에 대한 인간의 '공포심'에서 찾는다. 미지의 것을 우리는 보통 위험한 것으로 보면서 불안과 두려움을 느낀다. 우리는 그 현상의 원인을 전혀 낯설지 않은 기지의 것에서 찾는 방식으로 이러한 불안과 두려움을 극복한다. 그 결과 어떤 특정한 원인이 모든 새로운 현상을 설명할 수 있는 것으로서 내세워지게 되며 다른 원인들은 배척당하게 된다. 도덕과 종교가 내세우는 모든 원인은 이러한 공상적 원인이다. 도덕과 종교에서는 내가 겪고 있는 불행과 불쾌감의 원인은 신이나 도덕에 대한 불경에서 찾아지고 그러한 불행과 불쾌는 벌로 해석된다.

그리스도교는 신앙·희망·사랑을 행복의 원인으로 보지만 니체는 그것들은 사실 결과에 지나지 않는다고 본다. 사람이 희망을 가질 수 있는 것은 생리적인 근본 감정이 강하고 풍부한 상태에 있기 때문이다. 사람이 신을 믿는 이유도 충만과 힘의 느낌이 그에게 안정감을 주기 때문이다. 이와 같이 니체는 도덕적·종교적 원인 대신에 생리적 원인을 제시하고 있으며, 종교적·도덕적 현상은 원인이 아니라 오히려 생리적 상태의 결과라고 보고 있다. 이와 관련하여 니체는 도덕과 종교는 공상적인 원인을 끌어들이는 오류뿐 아니라 결과에 해당하는 것을 원인으로 보는 오류도 함께 범하고 있다고 본다. 니체는 도덕이나 종교는 전적으로 오류의 심리학에 속한다고 말한다.

4) 자유의지를 상정하는 오류

니체가 마지막으로 제시하는 오류는 '자유의지에 대한 오류'다. 니체는 자유의지라는 개념은 그리스도교와 성직자들이 사람들을 심판하기 위해 만들어낸 개념이라고 본다. 그리스도교와 성직자들은 사람들에게 자연스런 본능을 근절할 것을 요구한다. 그런데 이렇게 요구하기 위해서는 인간에게 자신의 본능을 근절할 수 있는 자유의지가 존재한다고 상정해야 한다. 그리스도교와 성직자들은 사람들이 자신이 자유의지를 가지고 있음에도 불구하고 자연스런 본능을 근절하지 못한다는 이유로 죄인이라며 단죄한다. 이와 함께 성직자들은 심판할 권리와 더불어 죄를 지은 인간에게 벌을 내릴 권리도 확보한다. 성직자들이 이러한 권력을 가지게 되는 반면 인간은 죄책감에 사로잡히게 된다.

6. 인류를 개선하는 자들

「인류를 개선하는 자들」이라는 장을 니체는 '도덕적 사실이란 없으며 특정한 현상들에 대한 도덕적 해석만이 존재할 뿐'이라는 유명한 말과 함께 시작하고 있다. 이 경우 니체는 도덕이라는 말로 우리가 위에서 살펴본 '반자연적인 도덕'을 가리킨다. 사람들은 이러한 반자연적 도덕이 자명한 진리로서 존재한다고 생각하지만, 이러한 도덕 역시 인간의 행동에 대한 하나의 해석에 지나지 않는다고 본다. 그리고 이러한 해석은 해석자의 생리적 상태를 보여주는 징후일 뿐이다. 도덕은 단지 기호언어에 불과하다는 것이다. 반자연적 도덕은 자신의 본능과 열망을 자유롭게 통제할 수 없는 허약한 자가 자신의 본능과 열망에 대해서 내리는 극단적 조치다. 허약한 자는 자신이 통제하지 못하는 본능과 열망에 대해 두려움을 느끼면서 그것들을 악으로 단죄하여 근절하려 하는 것이다.

지금까지의 도덕은 인간을 '개선시키기'를 원했다. 그러나 개선이라는 말은 다양한 의미를 가질 수 있다. 다시 말해 인간을 길들이는 것(Zähmung)이나 어떤 특정한 종류의 인간을 길러내는 것(Züchtung) 모두 개선이라고 불리지만, 니체는 양자 간에는 넘어설 수 없는 차이가 있다고 본다. 니체가 반자연적인 도덕을 비판하며 이른바 자연적인 도덕을 내세운다고 해서 인간이 자신의 본능이나 열정을 마음대로 분출해도 된다고 주장하는 것은 아니다. 니체는 오히려 본능과 열정의 승화를 주장한다. 니체는 인간을 길들이는 것에는 반대하지만 인간을 길러내는 것, 훈육하는 것은 지지한다.

니체는 지금까지의 반자연적 도덕은 인간을 길들여왔지만 그것은 인간을 개선한 것이 아니라 오히려 인간을 병들게 하고 왜곡시켰다고 본다. 동물원의 동물들이 길들여짐으로써 개선되는 것이 아니라 공포감과 고통과 상처 그리고 굶주림에 의한 병약함만을 갖게 되는 것처럼, 금욕주의적인 성격의 반자연적 도덕에 의해 사람들은 병약해졌다.

니체는 그리스도교 도덕을 인간을 병든 동물로 만드는 도덕의 전형으로 보는 반면, 인도의 『마누법전』에 표현되어 있는 도덕은 인간을 길러낸다고 말하고 있다. 『마누법전』은 인간을 보다 건강하게 만든다는 것이다. 『마누법전』은 성직자 계급, 전사 계급, 상인 및 농민 계급, 결국 노예 계급인 수드라까지의 네 계급을 각 계급의 순수혈통을 철저하게 유지하는 방식으로 길러내려고 한다. 이에 따라 그것은 각 계급들 간의 철저한 분리와 각 계급에 맞는 도덕적 요구를 제시한다.

그러나 『마누법전』은 이러한 공식 계급에 속하지 않는 천민계급인 찬달라를 철저하게 병약하게 길들여서 이들이 사회체제에 저항할 수 있는 소지를 애초부터 없애버리려고 한다. 그러나 그리스도교가 인간 일반을 병약한 존재로 만들려고 하는 반면에, 『마누법전』은 찬달라 계층만을 병약한 인간으로 만들어 그들을 노예적인 처지에 묶어두려 한다.

니체는 『마누법전』에 순수하고 근원적인 아리안적 인간성, 즉 귀족적인 인간성이 나타나 있다고 말하고 있다. 그리고 이러한 인간성에 대한 증오를 전형적으로 체현한 종족을 유대인이라고 본다. 유대적 뿌리에서 나오고, 단지 이 토대에서 자라난 것으로만 이해될 수 있는 그리스도교는 길러냄의 도덕과 계급과 특권의 도덕 각각에 대한 반대운동을 표현하고 있다. 그것은 전형적인 반(反)아리안적 종교다. 그리스도교는 모든 아리안적 가치의 전도이자, 찬달라적 가치들의 승리이며, 짓밟힌 자 · 불우한 자 · 실패자 · 처우를 잘 받지 못하는 모든 자들이 '계급'에 맞서 벌이는 총체적 봉기다. 그것은 사랑의 종교를 자처하지만 사실은 고귀한 계급에 대한 원한에 사로잡힌 종교다.

니체는 『마누법전』의 예에서 보듯이 길러냄의 도덕과 길들임의 도덕은 서로 보완적인 관계에 있다고 본다. 즉 탁월한 계급에게는 길러냄의 도덕이 적용되어야 하지만 열등한 대다수에게는 길들임의 도덕이 유용하다는 것이다. 이는 니체가 위대한 정치가 구현된 사회에서도 대다수의 범용한 인간들에게는 그리스도교가 필요하다고 말하는 것과 유사하다.

7. 독일인들에게 부족한 것

니체는 이 장에서 독일 통일과 함께 세워진 새로운 독일제국의 현실을 신랄하게 비판하고 있다. 독일의 군사력은 강화되었을지도 모르지만 독일의 정신은 퇴락하게 되었다는 것이다. 물론 니체는 독일은 유럽의 다른 어떤 나라보다 '강한 용기와 자존심, 신뢰성, 근면성, 인내심, 절제심, 복종하는 것을 굴욕으로 느끼지 않고 복종하는 것, 자신의 적을 경멸하지 않는 것'과 같은 남성적인 미덕을 가지고 있음을 인정한다. 그러나 니체는 독일의 국력이 강화될수록 나날이 섬세한 취미나 고상한 본능이 사라지고 있다고 본다. 한때 시인과 사상가의 민족으로 불렸던 독일민족은 진정으로 정신적인 것들을 위해 필요한 모든 진지함을 정치에 다 소모해버렸다는 것이다.

니체는 '권력은 사람들을 어리석게 만들며' '문화와 국가는 서로 적대적인 관계에 있다'고 말한다. 권력이나 경제, 세계적인 교역, 의회주의, 군사적 이해에 지성·진지함·의지·극기력을 다 써버린다면 문화에서는 그것들이 결여될 수밖에 없다는 것이다. 독일은 강대국이 되었으나 오히려 프랑스는 문화국가로서 지금까지와는 다른 중요성을 갖게 되었으며, 정신의 새로운 진지함과 정열은 파리로 옮겨갔다.

더 나아가 니체는 독일민족은 거의 천년 전부터 자신을 의도적으로 우둔하게 만들어왔다고 말하고 있다. 니체는 독일민족을 이렇게 우둔하게 만든 가장 큰 요인으로 알코올과 그리스도교 그리고 바그너 식의 독일음악을 지목한다.

또한 니체는 독일민족이 정신적으로 쇠퇴하게 된 중요한 이유를 교육제도에서 찾고 있다. 독일의 대학들이 행하고 있는 교육은 일종의 잔인한 길들이기로서 그것들은 최대한 짧은 시간 동안 수많은 젊은이들을 국가가 이용할 수 있고 착취할 수 있는 도구로 만든다. 이러한 교육은 가장 애매한 평균성을 지향한다.

니체는 대학교육과 같은 고등교육은 소수의 예외자들을 위한 것이야

한다고 본다. 그것은 밥벌이를 위한 직업교육을 통해 수많은 '국가의 나사 부품'을 양산할 것이 아니라 소명의식을 갖는 기품 있는 예외적 인간들을 길러내야 한다. 위대하고 아름다운 모든 것은 결코 공동의 재산이 될 수 없으며 고등교육은 탁월한 예외를 위한 특전이 되어야 한다.

니체는 독일의 고등교육 제도 전체에는 목적을 이루기 위한 수단은 물론이고 목적 자체도 망각되어 있다고 본다. 제국의 강화가 아니라 교육과 교양이 목적이 되어야 하며 이러한 목적을 실현하기 위해 필요한 것은 중고등학교의 교사나 대학의 학자들이 아니라 진정한 교육자들이라는 점이 망각되어 있다는 것이다. 진정한 교육자로 니체는 "어떠한 순간에도 말과 침묵에 의해 자신을 입증하는 탁월하고 고귀한 정신들, 성숙하여 감미롭게 된 문화인들"을 지목한다. 이에 반해 당시 독일의 중고등학교 교사나 대학의 학자들은 학식있는 야만인에 불과하다는 것이다.

니체는 정신적으로 고상한 인간이 되기 위해서는 보는 법과 생각하는 법 그리고 말하고 쓰는 법을 배워야 한다고 말한다. '보는 법을 배우는 것'이란 성급하게 판단하지 않고 판단을 유보하면서 하나하나의 경우를 모든 측면에서 검토하고 조망하는 법을 배우는 것이다. 니체에 따르면 어떤 자극에 대해 반응을 유예하지 못하고 즉각적으로 반응할 수밖에 없다는 것은 많은 경우 병약함과 쇠진의 징후다. 이에 반해 보는 법을 배우게 되면 사람들은 대체로 서두르지 않게 되고 쉽게 믿지 않게 되며, 낯설고 새로운 것을 접할 때 우선은 적의를 품은 평정과 함께 그것을 대하게 된다.

그 다음 우리는 생각하고 쓰는 법을 배워야 하는데, 이는 춤을 배우듯

이루어져야 한다. 탁월한 춤꾼이 말로 표현할 수 없는 섬세하고 우아한 몸짓으로 춤을 추듯이, 우리는 사유하고 글을 쓸 때 사물들이 갖는 섬세한 뉘앙스를 느끼면서 표현할 줄 알아야 한다는 것이다.

8. 어느 반시대적 인간의 편력

이 장에서 니체는 당대의 철학, 예술, 정치, 문화 등에서 나타나고 있는 우상들을 비판하고 있다. 이러한 우상으로 니체는 루소나 칸트, 실러, 위고, 콩쿠르 형제 등 다양한 인물들과 아울러 이들이 대표하는 다양한 예술사조나 정치사상 등을 든다. 이 부분에서 니체는 이러한 우상들을 파괴하는 작업 외에 예술과 천재에 대한 새로운 개념을 정립하면서 새로운 가치를 창조하는 작업도 행하고 있다.

1) 예술과 도취

니체는 『우상의 황혼』에서 도취야말로 예술이 탄생할 수 있는 생리적인 전제조건이라고 본다. 이 경우 도취란 온 기관 전체의 흥분감이 고양되는 상태를 말한다. 이러한 도취는 원시적인 형태의 성적 흥분일 수도, 봄날의 도취처럼 날씨에 의해 기분이 고양되는 것일 수도 있다. 도취는 여러 원인에 의해 생겨날 수 있지만 '힘의 충만과 상승의 느낌'을 공통점으로 갖는다.

니체의 첫 저서인 『비극의 탄생』에서 도취가 '개체가 자신의 개체성을 망각하고 우주의지와 하나가 되는 합일의 느낌'을 가리킨다면, 『우상의 황혼』에서 도취는 '힘의 상승과 고양의 느낌'을 가리킨다. 이러한 도취는 단순히 심리적 상태만이 아니며 신체(Leib) 전체의 흥분상태이자 신체 전체가 느끼는 '쾌감'의 상태. 도취를 경험할 때 우리의 혈관과 신경과 근육이 흥분하고 일깨워지면서 심리적인 차원에서는 황홀경을 경험하게 된다. 이렇게 육체와 마음이 모두 도취에 빠지는 상태에서는 인간의 공간지각 및 시간지각도 변화하게 된다. 신체의 각 기관은 예민해지고, 그 어떤 실마리나 암시에도 민감해져 아주 작은 자극도 놓치지 않는다. 인간의 생리상태는 최고도로 활성화된다.

즉『비극의 탄생』에서 도취가 개체성의 망각을 가리킨다면『우상의 황혼』에서는 개체가 경험하는 힘의 강화와 고양을 가리킨다.『비극의 탄생』은 생성·소멸하며 다양한 개체로 이루어진 현상계의 이면에 하나의 통일적인 세계의지를 상정하고 있는 쇼펜하우어 사상의 영향 아래 있었다. 그러나『우상의 황혼』에서 니체는 쇼펜하우어의 굴레를 완전히 벗어버리게 된다.『비극의 탄생』에서 개진한 니체의 초기 예술철학이 개별 현상들의 근저에 존재하는 형이상학적 우주의지와의 합일을 촉구하는 예술가-형이상학(Artisten-Metaphysik)이라면,『우상의 황혼』에서 개진하고 있는 예술철학은 힘의 고양과 상승을 지향하는 힘에의 의지라는 개념에 입각한 예술생리학(Physiologie der Kunst)이라고 할 수 있다.

『비극의 탄생』에서 아폴론적인 것은 꿈에의 충동으로 그리고 디오니소스적인 것은 도취에의 충동으로 설명되고 있다. 그러나 니체는『우상의 황혼』에서는『비극의 탄생』에서 디오니소스적인 것의 핵심적인 성질로 제시했던 도취라는 표현을 아폴론적인 것에 대해서도 사용한다. 즉 디오니소스적 도취뿐 아니라 아폴론적 도취라는 개념도 사용하고 있는 것이다. 이와 함께 니체는 위에서 본 것처럼 도취라는 개념도 『비극의 탄생』에서와는 다른 의미로 사용하고 있다.

그러나 니체가 『우상의 황혼』에서 아폴론적인 것과 디오니소스적인 것으로 말하고 있는 것은 『비극의 탄생』과 일정한 연속성을 갖는다. 아폴론적 도취는 신체의 다른 어떤 부분보다 눈을 긴장시킨다. 따라서 『비극의 탄생』에서 아폴론적 충동이 갖가지 가상을 산출하는 꿈을 꾸는 충동이었듯이, 『우상의 황혼』에서 아폴론적 도취는 눈의 기능을 고양하며 각종 환상을 보게 한다. 화가 · 조각가 · 서사시인 등은 뛰어난 환상가들이다. 이와 반대로 디오니소스적 도취는 감정체계 전체를 긴장시키고 강화한다. 이렇게 온 감정의 기관이 도취된 상태에서 본질적인 것은 역시 변신의 용이성, 반응을 하지 않고는 못 배기는 성질이다. 니체는 이렇게 디오니소스적 도취에 사로잡힌 사람을 아주 조금만 자극을 받아도 어떤 역할이든 다 하는 히스테리 환자의 경우와 비슷하다고 본다.

디오니소스적 도취로 고양된 사람은 자신이 느끼는 감정이 암시하는 것을 아무리 사소한 것이라도 결코 놓치지 않으며 그 암시에 예민하게 반응하면서 자신이 느끼는 모든 것을 육체로 모방하고 재현한다. 디오니소스적 도취에 따르는 예술가는 배우 · 광대 · 무용가 · 음악가, 서정시인이다.

도취상태에서 사람들은 자신의 충일함으로 인해 모든 것을 풍요롭고 충일한 것으로 만든다. 그는 무엇을 보고 무엇을 바라든 자신이 보고 바라는 것이 충일하고 강하고 힘으로 가득 차 있다고 본다. 인간은 사물과 세계에 자기 자신의 모습을 투영하는 것이다. 따라서 아름다운 종족, 즉 힘의 상승이라는 도취에 의해 사로잡혀 있는 종족만이 사물과 세계를 아름답게 보며, 그렇지 않은 종족은 사물과 세계를 추하고 무가치하며 무의미한 것으로 본다.

2) 자연주의 비판

니체는 예술-생리학에 입각하여 19세기 당대의 예술론을 검토하고 있다. 특히 '예술을 위한 예술'이라는 기치를 제시한 순수 예술 운동, 자연주의, 쇼펜하우어의 미적 염세주의가 비판의 대상이 된다. 니체의 예술관에 가장 대립되는 것은 자연주의 예술관이라고 할 수 있다.

졸라나 콩쿠르 형제와 같은 자연주의자는 인간은 모든 주관적 관점에서 벗어나서 세계를 고찰할 수 있다고 생각한다. 그러나 니체에 따르면 인간의 세계 관찰은 모두 힘에의 의지라는 생리적 상태를 반영하며 그러한 생리적 상태에 의해 규정된 관점에 입각하여 세계를 본다. 따라서 세계를 있는 그대로 고찰하고 관찰 자체만을 위해 관찰한다는 것은 사실은 약화된 생명력의 표현일 수 있다. 그것은 세계를 아름다운 것으로 볼 수 있는 능력을 상실한 자들이 세계를 바라보는 방식이다. 자연주의 예술은 도취를 결여한 파리한 생명력의 상태에서 자연을 보는 것이다.

관찰을 위한 관찰은 오히려 전체를 잘못 보게 되고 왜곡하면서 과장된 억지 결과를 내놓게 된다. 타고난 심리학자나 타고난 화가는 보기 위해서 보는 것을 경계한다. 그들은 결코 자연 그대로 묘사하지 않는다. 그들은 자연·사건·체험을 걸러내며 그렇게 걸러내는 일을 자신들의 본능에 맡긴다.

니체는 자연주의 소설가들은 모두 행상 식의 심리학을 한다고 본다. 이들은 전체를 조망하는 시선을 상실했다. 이에 따라 그들이 그려내는 것은 덕지덕지 바른 물감, 기껏해야 하나의 모자이크이며 잡다한 것들을 한데 거둬 모은, 불안정하고 겉만 번지르르한 어떤 것이다. 니체는 이 가운데 최악은 콩쿠르 형제의 것이라고 본다.

니체는 자연은 예술적으로 볼 때 모델이 될 수 없다고 말한다. 자연은 과장하고 왜곡시키며 틈을 남겨둔다. 자연은 우연이다. 따라서 자연주의는 우연한 자연에 자신을 내맡기는 연약함, 숙명주의다. 자연주의는 자질구레한 사실들을 중시하면서 그것에 굴종하는 것이다. 이러한 태도는 완전한 예술가에게는 어울리지 않는다.

자연주의 예술과는 달리 진정한 예술은 사물과 세계를 그대로 반영하는 것이 아니라 변모시키고 자신의 충만하고 완전한 힘에 상응하도록 사물과 세계를 완전하게 만든다. 니체는 이러한 변모를 이상화라고 부른다. 이러한 이상화는 사소한 것을 제거하지 않고 오히려 사물과 세계의 근본적인 특징을 드러내며 이와 함께 사소하고 보잘것 없는 것은 저절로 사라지게 한다. 즉 진정한 예술가는 사물에게 자신을 증여하며 나누어준다.

3) '예술을 위한 예술' 비판

플라톤과 톨스토이, 통속적인 마르크스주의의 입장에서 볼 때 예술은 인간의 도덕성을 강화하거나 건전한 사회의 육성에 기여해야 한다. '예술을 위한 예술'은 이렇게 예술을 도덕화하는 것에 반항한다는 점에서 의의가 있다. 도덕적인 시각에서 볼 때 경복궁과 같은 예술작품은 수많은 민중들의 고혈을 짜낸 부도덕한 작품이지만 '예술을 위한 예술'을 표방하는 사람들은 경복궁의 건설이 수많은 민중들의 삶과 전혀 상관없이 아름다운 작품이라고 평가한다. 즉 이들은 예술작품은 예술작품으로서 평가해야지 도덕적인 잣대를 기준으로 평가해서는 안 된다고 말한다. 즉 아름다움과 도덕적 선은 전적으로 다른 가치라는 것이다.

그러나 니체가 보기에 '예술을 위한 예술'을 주창하면서 예술과 도덕을 분리하려는 사람들은 도덕에는 반자연적인 도덕밖에 없다고 생각한다는 점에서 일정한 편견에 사로잡혀 있다. 니체는 예술은 우리의 삶을 떠나서 존재할 수 없는 것이기 때문에 우리 삶의 반영이라고 본다. 예술은 어떤 현상을 찬양하고 칭송함으로써 가치판단을 행한다. 예술은 그렇게 함으로써 특정한 가치판단을 강화하기도 하고 약화하기도 한다. 이것은 예술에 부수적인 현상이 아니라 오히려 예술이 진정한 예술이 되기 위한 필수적인 조건이다. 예술이란 삶의 자극제다.

4) 쇼펜하우어의 염세주의적 예술관에 대한 비판

쇼펜하우어는 예술이란 사람들을 사물을 관조하는 상태에 빠지게 하면서 성욕을 비롯한 맹목적인 삶에의 의지와 욕망에 의해 내몰리는 상태로부터 벗어나게 하는 위로 수단이라고 본다. 쇼펜하우어의 이런 예술관을 니체는 '그리스도교를 제외하고 역사상 가장 엄청난 심리학적 날조'라고 평한다.

플라톤은 육체의 아름다움, 성격의 아름다움, 학문의 아름다움 등에 이끌려 우리가 새로운 존재로 다시 태어난다고 보았다. 또한 니체는 플라톤의 변증법은 에로스적 경쟁, 즉 아름다운 청년들을 매료시키기 위한 경기에서 비롯되었다고 본다. 또한 고전적 프랑스의 모든 고급문화와 문학 역시 성적 관심의 토양 위에서 성장했다. 다시 말해 예술은 쇼펜하우어가 말하고 있는 것처럼 모든 욕망에서 벗어난 관조의 상태에서 탄생하는 것이 아니라 오히려 성적인 욕망에 바탕을 두고 있다는 것이다. 이 점에서 니체는 예술을 성욕의 승화라고 보는 프로이트의 견해를 선취하고 있다고 할 수 있다.

따라서 쇼펜하우어는 그리스도교와 달리 예술과 같은 인류의 위대한 문화적 소산을 받아들이면서도 그것을 그리스도교적인 관점에서, 다시 말해 대지와 삶을 부정하는 허무주의의 관점에서 그것을 시인한다. 그는 예술을 현실과 고통 그리고 생에서 벗어나 죽음과 같은 평안에 이르게 하는 구원의 길로서 시인하는 것이다.

5) 바그너 음악 비판

오늘날의 인간은 선량한 천성을 가지고 세상일을 되어가는 대로 내버려두고 지쳐빠져서 숨을 몰아쉰다. 이들에게는 사나운 본능이 잠들어 있으며 이들은 휴식을 위해 여행을 하고 바그너의 음악을 듣는다. 바그너는 음악에 연극적 효과와 신화적 요소 등을 끌어들여 사람들을 마취시킨다.

6) 반(反)다윈

니체는 진화 자체를 부정하지는 않지만 이러한 진화가 다윈이 말하는 것처럼 환경에 대한 수동적인 적응에 의해 일어난다는 견해에 대해서는 비판적이다. 니체는 모든 존재자들은 단순히 생존을 추구하는 것이 아니라 힘의 고양과 상승을 추구한다고 본다.

다윈은 희소한 자원을 둘러싸고 생물들이 생존하기 위해 투쟁한다고 보면서 자연을 근본적으로 궁핍한 것으로 본다. 그러나 니체는 이러한 다윈의 자연관은 맬서스 인구론의 영향을 받은 것이라고 말한다. 니체가 보기에 삶의 총체적인 모습은 곤경이나 기근이라기보다는 오히려 풍부와 풍요, 심지어는 불합리한 낭비를 특징으로 갖는다. 따라서 존재자들의 투쟁도 희소한 자원을 둘러싸고 각자의 생존을 위해서 일어나는 것이 아니라 힘의 고양과 상승을 위해서 일어난다.

아울러 다윈은 생존경쟁에서 강자가 승리한다고 보았지만 니체가 보기에는 오히려 다수인 약자가 보통 승리한다. 약자가 계속해서 강자를 지배한다. 약자가 다수일 뿐 아니라 또한 더 교활하다. 특히 약자들은 모든 인간은 평등하다는 식의 허위적인 이데올로기를 강자에게 주입함으로써 승리한다. 다윈은 힘을 주로 육체적인 것으로만 생각하면서 약자가 구사하는 교활한 생존전략을 망각했다.

7) 이타주의 비판

니체는 '이타주의적' 도덕, 즉 이기심을 위축시키는 도덕은 사람들의 건강한 본능을 분산시킨다고 본다. 이와 관련하여 니체는 "자기 자신에게 해로운 것을 본능적으로 선택한다는 것, '이해관계가 없는' 동기에 의해 이끌린다는 것이 대체로 데카당스의 공식이다"라고 말하고 있다. '자신의 이익을 구하지 않는다는 것'은 사실은 '나는 내 이익을 찾을 줄 모른다'라는 사실을 은폐하는 도덕적 위선에 불과하다는 것이다. 니체는 심지어 인간이 이타적으로 되면 종말을 맞게 된다고 말하고 있다.

사람들은 이타적으로 살 것을 사회로부터 요구받지만, 니체는 우리는 무엇보다 먼저 건강하게 '자신을 돌보는 것'이 필요하다고 말한다. 인간은 우선 자신의 고양과 강화에 집중해야 하며 타인을 돕는 것도 이러한 자기 강화와 고양에서 저절로 우러나야 한다. 자신을 강화할 줄 모르는 자가 남을 강화시킬 수는 없는 것이다. 이 경우 이타주의는 자신의 가치를 느끼지 못할 정도로 퇴락한 자가 타인을 위해 자신을 헌신한다는 방식으로 자신의 가치를 회복하려는 몸부림일 수 있다.

또한 자신을 돌보지 않고 오직 타인의 고통을 해결하려 동분서주하는 것은 사실은 타인을 무력하게 보는 것이며 타인을 비하하는 것이다. 우리는 타인을 돕더라도 그 타인이 제 발로 서서 스스로를 돌볼 수 있게 도와야 한다. 이런 의미에서 니체는 동정도 비판한다. 동정이란 타인을 안쓰럽게 보고 무능력하게 보는 것이다. 동정이 아니라 서로를 채찍질하면서 서로를 고양하는 우정이 필요하다.

니체는 도덕과 관련해서 중요한 것은 그 행위가 이타적이냐 이기적이냐가 아니라 행위자가 어떠한 생리적 상태를 갖느냐라고 보았다. 이기심이나 이타심의 가치는 그러한 이기심이나 이타심의 소유자가 생리적으로 어떤 성격을 갖고 있는지에 따라 결정된다는 것이다. 이기심이라 하더라도 그 자체로 나쁜 것은 아니며 그것을 갖는 자의 생리적 상태가 어떤 것인가에 따라 가치가 매우 클 수도 있고 무가치할 수도 있으며 경멸받을 수도 있다.

건강한 생명력을 가지고 있는 자라면 그는 자신도 모르게 자신의 생명력을 표현하면서 다른 사람들에게 이를 증여한다. 그러나 이 경우 그는 다른 사람들을 위한다는 이타주의적 마음으로 자신의 생명력을 증여하는 것이 아니며 그저 자기 자신을 위해 생명력을 분출한다. 생명력이 넘치다보니 그렇게 생명력을 분출하지 않을 수 없는 것이다. 그리고 이러한 생명력의 분출을 통해 사람들을 자신의 자장으로 끌어들이면서 충만한 생명력을 나누어주는 것이다.

예를 들어 미켈란젤로와 같은 천재는 자신의 건강한 생명력을 작품으로 표현하면서 그 작품을 보는 사람들의 생명력을 고양시킨다. 이 경우 미켈란젤로는 모든 인간에게 자신의 생명력을 증여하는 자이기에 사람들은 그가 자신을 표현할 수 있는 최적의 조건을 마련해주어야 한다. 그와 함께 인류의 고양과 상승이 일어나기 때문이다.

그러나 어떤 인간의 생명력이 하강하거나 쇠퇴하고 있을 경우 그는 명예나 부를 축적하고 남들로부터 약탈함으로써 자신의 허약한 생명력을 충족하려 한다. 이렇게 병적인 탐욕의 형태로 나타나는 이기심은 그 소유자를 명예나 부와 같은 외적인 것에 종속시킬 뿐이다.

8) 자유의 진정한 의미

니체는 반자연적인 자유의지, 즉 자신의 자연스런 본능과 열정을 근절하려는 자유의지를 부정하지만 그렇다고 해서 인간이 부자유하다고 보는 것은 아니다. 니체는 새로운 자유 개념을 정립한다. 니체가 비판하는 자유의지를 반자연적인 자유의지라고 부를 수 있다면, 니체가 인정하는 자유는 자연적 자유의지라고 할 수 있을 것이다. 이러한 자유의지는 자기극복에의 의지다. 즉 니체는 이러한 자유의지를 '자기 책임에의 의지를 가지고 있다는 것', '어지간한 고난과 고통은 무시하면서 싸움과 승리로부터 기쁨을 느끼는 남성적 본능이 다른 본능을 지배하게 되었다는 것'을 의미한다고 본다.

개인에게서나 민족에게서나 자유는 극복되어야 할 저항에 의해, 드높은 곳에 머무르기 위해 치르는 노력에 의해 측정된다. 니체는 자신이 말하는 진정한 자유를 구현한 대표적 인간으로 율리우스 카이사르를 들고 있다. 이런 종류의 자유는 신학자들이 말하는 자유의지처럼 인간들에게 원래부터 주어져 있는 것이 아니라 자신에 대한 일종의 폭정, 즉 치열한 자기극복을 통해서 쟁취된다.

9) 평등주의 및 자유주의 비판

니체는 "사람과 사람, 계층과 계층 간의 차이, 유형의 다양성, 자기 자신이고자 하는 유별나고자 하는 의지" 등을 건강한 시대의 특징으로 본다. 그러나 근대의 평등주의는 이러한 차이들을 모두 말살해버린다. 니체는 이러한 평등주의가 "내가 천민이라면 당신도 그래야 한다"는 식의 원한과 시기로 가득 찬 비천한 논리를 근거로 한다고 본다.

근대의 모든 정치적 이념은 이러한 평등주의에 입각해 있다. 사회주의나 무정부주의는 물론이고 자유주의도 이러한 평등주의를 표방한다. 즉 자유주의는 모든 사람들이 자유를 누려야 한다고 주장하고 있지만, 이 경우 자유는 자신의 여러 본능을 무분별하게 분출하는 것과 동일시된다. 이러한 본능은 서로 모순되고 서로 방해하며 서로를 파괴한다. 니체에 따르면 오늘날에는 정치에서뿐 아니라 예술에서도 가장 엄격한 통제가 필요한 자들이 독립과 자유로운 발전과 방임을 가장 열렬히 요구하고 있다. 니체는 이것을 데카당스의 징후라고 본다.

사람들은 오늘을 위해 살고 있고, 아주 재빠르게 살고 있으며, 지극히 무책임하게 살면서, 이것을 '자유'라고 부른다. 본능의 무분별한 분출을 방임하는 자유주의적 민주주의는 조직화하는 힘이 쇠퇴할 때 나타나는 정치형태다. 여러 본능의 균형 잡힌 통일성을 가능하게 하는 제도들이 존재하기 위해서는 악의적이라고까지 말할 수 있는 반(反)자유주의적 의지와 본능 그리고 명령이 존재해야 한다. 전통에의 의지가, 권위에의 의지가, 수세기에 걸쳐서 책임을 지려는 의지가, 그리고 과거와 미래로 무한히 연결되어 있는 세대들 사이의 연대성이 존재해야만 한다. 이러한 의지가 존재할 경우에만 로마제국과 같은 것이 건립된다. 그러나 서구 전체는 제도들을 자라나게 하고 미래를 자라나게 하는 본능을 잃어버렸다.

제도를 제도로 만드는 것은 권위이지만, 근대인들은 '권위'라는 말을 듣기만 해도 자신들이 새로운 노예 상태의 위험에 처해 있다고 믿는다. 근대의 정치가와 정당에서는 가치 본능의 데카당스가 너무나 심해져서 그들은 해체시키고 종말을 재촉하는 것을 본능적으로 선호한다.

10) 연애결혼 비판

니체는 결혼에 대해서도 반자유주의적인 입장을 취하고 있다. 니체에 따르면 결혼이 무게중심을 갖고 이성적인 것이 될 수 있었던 것은 첫째로 남성이 단독으로 법적인 책임을 떠맡았기 때문이다. 이에 반해 오늘날에는 남성과 여성이 동등한 법적 책임을 갖게 됨으로써 결혼은 두 다리로 절뚝거리고 있다. 결혼이 이성적인 것이 될 수 있었던 둘째 이유는 그것이 원칙적으로 해체될 수 없었기 때문이다. 결혼은 감정·열정과 순간의 우연에 의해 흔들리지 않을 수 있었다. 셋째 이유는 배우자의 선택에 대해 가족이 책임을 졌기 때문이다.

그런데 연애결혼에 대해 점점 관대해지면서 사람들은 결혼의 토대, 즉 결혼을 하나의 견고한 제도로 만드는 요인을 제거해버렸다. 하나의 견고한 제도로서의 결혼은 어떤 개인들의 특이한 성질에 기초하지 않고, 성충동과 재산 소유에의 충동(아내와 자식은 재산이다) 그리고 지배에의 충동에 기초한다. 지배에의 충동은 수세대에 걸쳐 이룩해놓은 권력·영향력·부를 유지하면서, 수세기에 걸치는 본능들 사이의 연대를 준비하기 위해 끊임없이 최소의 지배 형태인 가족을 조직한다. 이는 자식과 후계자들을 필요로 한다. 진정한 결혼은 가장 멀리 떨어져 있는 세대까지 고려하는 것이어야 한다. 이런 의미에서 현대식 결혼은 결혼의 의미를 상실해버렸다.

11) 노동운동 비판

니체는 당대의 노동운동에 대해서도 극히 비판적이다. 니체에 따르면 유럽의 노동자는 너무나 좋은 상태에 처해 있어서, 점진적으로 더 많은 것을 그리고 더 뻔뻔스럽게 요구하고 있다. 니체는 노동자들은 겸손하고 자족적인 종류의 인간, 즉 중국인과 같은 유형의 인간이 되어야 한다고 본다. 그러나 근대의 민주주의는 노동자들을 군에 복무하게 하고 그들에게 단결권과 참정권을 부여하면서 노동자들이 순종적인 신분으로 존재할 수 있는 가능성을 제거하고 말았다.

12) 자살에 대해서

근대인들을 지배하는 철학은 쾌락주의와 공리주의다. 근대인들은 쾌락을 삶의 목표라고 본다. 따라서 쾌락주의와 공리주의를 자신의 기반으로 갖는 근대의 자유주의 사회나 사회주의 사회는 인간에게 고통의 원인이 될 수 있는 것들을 모두 제거하려고 한다. 그것은 자연재해는 물론이고 궁극적으로는 노화와 죽음마저도 제거하려 한다. 쾌락주의와 공리주의에서 죽음이란 인간이 쾌락을 누릴 수 있는 모든 가능성을 다 앗아가는 것으로서 부정적인 의미만을 가질 뿐이다.

그러나 니체에게는 역경이야말로 개인을 단련시켜 위대한 존재로 만드는 것이다. 따라서 강력하고 건강한 의지는 자신의 성장을 위해 오히려 그러한 역경을 요청한다. 진정한 행복이란 공리주의에서 생각하는 것처럼 고통의 제거나 회피를 통해 획득되는 것이 아니고 오히려 고통을 자신의 내적 성장을 위한 계기로 승화시키는 자기고양을 통해 획득된다. 그러한 행복은 고통을 자신이 회피하지 않고 견뎌내었으며 이를 통해 자신의 힘을 고양했다는 자긍심을 수반하는 행복감이다.

죽음에 대한 니체의 관점은 고통을 이렇게 긍정적으로 바라보는 시각에서 이해되어야만 한다. 죽음은 정신력이 약한 인간에게는 가장 두려운 사건이지만 정신력이 강한 인간에게는 자신의 힘을 충분히 강화하고 고양할 기회가 될 수 있다. 죽음에 대한 니체의 이러한 관점은 자살에 대한 그의 평가에서 가장 분명하게 나타난다. 사람들은 인생에 대한 절망 때문에 자살하는 것이 보통이지만, 니체는 경우에 따라 자살이 인생에 대한 최고의 긍정이자 최고의 힘의 표현이 될 수 있다고 본다.

이 경우 니체는 의연한 자살, 또렷하게 깨어 있는 의식을 가지고 죽음을 받아들이는 자살을 생각하고 있다. 이러한 자살은 삶을 부정하는 것이 아니라 삶에 대한 최고의 긍정이다. 이는 삶이란 다윈과 같은 사람이 생각하는 것처럼 생존이나 연명을 목표로 하는 것이 아니라 자기의 강화와 고양을 목표로 하기 때문이다. 생존이나 연명을 목표로 하는 삶은 참된 삶이 아니라 병약하고 퇴락한 삶에 불과하다. 그것은 살아 있다고 하지만 사실은 살아 있는 것이 아니다. 이렇게 우리가 단순한 생존이 아니라 자신의 강화와 고양을 추구한다면, 우리는 의연하게 스스로 죽음을 청하면서 죽음에 대한 공포를 극복하고 최고의 힘의 고양을 맛볼 수 있다. 바로 이 점에서 자살은 삶의 최고의 승화로 여겨질 수 있다. 인간은 이러한 순간에야말로 자신이 진정으로 살아 있다고 느낄 수 있다.

어떤 의미에서 우리의 탄생과 죽음은 외부에서 우리에게 주어지는 것이다. 그러나 의연하게 자살을 할 수 있는 사람은 죽음 역시 자신이 통제해야 할 자기 삶의 일부라고 생각한다. 그는 자신의 삶과 죽음의 주인이 되려고 하는 것이다. 그에게 죽음은 그가 생전에 부딪혔던 어려움과 마찬가지로 자신의 성숙과 강화를 위한 계기일 뿐이다. 그는 어려움과 난관을 자신의 성숙의 계기로 삼고 그것과 의연하게 부딪히는 자신의 강함을 즐겼던 것처럼, 죽음도 그러한 계기로 삼는다.

니체가 말하는 위대한 자살자들은 삶에서 실패했기 때문에 자살을 하는 것이 아니라 자신의 삶을 최고로 승화시키기 위해 자살한다. 그들은 삶에 대한 사랑 때문에 자살하는 것이다. 그들은 자신의 삶을 누추하고 비루하게 보이고 싶지 않기 때문에 자살을 택하는 것이며 따라서 자살의 순간에도 그들은 의연하다. 그들은 더 오래 살게 해달라고 신에게 기도하지 않으며 의사에게 매달리지도 않는다. 그들은 최고로 독립적이며 자유로운 자들이다.

그리스도교는 죽어가는 사람들에게 그동안 삶에서 지은 죄를 회개할 것을 촉구하면서, 죄를 회개하고 주님을 받아들이면 천국에 갈 것이지만 그렇지 않으면 지옥에 떨어질 것이라고 협박한다. 이 점에서 니체는 그리스도교는 죽음 앞에서도 사람들을 능욕하고 있다고 비판한다. 그리스도교의 협박에 굴복하여 자신들의 죄를 참회할 때 사람들은 자신을 비겁한 인간으로 전락시키는 것이다.

그러나 니체에게는 죄 있는 인간과 죄 없는 인간의 구별이 아니라 병든 인간과 건강한 인간의 구별이 있을 뿐이다. 이러한 니체의 구별에 따르면 삶에 대한 원한 때문에 자살을 택한 사람들은 죄가 커서 자살을 택한 것이 아니라 삶을 짊어지기에는 너무나도 병약한 인간들이었기 때문에 자살한 것이다. 이들의 자살은 자유로운 자살이 아니라 자포자기에 의한 자살이다. 따라서 니체는 죽음에 임한 사람들에게 회개를 요구하지 않고 자신의 죽음을 의연하게 맞을 것을 요구한다.

그리스도교를 비롯한 거의 대다수의 종교들은 자살을 금지하고 자살 자체를 죄로 간주한다. 이들은 위대한 자살과 비소한 자살을 구별하지 않는다. 그러나 니체는 삶에도 품위 있는 삶과 그렇지 못한 삶이 있듯이 자살에도 품위 있는 자살과 그렇지 못한 자살이 있다고 본다.

니체는 자살이 아닌 자연사라고 불리는 것도 사실은 자연스런 죽음이 아니라 어떻게 해서든 자신의 목숨을 이어가려는 비루함에서 비롯된, 선택에 의한 죽음이라고 본다. 인간은 본질적으로 자신의 삶을 선택할 수 있는 존재이기에 이른바 자연사라는 것도 선택에 의한 죽음이라는 것이다. 그러므로 의연한 자살을 부자연스런 죽음이라며 비난할 수는 없다.

사람들에게 보통 죽음은 두려운 것으로 나타난다. 죽음을 두려워하는 데서 불사와 영원의 꿈이 생겨난다. 그리고 그러한 영원의 꿈을 이루기 위해 사람들은 불멸의 영혼이 거주하는 피안세계를 만들어내고, 이러한 피안세계와 비교하면서 현세의 삶은 보잘것 없는 것으로 간주한다. 이 경우 죽음으로 끝난다는 사실로 인해 현세의 삶은 더욱더 불완전하고 덧없는 것으로 여겨진다.

그러나 니체는 인간이 죽는다는 것 때문에 오히려 삶이 보다 향기롭고 경쾌한 것이 될 수 있다고 말하고 있다. 인간이 죽는다는 사실로 인해서 순간순간은 더 소중하고 귀중한 의미를 가질 수 있으며 사물은 보다 더 아름답게 나타날 수 있다. 인간이 죽지 않는다면 우리는 어떠한 행위도 연기(延期)할 수 있기 때문에 그때마다의 행위가 갖는 진지함과 심대한 의미도 사라질 것이다.

이런 의미에서 니체는 그리스도교가 죽음이 오히려 인간의 삶을 빛나게 할 수 있다는 사실을 무시하고 죽음을 혐오스럽고 두려운 것으로 취급함으로써 죽음으로 끝나는 삶 자체도 덧없고 혐오스러운 것으로 만들어버렸다고 비판하고 있다.

13) 범죄자에 대해서

니체에 따르면 범죄자는 병든, 강한 인간이다. 범죄자의 미덕은 지금까지 사회로부터 배척되어왔다. 그는 기존 사회를 부정할 정도로 활력이 넘치지만, 곧장 자신을 억압하면서 자신에 대해 의심과 공포 그리고 수치를 느낀다. 그는 자신이 가장 잘 하는 일, 가장 하고 싶은 일을 오랫동안 긴장과 조심 속에서 남몰래 하면서 종국에는 활력을 상실하고 만다. 그는 자신의 본능으로 인해 박해를 당하기 때문에 자신의 본능과 열정을 적대시하게 된다. 그는 자신이 그러한 본능을 타고났다는 것을 자신의 숙명적인 불행으로 생각한다. 길들여지고 범용하고 거세된 사회에서는 이렇게 활력이 넘치는 인간은 범죄자로 퇴락하고 만다.

물론 이러한 사람들 중에서는 그렇게 범죄자로 낙인찍히지 않는 천재적인 인간도 있을 수 있다. 그러한 사람의 예로 니체는 나폴레옹을 든다. 나폴레옹은 강한 활력과 본능을 가지고 태어났으면서도 사회보다 더 강한 인간이며, 다른 범죄자들보다 훨씬 더 자유롭고 위험한 존재다. 이와 관련해 니체는 문화를 창조하는 예외적이고 강한 범죄자를, 본능을 감당하지도 승화시키지도 못하고 파괴적 충동으로 분출하는 유약한 범죄자와 구분하고 있다고 할 수 있다.

유약한 범죄자는 본능을 승화하여 문화를 창조하지도 못하면서, 본능을 통제하지 못하여 문명을 파괴하는 자들이라고 이해될 수 있다. 그러나 니체는 본능의 억압의 차원에서 본다면 준법정신이 투철한 시민이 범죄자보다 더 병들어 있을 수 있다고 본다. 유약한 범죄자라도 자신 안에 창조의 잠재력을 갖고 있기 때문이다. 따라서 니체는 이들이 자신의 본능을 건강한 방식으로 발현할 수 있도록 돕는 사회적 조건을 형성해야 한다고 본다.

니체는 범죄자에 대한 자신의 분석을 뒷받침하기 위해서 도스토예프스키를 원용한다. 도스토예프스키는 시베리아 유형 기간에 함께 살았던 죄수들이 러시아에서 가장 훌륭하고 가장 가치 있는 소질을 가진 인간들이라는 사실을 발견했다. 그러나 이들은 자신을 범죄자로 여기고 있으며 쓸모없고 더러운 존재라고 생각한다. 그들이 이렇게 자신을 범죄자로 느끼는 것은 그들이 전통적이고 존중받고 있는 모든 것과 자신 사이의 무서운 간극을 느끼기 때문이다. 따라서 그들의 행동과 생각은 지하적인 색채를 띠고 있다. 그들의 모든 것은 햇빛을 받고 사는 사람들의 경우보다 더 창백한 것이 되고 있다.

그러나 오늘날 우리가 탁월한 것으로 간주하는 거의 모든 것들은 이전에는 이렇게 지하적이고 창백한 것이었다. 과학자, 예술가, 천재, 자유정신, 배우, 상인, 대발견자 등이 말이다. 정신의 모든 혁신자들은 한동안은 범죄자라는 저 창백한 숙명적 낙인을 이마에 찍고 다닌다.

니체는 범죄자나 천재와 대립되는 존재로 성직자를 지목한다. 성직자가 최고의 인간 유형으로 간주되는 한, 모든 가치 있는 인간들은 멸시를 받게 된다. 이에 대해 니체는 성직자가 최하의 인간 유형으로, 가장 거짓말 잘하고 가장 비천한 인간으로 간주될 때가 멀지 않았다고 본다.

14) 천재에 대해서

니체는 『우상의 황혼』에서 철학사에서 독보적인 천재 개념을 개진하고 있다. 헤겔과 같은 철학자에게서 볼 수 있지만 천재는 흔히 시대정신의 구현이나 환경의 산물로 간주되었다. 그러나 니체는 환경도, 시대도, 시대정신도, 여론도 천재의 탄생과는 아무런 관계가 없다고 본다. 니체는 위대한 인물은 위대한 시대와 마찬가지로 거대한 힘이 내부에 축적되어 있는 폭발물이다. 그들의 전제는 항상 역사적으로나 생리적으로 오랜 기간 그들에게로 힘이 모이고 축적되었으며 절약되었고 보존되어왔다는 것 그리고 오랫동안 폭발이 일어나지 않았다는 것이다. 이렇게 힘이 폭발하지 않고 축적되기만 하면서 긴장이 지나치게 커지면 아주 우연한 자극만으로도 '천재', '위대한 행위', 위대한 운명을 세상에 불러낼 수 있다.

자신의 이러한 주장을 입증하기 위해 니체는 나폴레옹을 예로 든다. 나폴레옹은 프랑스 문명의 계승자가 아니라 그것보다 더 강하고 더 오래된 문명의 계승자, 즉 그리스·로마와 르네상스 문명의 계승자였다. 나폴레옹은 이러한 문명에서 발원하는 힘이 장기간 축적된 결과물이다. 따라서 위대한 인간들은 거의 항상 자신이 출현한 시대보다 더 강하며 더 오래되었고 그들을 향해서 더 오랫동안 힘이 축적되었기 때문에 그 시대의 지배자가 된다. 이런 의미에서 니체는 시대 쪽이 항상 천재보다 더 젊고, 더 얕고, 더 미숙하고, 더 불안정하고, 더 유치하다고 본다.

천재란 필연적으로 자신을 낭비하는 자다. 자신을 다 내준다는 것에 그의 위대성이 있다. 그에게는 자기보존 본능은 작용하지 않는다. 내부로부터 솟아나는 힘들의 압도적인 압력이 그에게 자신을 신중하게 보호하는 것을 금한다. 사람들은 그것을 '희생적 행위'라고 부르지만, 이는 천재에 대한 오해다. 천재는 다만 내부로부터 솟아나고 넘쳐흐르며 자신을 탕진하고 자신을 아끼지 않는다. 그는 필연적으로, 숙명적으로 그렇게 할 수밖에 없다.

15) 아름다움에 대해서

니체는 어떤 종족이나 어떤 가족이 갖는 아름다움, 그들의 우아한 품행과 자애로움은 천성적인 것이 아니라 장기간의 엄격한 훈련을 통해 습득된 것이라고 본다. 천재와 마찬가지로 아름다움은 여러 세대에 걸쳐 축적된 작업의 최종 산물이다. 아름다움의 예로 니체는 17세기 프랑스의 귀족들을 들고 있으며 이들은 사교·주거·의상·성적인 만족과 관련하여, 이익·습관·의견·나태보다는 아름다움을 택했다고 본다.

모든 훌륭하고 아름다운 것은 상속된 것이다. 상속되지 않은 것은 불완전하고 시작에 불과한 것이다. 아테네의 남성들은 아름다워지기 위해 수세기에 걸쳐 애쓰고 노력했다. 아름다움을 실현하기 위한 최고의 지침은 혼자 있을 때도 '자신을 멋대로 두어서는' 안 된다는 것이다. 아름다움을 실현하기 위한 훈련은 감정과 사상의 차원이 아니라 신체의 차원에서부터 행해져야만 한다. 아름다운 품행을 어떤 상황에서도 엄격하게 견지하고, '자신을 되는대로 방치하지' 않는 사람들 사이에서만 살아야 한다는 의무를 지켜야 한다.

이런 식으로 두세 세대만 지나면 모든 것이 내면화되어버린다. 아름다움을 육성할 수 있는 올바른 장은 신체·품행·섭생법·생리학이며, 나머지, 즉 감정과 생각은 그것으로부터 저절로 따라 나온다. 이 점에서 니체는 신체를 경멸했던 그리스도교는 이제까지 인류 최대의 불행이었다고 말하고 있다.

16) 진보에 대해서

니체는 자신도 루소와 마찬가지로 '자연으로 돌아가라'라고 말하고 있지만 그 경우 자신은 자연으로의 회귀가 아니라 자연으로의 상승을 염두에 두고 있다고 말한다. 니체가 말하는 자연은 드높고 자유로우며 심지어는 두렵기까지 한 자연과 자연성, 큰 과제와 유희하며 유희하는 것이 허락되어 있는 자연과 자연성이다. 니체는 이러한 의미에서 '자연으로 돌아간 자'는 나폴레옹이라고 본다. 이런 맥락에서 니체는 자신이 생각하는 진보는 루소가 생각하는 것처럼 모든 사람들이 평등한 자연상태로 돌아가는 것이 아니라 서로가 더 높은 위계를 향해 투쟁하고 노력하는 자연상태로 상승하는 것이라고 말하고 있다.

17) 괴테

니체는 자신이 말하는 의미의 '자연으로 되돌아간 자'로 나폴레옹과 함께 괴테를 꼽는다. 괴테는 르네상스 시대의 자연성으로 상승하려고 했다. 그는 자신을 지상의 삶으로부터 분리하지 않았으며, 어떤 것도 겁내지 않고 가능한 많은 것을 받아들이면서 전체성을 실현하려고 했다. 그는 이성·감성·감정·의지의 분리와 맞서 싸웠다. 괴테가 지향했던 인간은 나폴레옹처럼 강하고 교양이 높은 인간이었다. 이러한 인간은 신체적으로 능수능란하며 자신을 통제하고 존중하면서 자연성의 모든 범위와 풍요로움을 자신에게 과감하게 허용하는 인간, 이런 자유를 누릴 수 있을 만큼 충분히 강한 인간, 평균적인 인간에게는 파멸을 가져올 것을 자신에게 이롭게 이용하는 법을 알고 있기 때문에 약함이 아니라 강함에서 비롯되는 너그러움을 가진 인간, 약함을 제외하고서는 그 어떤 것도 금지되어 있지 않은 인간이다. 이렇게 강하고 자유로운 정신은 지상에서 일어나는 모든 고난과 고통도 긍정하면서 세계 전체를 긍정한다.

9. 내가 옛 사람들에게 빚지고 있는 것

이 장에서 니체는 어떤 점에서 자신이 옛 사람들의 덕을 입고 있는지에 대해 말하고 있다. 특히 니체는 문체 면에서 자신이 로마인들에게 빚지고 있다고 말한다. 니체는 자신이 구사하고 있는 문체의 성격을 "간결하면서도 엄밀하고 가능한 한 많은 내실을 근저에 포함하고 있으며, '미사여구'와 '아름다운 감정'을 차갑게 적대시하는 것"으로 규정하면서 이러한 문체를 로마적인 문체라고 부르고 있다. 니체는 이러한 로마적인 문체를 구현한 대표적 인물로 호라티우스를 꼽는다. 니체에 따르면 호라티우스의 송가에서는 "기호들의 범위와 수가 이렇게 최소한에 그치면서도 그것들이 실현하려고 하는 기호의 에너지를 이렇게 최대한에 이르기까지 실현하고 있다". 니체는 이러한 문체를 고귀한 문체라고 부르면서 이것을 너무나도 통속적이며 감정을 수다스럽게 노출시키는 문체와 대립시킨다. 물론 니체는 로마인들의 문체를 로마인들의 강인하면서도 고귀한 심성의 표현으로 본다.

로마인을 높이 평가하는 반면, 니체는 그리스인, 특히 플라톤과 플라톤의 영향 아래 있는 그리스인들에게서는 배울 것이 없다고 말하고 있다. 니체가 보기에 플라톤은 최초의 데카당이다. 플라톤은 그리스인이 갖는 모든 근본 본능에서 크게 일탈해 있으며 반자연적인 도덕에 너무 감염되어 있다. 그리고 이 점에서 플라톤은 그리스도교를 이미 선취(先取)하고 있으며, 교회의 구조와 조직과 관습에는 플라톤이 아직도 너무나 많이 깃들어 있다고 본다. 이와 관련하여 니체는 심지어 플라톤을 '고등 사기'라고까지 비난하며, 반자연적인 이상주의라고 부르고 있다.

니체는 이 모든 플라톤주의로부터 자신을 회복하고 치유한 것은 투키디데스였다고 말하고 있다. 투키디데스와 마키아벨리야말로 자신을 기만하지 않고 현실 자체를 정직하게 고찰하려고 했다는 것이다. "투키디데스는 고대 그리스인의 본능에 존재했던 강력하면서도 엄격하고 냉혹한 사실성의 총화였으며 마지막 계시였다." 투키디데스나 마키아벨리와 같은 사람들에게는 현실을 냉철하게 직시하고 받아들일 수 있는 용기가 있었지만, 플라톤은 현실로부터 허황된 이상과 도덕으로 비겁하게 도피하고 있다.

니체는 이와 함께 그리스인의 특성을 '조용한 위대성, 이상적인 지조,

고귀한 단순성'에서 찾은 빙켈만과 괴테 식의 해석을 비판하면서, 그리스인의 특성을 제어하기 어려울 정도로 강렬한 힘에의 의지에서 찾았다. 투키디데스에게서 보는 바와 같은, 그리스인 특유의 대담한 현실주의와 비도덕주의는 필요에서 생긴 것이었지 그들의 '본성'이 아니었다. 그리스인들이 축제와 예술을 통해서 노렸던 것은 자신들이 우위를 점하고 있다고 느끼는 것 그리고 우위를 점하고 있음을 과시하는 것이었다. 축제와 예술은 자기 자신을 찬미하고 사정에 따라서는 자신들에 대해 두려움을 느끼도록 만들기 위한 수단이었다는 것이다.

니체는 고대 그리스의 너무나 풍요로워서 넘쳐흐르기까지 하는 본능과 힘의 과잉을 디오니소스적인 것이라고 부르고 있으며 이러한 현상은 디오니소스 비밀제의에서 가장 분명하게 나타난다고 본다. 그리스인들은 이 비밀제의에서 영원한 삶, 죽음과 변화를 넘어서 있는 삶, 생식과 성의 신비를 통한 총체적 생명의 존속을 긍정하고 있다. 그리스도교에서 성적인 것은 불결한 것으로 간주되었지만 그리스인에게 성적인 것은 경외할 만한 상징이었다. 생식·수태·출산이 그리스인들에게는 최고의 엄숙한 감정을 불러일으켰으며, 비밀제의에서는 고통이 신성한 것으로 선포되고 있다. 생성과 성장, 미래를 보증하는 모든 것에는 고통이 수반되는데, '산모의 통증'은 이러한 고통 일반을 신성한 것으로 만든다. 창조의 기쁨이 존재하려면, 삶에의 의지가 자신을 영원히 긍정할 수 있으려면, '산모의 고통'도 영원히 존재해야만 한다. 니체는 이렇게 고통과 기쁨 속에서 삶이 영원회귀하는 것이야말로 진정한 의미에서 그리스적 상징이며 이러한 상징이야말로 가장 고귀한 상징이라고 본다. 그리스인이 삶의 발단인 생식과 성을 신성한 것으로 간주한 반면, 그리스도교는 삶에 대한 원한에 사로잡혀 성(性)을 불결한 것으로 만들었다.

이와 관련하여 니체는 그리스 비극은 그리스인이 쇼펜하우어 식의 염세주의에 빠져 있었음을 보여주는 증거가 아니라고 본다. 오히려 그리스 비극은 가장 낯설고 가혹한 삶의 문제들과 직면해 있으면서도 삶을 긍정하는 것, 자신의 무궁무진성에 기쁨을 느끼면서 삶의 최고 전형인 비극적 영웅을 희생하는 것도 불사하는 생에의 의지를 표현한다는 것이다.

주요 용어 및 책명

이 책은 대우재단의 지원을 받아 연구 및 출간되었습니다.

박찬국

서울대학교 철학과 교수.

서울대학교 철학과를 졸업하고 동 대학원에서 석사학위를, 독일 뷔르츠부르크 대학교에서 철학 박사학위를 받았다. 니체와 하이데거의 철학을 비롯한 실존철학이 주요 연구 분야이며, 최근에는 불교와 서양철학 비교를 중요한 연구과제 중 하나로 삼고 있다. 2011년에 『원효와 하이데거의 비교연구』로 제5회 '청송학술상', 2014년에 『니체와 불교』로 제5회 '원효학술상', 2015년에 『내재적 목적론』으로 제6회 운제철학상, 2016년에 논문 「유식불교의 삼성설과 하이데거의 실존방식 분석의 비교」로 제6회 반야학술상을 받았으며, 『초인수업』은 중국어로 번역되어 대만과 홍콩 및 마카오에서 출간되었다. 저서로는 위의 책들 외에 『그대 자신이 되어라 — 해체와 창조의 철학자 니체』, 『들길의 사상가, 하이데거』, 『하이데거는 나치였는가』, 『하이데거의 《존재와 시간》 강독』, 『니체와 하이데거』 등이 있고, 주요 역서로는 『니체 I, II』, 『근본개념들』, 『아침놀』, 『비극의 탄생』, 『안티크리스트』, 『우상의 황혼』, 『선악의 저편』, 『도덕의 계보』, 『상징형식의 철학 I, II, III』 등 다수가 있다.

우상의 황혼

대우고전총서 039

1판 1쇄 펴냄 | 2015년 8월 3일
1판 8쇄 펴냄 | 2024년 5월 17일

지은이 | 프리드리히 니체
옮긴이 | 박찬국
펴낸이 | 김정호
펴낸곳 | 아카넷

출판등록 2000년 1월 24일(제 406-2000-000012 호)
주소 10881 경기도 파주시 회동길 445-3
전화 031-955-9511(편집) · 031-955-9514(주문) | 팩스 031-955-9519
www.acanet.co.kr

ISBN 978-89-5733-451-5 94160
ISBN 978-89-89103-56-1 (세트)